太阳下的鲁迅

鲁迅与左翼文人

房向东 著

上海交通大学出版社
SHANGHAI JIAO TONG UNIVERSITY PRESS

内容提要

　　这是一部研究鲁迅与左翼文坛关系的著作。是谁让鲁迅渴望相见又积怨尤深，笔墨相讥？又是谁骂鲁迅"阴阳脸"使他怒发冲冠？陈独秀、郭沫若、叶灵凤、向培良、杨邨人……本书讲述时代的孤独者鲁迅"横站"左翼文坛的往事，作者以客观公正的态度，用历史的眼光，重新审视那个时代的笔墨官司。

图书在版编目（CIP）数据

太阳下的鲁迅：鲁迅与左翼文人 / 房向东著 .
— 上海：上海交通大学出版社，2016
ISBN 978–7–313–14302–0

Ⅰ.①太… Ⅱ.①房… Ⅲ.①鲁迅研究 – 文集 Ⅳ.① K825.6–53

中国版本图书馆 CIP 数据核字 (2015) 第 301870 号

太阳下的鲁迅——鲁迅与左翼文人

著　　者：房向东
出版发行　上海交通大学出版社　　　　　地　　址：上海市番禺路 951 号
邮政编码：200030　　　　　　　　　　电　　话：021-64071208
出 版 人：韩建民
印　　制：青岛新华印刷有限公司　　　　经　　销：全国新华书店
开　　本：880mm×1230mm　1/32　　　印　　张：14.25
字　　数：260 千字
版　　次：2016 年 1 月第 1 版　　　　　印　　次：2016 年 1 月第 1 次印刷
书　　号：ISBN 978-7-313-14302-0/K
定　　价：58.00 元

目 录

总序一

血性的文章

陈漱渝

偶阅"澎湃网"转载的微信，知近十年来全球人文学科陷入又一轮衰退，表现在欧美国家公立大学人文学科被裁撤，人文学科科研经费和录取人数减少，"就业"和"运用"成了高校改革的导向。自2016年起，日本也调整和废除了一些"不符合社会需求"的文科专业。真是"无边落木萧萧下"，令我这个早已退休的"社会闲杂老人"也不禁产生杞人之忧。

相形之下，作为发展中国家的中国却似乎"风景这边独好"。据我所知，国家逐年加大了对自然科学和社会科学领域的经费投入。中国社会科学院搞"创新工程"，给每位学术带头人每年划拨20万元，直接打入其工资卡，另外还有8万元科研活动费。凡立为国家重大项目的课题有60万元至100多万元的科研经费。高等院校还评选各种称号的学者，那奖金至少也有数十万元。在按本国标准存在数千万贫困人口、按国际标准存在一两亿贫困人口的中国，国家能有如此大的投入不能不说是下了血本。

然而，近些年中国重大的社会科学研究成果究竟有哪些呢？隔行如隔山，对其他专业我不敢妄评，单就鲁迅研究领域而言，除开 2005 年出版了一部更为严谨但仍有不足之处的新版《鲁迅全集》而外，其他既能引人注目又能站得住脚的重大成果还真是不多。只知道中国社科院文学研究所有一位研究人员孙乃修先生到美国哈佛大学访学之后，又到加拿大定居，在大学开设鲁迅研究课程。其专著《思想的毁灭——鲁迅传》的封面赫然写着两句广告词："推倒一尊谎言垒砌的巨像，剖析一个阴暗偏狭的灵魂。"这就是他的鲁迅观。他原单位又有一位现任领导，连篇累牍地发表解构鲁迅的文章，显得"自信而又无知"。令人讶异的事情还有一件，发生在 2015 年年初，有一学者根据他 60 年的研究体会发表了一个新论："鲁迅研究不是科学。"理由是鲁迅研究"没有标准答案，没有统一答案"。

难道凡没有标准答案就不能称之为"科学"吗？据我所知，西方的"科学"（Science）一词有一个历史演变过程，到 19 世纪初才获得现在的意义。所谓科学其实就是人类认识和解释世界的不同方法和途径，不能用有无标准答案，作为科学与伪科学的分水岭。相反，科学体系的特征是兼容并蓄而且不断接受质疑和批判。比如有一种额叶前部的脑白质切除术，曾用于治疗精神分裂症，因而荣获 1949 年诺贝尔生理学或医学奖，但后来发现这种手术并无疗效，反而损害患者的其他认知功能，因而又被医疗禁用。但这种失败的研究也有其价值，往往能成为科学成果的前导。所以，能够证伪的固然是科学，在求真过程中的失误也属于科学研究范畴。

其实，即使在自然科学当中，也有许多假定和理论模式有待验证，并没有标准答案。科学可以分为自然科学、社会科学、思维科学三个领域，能总结贯通这三个领域的是哲学和数学。数学中的一个学科分支"模糊数学"就没有标准答案，但从来没有人因此认为模糊数学不能称之为科学。最近还发生一件产生了轰动效应的事情：重庆女作家杜虹因胰腺癌去世，其女张思遥联系到美国阿尔科（Alcor）生命延续基金会，花费75万元人民币为其母做了大脑冷冻手术，希望50年后母亲能够苏醒过来，母女重聚。有记者采访张思遥，问她这种手术的前景，回答是："医生说，科学的正确答案是不知道，他们没有办法去回答未知的事情。这个50年的期限其实是他们最乐观的估计。我认为他们还是比较严谨的。"张思遥还透露，有个头部移植手术，筹备在2017年进行。难道因为这些实验性手术没有一个标准的成功时间，就否认这些医学家从事的不是科学研究？

不错，鲁迅在《〈绛洞花主〉小引》中的确说过，不同的读者读了《红楼梦》有不同的领悟："经学家看见《易》，道学家看见淫，才子看见缠绵，革命家看见排满，流言家看见宫闱秘事……"但这并不意味着"经学家"、"道学家"、"才子"、"革命家"、"流言家"的看法就都正确，而只是反映出经典作品解读中有一种多解和歧解现象，属于接受美学的研究范畴。其实，这种一文多解的现象并非鲁迅首先发现。早在1500年前，刘勰在《文心雕龙·辨骚第五》中就谈到不同读者阅读《楚辞》有不同的关注点："故才高者菀其鸿裁，中巧者猎其艳辞，吟讽者衔其山川，童蒙者拾其香草。"意思是：才能高的人读《离骚》能博采它的宏伟体制，一般人只是援引其中的一些漂亮词句，吟诵的人接受其中对山川的描写，而刚启蒙的小孩子只能拾取其中那些香草美人的句子。鲁迅本人的看法是，凡客观事物均有其"本色"和"本相"，曹雪芹写《红楼梦》也终究有他的"作者本意"。经过版本考证和参阅新、旧红学的各种观点，鲁迅倾向于《红楼梦》中的描写"大部分为作者自叙"的看法，"知曹雪芹实生于荣华，终于苓落，半生经历，绝似'石头'"（《中国小说史略·清之人情小说》）。这就是鲁迅的研究结论。

由此可见，无论是自然科学抑或社会科学，其最高追求无非是"求真"二字，而要达到"求真"的目的，就需要坚持科学的立场，运用科学的观点，掌握科学的方法，发扬科学的精神，遵循科学的道德。可以明确地说，鲁迅研究不仅是一门学科或学科的分支，本身就属于科学研究范畴，否则岂不会成为吹牛和扯淡吗！

鲁迅研究既然是科学，其中自然就会有是非曲直之分。当然，无论是研究了60年，还是只研究了6年、6个月、6天乃至6个小时，谁也不能自认为穷尽了真理，把不同观点都视为异端邪说。在"求真"的长途中，的确需要有"海纳百川"和"自以为非"的精神。不过在目前的鲁迅研究界，我认为更缺乏的是是非之心和敢于直言的勇气。

可能是为了矫正"以阶级斗争为纲"的岁月中那种"扣帽子"、"打棍子"的恶行恶习，新时期的有些学者似乎习惯于表白自己有一颗包容一切的"平常心"，直言好辩往往被视为"左"的流毒。在这种文化氛围中，房向东以"鲁门走狗"自豪，向一切贬损鲁迅的妄人妄语开战，自然就成了另类。

何谓"平常心"？我以为，真正的"平常心"是一种对世事的洞察，能够处变不惊，即使在"山重水复疑无路"的绝境中也能持有"柳暗花明又一村"的乐观信念。如果把"平常心"当成庄子的"彼亦一是非，此亦一是非"，如果把"平常心"等同于杨坤演唱的《无所谓》，则是对"平常心"的曲解。房向东有一段话给我的印象极深。他说，他有时是"因为愤怒而写作"。他之所以写《被诬蔑被损害的鲁迅——鲁迅去世后对他的种种非议》这部书，纯粹是因为越读类似某"文坛刀客"的文章越生气，生气到不提笔批驳就吃不饱睡不香的程度，"如果不批驳他，我的气郁积于心中，那会生病"。我理解房向东的心情，认为这是得鲁迅真传之人的肺腑之言。鲁迅在《再论"文人相轻"》一文中说得明明白白："文人不应该随和；而且文人也不会随和，会随和的，只有和事老。"又说："文学的修养，决不能使人变成木石，所以文人还是人，既然还是人，他心里就仍然有是非，有爱憎；但又因为是文人，他的是非就愈分明，爱憎也愈热烈。"曹丕《典论·论文》

中强调"文以气为主"，这种"气"就是沛然充塞于天地之间的"正气"。洋溢正气的文章就是血性文章，而血性源自明确的是非、热烈的好恶，而且为了表达这种情感能够不计功利，不计利害！读者诸君，你们想看血性文章吗？如想看，那就请读读房向东的这套鲁迅研究文集。

那么，有是非之心就必然显得不包容么？我认为，真正的包容精神应该是鲁迅倡导的"拿来主义"精神，也就是蜜蜂广采百花酿制蜂蜜的精神，这种精神跟辨析、批判、扬弃乃至毁灭并不矛盾。佛教教义应该是很讲包容的了，但讲的也多是同质包容。记得作为净土宗总纲的《无量寿经》就讲不同门中的"一多相容"，比如"一室之千灯，光光相涉"（一间房中有多盏灯，那灯光是相容的，难分彼此）。又比如"以水喻一，以波喻多，波即是水，水即是波"。然而，波能容水，却不能容火；光能容灯，却不能容阻挡光线的物品。所以自古又有"冰炭不相容"的成语。真理与谬误也是相克而不能兼容。在中国现代文学史上，胡适也许是最讲包容的了。1926年5月24日，他给周氏兄弟和陈源写了一封信，引用尼采的话，劝他们学大海，能容下石子、秽水，能容下大侮蔑。但据胡适研究专家耿云志主编的《胡适论争集》，他一生也被卷进了25次论争。可见胡适也不是对什么观点都包容。

跟"平常心"、"包容心"相关的，鲁迅研究界还有一种说法，叫"鲁迅无须保卫"。这种说法似是而非。作为一位久经时间和读者检验的经典作家，鲁迅当然无须他人刻意保卫。恰如杜甫《戏为六绝句》中所言："尔曹身与名俱灭，不废江河万古流。"这句诗不仅适合于初唐四杰（王勃、杨炯、卢照邻、骆宾王），而且适合于不断遭到颠覆解构的一切经典作家。然而，面对无端曲解、诬蔑、攻击鲁迅的言论，一切珍视民族优秀文化传统的人，难道应该三缄其口吗？那些对鲁迅著作比较熟悉或专门从事鲁迅研究和教学工作的人，难道就没有义务予以澄清以免误导其他读者吗？须知，中国还有一句成语，就叫"众口铄金，积毁销骨"。

房向东说得好，面对那种恶意贬损鲁迅的言论而保持缄默，就会有碍青年人的正确判断。比如，最近网上流传一篇文章：《鲁迅承认内山完造是日本间谍》。谁都知道，内山完造是鲁迅的日本友人，如果鲁迅"承认"他是日本间谍而仍与其亲密交往，不就等于承认他是"投靠日本间谍"的汉奸吗？这篇文章作者立论的根据是1933年《文艺座谈》第1期刊登的《内山书店小坐记》一文。但这是一篇在以国民党特务机构为背景的杂志刊登的造谣文章。鲁迅《伪自由书·后记》中全文照引，是为了将其钉在历史的耻辱柱上，并非认同内山完造是"日本间谍"的说法。这位网络写手为了颠覆鲁迅而有意颠倒黑白，对这种恶劣行径难道也应该"止语"，以"平常心"予以"包容"吗？如果予以批驳，难道就是多此一举，做了"保卫鲁迅"的蠢事吗？

我最初接触房向东的大名，并不是读了他的论文和专著，而是因为读了他那些才华横溢、独具个性的随笔和杂文。我手头没有权威的《文学概论》，一时查不到"随笔"和"杂文"的准确定义。但根据我的感悟和体验，既然叫"随笔"，就应该信马由缰，在纸上纵情驰骋，不拘题材，娓娓道来。既然叫"杂文"，就应该旗帜鲜明，尖锐中蕴含激情，讥刺中不失幽默。总的说来，优秀的随笔或杂文，都应该是率性文章，真情文章，血性文章！房向东的随笔和杂文就具有以上特点。他知识广博，文笔犀利，无论是对市井牛二，还是对学界泰斗，只要是他们身上有应该疗治之处，他都敢于挥起手术刀为之排毒。"实为公仇，决非私怨"。这在欺软怕硬、趋炎附势之风并未止息的当下，就更加显得难能可贵。房向东的学术文章有一个明显特征，就是具有随笔和杂文的风格，不尽符合"西式论文"的规范。我毫不否定"西式论文"的优长之处，如提炼关键词、尊重前人研究，注释详尽准确……对于那些朝气蓬勃、潜心进行学理性研究的中青年学者，我也发自内心地表示敬重，并将鲁迅研究的未来寄托在他们身上。但也应该看到，当下"学院派"人士撰写的"西式论文"，有不少是故作高深，以生吞活剥西方观点为能事，结果把一个原本明白易懂的道理说得云山雾罩，莫测高深。我多次讲过，学术有规范，文章无模式。像鲁迅的演讲词《魏晋风度及文章与药及酒之关系》，随谈《门外文谈》和序跋《〈中国新文学大系〉小说二集序》，其学术含量胜过多少峨冠博带的学术专著！所以，我爱读房向东的鲁迅研究文章，而对当下不知道通过什么途径在"核心期刊"发表的那种"洋八股"，避之唯恐不远。

　　房向东在要我为他的文集写序的时候特意叮嘱，要我多谈些学习鲁迅的当代意义，对此我深表理解。早在1984年，我就跟人合编过两本《当代作家谈鲁迅》，由西北大学出版社出版，目的就是为研究鲁迅遗产对当代文学的影响提供第一手资料，因此跟一些当代作家结缘，成了朋友。我又主持了一个课题：《论鲁迅的当代意义》，作为成果的就是2006年由福建教育出版社出版的《颠覆与传承》。2009年我还在上海东方出版中心出版了一本《假如鲁迅活到今天——陈漱渝讲鲁迅》，书中有篇《鲁迅的多重意义》，就是全面论述鲁迅作品的认识意义、当代意义、普适意义和审美意义。我感到谈这个问题已经唇焦舌蔽，再无新意。我切身感受到，在论述鲁迅当代意义的过程中有一个最大的难点，就是在价值观多元，需要重建精神秩序的当下，谈任何问题都难于取得共识。比如，有人特别看重鲁迅的反专制精神，想以此推动中国社会的民主化进程；有人特别欣赏鲁迅为中国人的生存、温饱和发展而呐喊的平民立场，想以此矫正当下贫富分化、分配不公等社会弊端；有人认为鲁迅改造国民性的主张并未完全实现，在国际风云变幻的当下，强国的根本仍然是提高国民素质；有人认为鲁迅杂文揭露的那些负面现象至今并未消除，有些甚至变本加厉，恶性发展，因此仍然需要发扬鲁迅韧的批判精神……当然也有人认为鲁迅活到新中国成立之后必然身陷囹圄，鲁迅作品应该在中、小学语文教材中淘汰出局，在创作道路上应该搬开鲁迅这块"老石头"，20世纪属于鲁迅，21世纪属于胡适，等等。评论家阎纲有一句话糙理端的名言：现在根本尿不到一个夜壶里。我想，最终回答上述问题的应该还是时间。经典作品之所以能成为经典，就是越经过岁月的打磨越能闪耀出奇光异彩，成为人类永恒的精神遗产。

我忙里偷闲赶写这篇序言的时候，正值北京的金秋时节，不禁想起宋代邵雍的一首五律《川上怀旧》："去秋游洛源，今秋游洛川。川水虽无情，人心则悄然。目乱千万山，一山一重烟。山尽烟不尽，烟与天相连。"在我的心目中，鲁迅研究是一座永远攀缘不到巅峰的高山，可横看，可侧看，可平视，可仰视，但这座山是永远无法摇撼的。我们看不清或看不全它的"本相"，那是因为有云遮雾罩，或者我们自己的视力有所局限，因而产生了"目乱"。待到风起烟散，那座高山将显得更加峻峭巍峨，不仅与天相连，而且"欲与天公试比高"！

总序二

鲁迅的"骂人"与"被骂"

王彬彬

在整个世界的人文研究领域，有一个"界"，叫"鲁迅研究界"。这个"鲁迅研究界"，主体在中国，但中国以外，鲁迅研究者也很不少，例如在日本，鲁迅研究的阵营便很壮观。至于鲁迅研究的成就，日本也有十分让人敬慕之处。实际上，日本的鲁迅研究，深刻地影响了最近几十年的中国鲁迅研究。

中国的鲁迅研究界，主体当然在大学和专门的研究机构。但大学和专门的研究机构之外的鲁迅研究也很可观。供职于出版社而业余研究者，有几位就成就卓著。例如朱正先生，例如林贤治先生，就都是长期在出版社供职者。现在要说的房向东，也是业余研究鲁迅而正业在出版社者。1996年，房向东出版了《鲁迅与他"骂"过的人》，这是房向东谈论鲁迅的第一本书。房向东自己大概也没有想到，竟一发而不可收，此后又出版了《鲁迅：最受诬蔑的人》、《关于鲁迅的辩护词》、《孤岛过客——鲁迅在厦门的 135 天》等。迄今为止，房向东陆续出版了多种谈论、研究鲁迅的著作。现在，上海交通大学出版社又把其中的 6 种著作集中修订再版，这多少有些让人惊讶。业余研究鲁迅的房向东，竟然出版鲁迅研究的个人文集了，在鲁迅研究界，似乎还没有先例。

房向东这样的学院外的鲁迅研究者，是有着区别于学院研究者的鲜明特色的。他们做学问的心态，他们做学问的目的和方式，都往往很不同于学院研究者，因此，他们也自有着学院研究者无法替代的价值。换句话说，即便学院的研究再全面再深入、即便学院研究的成果再丰富再辉煌，也无法取代学院外学者的研究，就像一种花再芬芳再艳丽也无法取代另一种花。

有明确的"问题意识"和鲜活灵动的思想，多激情、少顾忌，是学院外学者的一大特色。这种特色在房向东那里就表现得很典型。与许多学院研究者的"吃"鲁迅不同，房向东的投身鲁迅研究，一开始就是为了解答心中的困惑，就是为了赞成或反对眼前的某种论调、某种倾向。在《鲁迅门下走狗》（见《鲁迅这座山——关于鲁迅的随想与杂感》）中，房向东说，他先前"并不是很喜欢鲁迅，更没有打算研究鲁迅。我觉得鲁迅的作品太难懂，有一股苦味，还有一股涩味，读起来累人。鲁迅就像一枚我当时并不爱吃的青橄榄"。"后来，让我下决心研究起鲁迅并对鲁迅产生了深深情愫的，是因了一些无知妄人的妄语。一些场面上的人轻飘飘地说：鲁迅，无非就是骂人。而且，在文坛上，轻薄鲁迅，几乎成了带周期性的感冒。这让我生气！于是，我带着问题开始研究鲁迅，我要搞清楚鲁迅的所谓'骂人'问题。从1992年到1995年，经过三年的努力，我写成了三十多万字的《鲁迅与他'骂'过的人》……"因为对"鲁迅无非就是骂人"这种不无市场的论调心生怀疑，因为对否定鲁迅的"周期性感冒"心有不满，房向东开始了对鲁迅的研究。以鲁迅的"骂人"为研究的突破口，并非房向东苦思冥想后的选择。或者说，不是像学院研究者那样，因为要研究鲁迅才选择了鲁迅的"骂人"这一"课题"，而是鲁迅的"骂人"迫使房向东投身于对鲁迅的研究。

写《鲁迅与他"骂"过的人》（这次修订再版，原书一分为二：《新月边的鲁迅——鲁迅与右翼文人》和《太阳下的鲁迅——鲁迅与左翼文人》），房向东采取了十分艰辛的个案研究的方式。钱玄同、胡适、周作人、章士钊、陈源、林语堂、沈从文……这些曾被鲁迅"骂"过或曾与鲁迅"对骂"过的人，房向东一一梳理鲁迅与他们的关系，联系到时代背景、文坛局势和双方的精神立场等诸多方面来考察鲁迅与他们的矛盾冲突，并在这一基础上对鲁迅的"骂"做出自己的评说。

在对鲁迅"骂人"的研究中，房向东除了读鲁迅作品，还接触了许多关于鲁迅的资料，这使他明确地意识到这样一个问题，即鲁迅身前身后，都挨过许多"骂"。尤其令他不能平静的，是鲁迅身后受到的种种非议和谩骂。于是，他又花了两年多的时间，写出了《鲁迅：最受诬蔑的人》这部三十多万字的书（此次修订再版，书名改为《被诬蔑被损害的鲁迅——鲁迅去世后对他的种种非议》）。在写这部书时，房向东在范围上做了几种限制。一是将论述对象限定在鲁迅身后对鲁迅的"诬蔑"。在鲁迅不能还嘴时攻击鲁迅，似乎特别令房向东不能容忍。这样一种设限，也很能见出房向东作为学院外研究者的学术动力。另一种限制，则是将对鲁迅的恶意和无理的诬蔑与对鲁迅的善意（或并非心存恶意）的学理化的批评区分开来。这本书只涉及他认为是鲁迅死后对鲁迅恶意和无理地"诬蔑"的言论，至于那些善意的、学理化的对鲁迅的批评，他即便不同意，也不纳入论述范围。这说明对那些指向鲁迅的批评、挑剔，房向东还是能明确地区别对待的。当然，据以区分的，是他心目中的标准。《太阳下的鲁迅——鲁迅与左翼文人》、《新月边的鲁迅——鲁迅与右翼文人》、《被诬蔑被损害的鲁迅——鲁迅去世后对他的种种非议》这样的著作，在学院派学者看来，或许不无"纰缪"，不够"严谨"，但总体上，在这些年的鲁迅研究领域，放出一种异彩。

因为有极其强烈的问题意识，所以在某些问题上，房向东真正成了最有发言权的专家。例如，在鲁迅的"骂人"与被"骂"上，恐怕就没有人比房向东知道得更多、了解得更细、思考得更深入。新著《鲁迅这座山——关于鲁迅的随想与杂感》里有一篇《"实骂"与"虚骂"》，文章不算长，但却很有学术分量。房向东把鲁迅的"骂人"分为"实骂"

与"虚骂"两种。所谓"实骂"就是对很具体的问题的"骂"，是就事论事的"骂"，例如，在与高长虹冲突中关于"太阳、月亮和夜"的议论，在与梁实秋的冲突中关于"硬译"的议论，就属"实骂"。而所谓"虚骂"，则是从某个具体问题生发开去，上升到一个普遍性的层面，成为对某种常见现象的剖析、批判。房向东指出，"实骂"和"虚骂"并非两类文章的特征，而是同一篇文章中的两种成分。"骂人"时"实"而不"虚"，在鲁迅那里是极其罕见的。鲁迅总是能从对某个具体问题的观察上升到对某种普遍现象的思考，所以，鲁迅的"骂人"总是先"实"后"虚"、实实虚虚、"实"中有"虚"、"虚"中有"实"。房向东虽然自称是"鲁迅坟前的一只狗"，却并非无条件地拥护和捍卫鲁迅。房向东很清醒地指出，鲁迅的某些"实骂"，有过火之处，在责人时有"过苛之病"，但是，即便是那种"实骂"失当的文章，也仍有永久的价值，因为鲁迅并没有止于"实骂"，而是上升为对某种普遍现象的分析、评说，而这种"虚骂"性的分析、评说，仍然是极其准确、深刻的。房向东实际上指明了阅读、理解鲁迅杂文的正确方法，那就是不要在那些"实骂"上纠缠不休，不要让那些鸡零狗碎的"实骂"牵扯着自己的目光，而应该注意、品味那些对普遍现象的分析、评说。房向东说："鲁迅的'骂人'，有骂对的，有稍感过火的，有误会等等，但这都并不重要。它的意义在于'实骂'中包含着'虚骂'的成分，而纯粹'实骂'部分，也将不断地被历史虚化。鲁迅留给我们的是超越个别、具体的一般和抽象，鲁迅的价值，在于他的'骂人'文章给我们提供了社会典型,'大众的灵魂'和'时代的眉目'。"这是很精彩的看法。

最初是鲁迅的"骂人"与"被骂"激起房向东研究鲁迅的热情,房向东也的确在这个问题上钻研极深。既然开始了对鲁迅的研究,鲁迅就愈来愈强烈地吸引着他。把鲁迅的"骂人"与"被骂"梳理清楚后,房向东并没有就此罢手,而是向其他领域进发。例如《恋爱中的鲁迅——鲁迅在厦门的135天》,洋洋洒洒,对鲁迅生命中的这一特定时段进行了既全面又深入的探究。

房向东不是学院和研究所中人,不太在乎"学术规范"。没有规范的约束,房向东常常嬉笑怒骂、天马行空,在"学院派"看来,未免太"野"。然而,也正因为不受规范的约束,房向东往往能感受到"学院派"难以感受的问题,往往能抓住"学院派"难以注意的东西。从"学术规范"的角度看,房向东的鲁迅研究的确有种种弊病,算是一种"野路子",但是,我敢负责任地说,房向东的鲁迅研究,比许多"学院派"的看似严谨的鲁迅研究,要有价值得多。

2015 年 9 月 13 日(星期日)

初版序一

"学案"之格式，独立之见解

何满子

到明年（1996年），鲁迅弃世将整整60年了。对于由他的乳汁哺养大的我们这一代，鲁迅比无数活着的人更活着。对于那些敌视鲁迅，或因为鲁迅巨大的存在而对他们有所妨碍的人们，鲁迅也仍然是他们驱赶不去的心病。鲁迅去世以后，对鲁迅的诋毁、中伤、曲解和居心叵测的阳尊而阴贬，即使不比他在世时更多，至少在手法上更为深曲，更所谓"皮里阳秋"。比起那些直斥鲁迅作品为"鲁货"的妄人来也更有蛊惑力，因而也更为阴毒。

如我们所熟知，在新中国成立后的最初阶段，糟蹋鲁迅主要是为了达到某种政治目的，如在制造胡风、冯雪峰等人的冤案时，说什么"鲁迅看错了人"、"鲁迅被坏人所包围"之类的谰言成为"一律"的舆论。接着是"四人帮"时期的把鲁迅塑造成偶像，其目的，一面是将鲁迅给真正的造神运动陪绑，把鲁迅歪曲成造反英雄的守护神，一面将鲁迅劈削成棍子，用以为"横扫一切牛鬼蛇神"的武器。但不论前者和后者，都没有能使鲁迅和糟蹋他的人一样声名狼藉。虽然如此，但从"左"的一面败坏鲁迅声名的历时颇久的活动仍然若干地给鲁迅造成了损害。那主要的损害是，坏货们在不明真相的群众中造成了一个虚假的印象，即鲁迅似乎和这些坏货是同伙。

人们厌恶透了极"左"的那一套，同时人们也要求对历史，特别是"五四"以来的文化运动进行反思；于是也要求重新认识过去那些与"左"的思潮没有瓜葛的人物，乃至站在敌对方面的人物，重新评价。这是一种可以理解的历史的反拨，为了嫌恶"左"，人们在感情上希望在极"左"思潮之外找寻抗衡人物，哪怕中间人物也好。这种逆反心理使林语堂、梁实秋、胡适，甚至汉奸周作人也成了研究的热门人物。本来，对历史人物进行再评价，对人物的功过是非重新做出理智的客观的历史估量，未尝不是好事。"五四"以来文化上的著名人物大抵与鲁迅有过干系；事实上，当时活跃在文化学术界的人物也不可能不与新文化运动的旗手和主将鲁迅有正面或负面、直接或间接的关系。研究他们时必须提到鲁迅。尤其必须注意的是，由于以后成为极"左"路线的一些代表人物，是由当年与人民共命运的文化主流中的一翼蜕变而成的，鲁迅当时正置身于主流之中；鲁迅虽然也和本阵营的"左"的萌芽势力相抗衡，作了许多艰苦的抵制（最具体地表现在《且介亭杂文末编·答徐懋庸并关于抗日统一战线问题》一文中。顺便说说，此文是了解鲁迅思想人格和了解中国新文学运动的人必须反复认真阅读的文献）；但是，为了民族和人民解放运动的利益，鲁迅不得不维护虽然夹有不纯成分的但大方面一致的主流。为此，他必须谴责、批评、有时是规劝对主流起干扰作用的异己势力，这在当时的形势下是无可非议的。近年来的论客们却常常在这些论战上做文章，寻觅鲁迅的"阴暗面"。事实上，这些曾被鲁迅挞伐、讽刺或规诫过的人物，不论在以后的生涯中升沉如何，发生了何等样的变化，在当时的情势中，在鲁迅所针对的问题上，都是该被指责和批判的，正义在鲁迅的一方。只要是尊重历史，不错置时空，不怀偏见的人，都只能得出这样的结论而不是其他。

可是，由于挟着对"左"的一套的厌恨，当今有不少论客带着一种逆反心理，一种给过去主流以外的人物"平反"的心态，对他们重新评价时，往往无视或故意抹煞时空和条件，佯作客观超脱状，在提到这些人物和鲁迅的关系时，对他们当时所起的负面作用或置之不论，或曲予辩解，巧辞洗雪，甚至拿鲁迅垫背以托高这些人物。这是近年来的一个新动向，是新一轮的对鲁迅的贬抑和曲解。——其实，即使不论及鲁迅，将鲁迅的论敌抬高，就是假此形彼贬低鲁迅。

论客们贬抑鲁迅的动机当然是各不相同的，有的纯然是自私的目的。比如，孤桐先生章士钊，旧民主革命时期和章太炎来往过，倾向大概不算坏；新中国成立前夕是识时务之俊杰，且又和国家领导人有私谊，成了著名的上层统战对象，晚节颇为光彩。但是他在20世纪20年代初北洋军阀统治时期当过总长，人称"老虎总长"，不论在政治上或文化上都是十足加一的反动人物。由于他镇压女师大，对站在正义一方的鲁迅万分嫉忌，又兼鲁迅戳穿了他们一伙的"国粹"假古董，便假权济私撤去了鲁迅的职务，作恶非止一端，都有历史可按，丑迹昭著，人谁不知？可是孤桐先生的后人为了把尊人打扮成一贯正确，通体漂亮，竟撰文栽诬鲁迅当年和他的斗争是"偏见"，说什么章士钊主张"一生要与人为善，切莫加害他人"云云。那么，错误竟全在鲁迅，简直滑稽之至。即使"三一八惨案"的罪责可以推诿，难道镇压女师大，撤鲁迅的职也叫"与人为善"？也叫"不加害他人"吗？可笑！当然，这类曲解太幼稚了，没有多少市场。

鲁迅与旧礼教的卫道士"国粹派"之流战，与北洋军阀刺刀庇荫下的"正人君子"陈源之辈战，与诱劝学生进入研究室莫问国事的胡适之流战，与国民党御用文人如民族主义文学派战，凡此种种，即使论客们想从鸡蛋里挑骨头也没有什么文章可做。与创造社、太阳社以及20世纪30年代"左"的暗流战，也就是鲁迅所说的要防备"同一阵营放来的冷箭"，迫使他在对敌作战时也必须"横着站"的那档子事，也因为毛泽东说过鲁迅是新文化运动的方向，定了调，下面心怀嫌隙的诸君也只好限于在私下里嘀嘀咕咕，或用旁敲侧击的小动作损害鲁迅；而其对鲁迅泄怨的方法，则是迁怒于与鲁迅生前关系密切的战友，如胡风、冯雪峰等人都被往死里整。连类而及，如丁玲、聂绀弩、彭柏山等一批人也没有好果子吃。

这种对鲁迅的怨恨在台面上是摆不出来的，除了"实际解决"以外，不好在文字上做手脚，顶多只能转弯抹角地喊喊喳喳一下，做不成正面文章。

事到如今，剩下的就是在海外的林语堂、梁实秋等人了。稍明事理的人都能判断在当时的形势和条件下，鲁迅在和他们的论争中居于正确的一方是不容置疑的；林、梁等人后来所走的道路，也证明他们与人民共和国不是同心同德。于是专就他们文学和学术上的若干成就做文章，以他们的成就证明鲁迅当年在某些问题上对他们的不容为"偏狭"，使不熟悉历史的新一代人在他们的误导下难以辨明是非。这种以此形彼的手法有时是能若干地得售的。与之相类的是，近年来对汉奸周作人的近于狂热的美化。研究周作人也没有什么不可以，怪的是，没有一位论客肯正视这样的重要事实：即由于周作人的挑衅而导致兄弟反目（这件事的本身就是周作人蓄意用捕风捉影的暧昧来损害鲁迅，以达到其背信弃义的卑劣目的的。说穿了十分卑琐可笑，无非是他的日本女人想赶走鲁迅，占下鲁迅购置的房产，并将赡养老太太的责任推给鲁迅独自承当，而这坏女人可以成为家庭主宰，自行其是，如此而已）。以后，周作人的文章，基本上是以伤害鲁迅作为他的"终极关怀"的。周作人一贯处处标榜和鲁迅走两条路，对革命文学明讽暗嘲，他之最后终于当了汉奸，可谓事有必至。只是他会做文章，言伪而辩，说怪话也说得含蓄而有文采罢了。直到新中国成立以后，所写的《鲁迅的故家》、《鲁迅小说中的人物》，即在靠卖鲁迅吃饭时，仍在损害鲁迅，恶毒地将现实主义的鲁迅拉下来变成自然主义的鲁迅。所有这些，聪明的论客们在宣扬周作人如何这好那好的"客观"研究文字中，何尝点明过一个字？善于抉发"文心"的评论家们对周作人"文心"的核心部分一点不感兴趣，只是黏嘴抹舌地叹赏他的智慧和境界，以此为"真赏"，真不知其玄机所在。

至于鲁迅的文心，那真是清楚不过的。他一生都为民族和人民的解放而战斗。为此，他必然要不妥协地站在残民媚外的国民党反动势力及其帮凶帮闲们的对立面。如上所言，当时代表人民力量的主流并非是一尘不染，无可訾议的。在文艺方面，既有苏联"拉普"的坏影响，又有当时斯大林在政治上主张的"中间势力最危险"的"左"的指导思想的危害，这种危害侵入文艺领域，由瞿秋白、冯雪峰等党的代表播送和影响鲁迅。按当时的理论水平，在当时的斗争形势下，即使两害相权取其轻，鲁迅也只能选择代表人民利益的革命力量的一方，维护其权威。直到"两个口号"之争，宗派主义的猖狂实在使鲁迅不能容忍时，才有致徐懋庸那封有名的信所表示的与错误倾向不妥协的态度，坚持其独立思考的勇迈精神。这是鲁迅的深沉的痛苦，也显示了他的发光的良心。而在这以前的一段时间里，如对"第三种人"的争论，都是为维护"左联"的权威，即某种意义上的"遵命文学"。今天看来似乎不无可议之处，或可视为带有宗派关门主义的偏颇。但这主要是由瞿秋白、冯雪峰等人为代表的当时成问题的路线影响所导致的。新中国成立后冯雪峰曾著《党给鲁迅以力量》一书，如以当时的某些斗争来说，以瞿、冯为代表的影响实在是损害了鲁迅的。当然，责任也不在瞿、冯，这是那时"国际"和上面的路线。在当时复杂的很不明朗的斗争环境中，鲁迅也如他所说的看人要看其大节一样，只能站在代表人民利益的政治势力一方，配合其战斗，别无选择。何况，"第三种人"确也对进步文艺阵营进行干扰，对"左联"冷嘲热讽，态度并不友好；其中一些成员的社会性行动和文学倾向也确有毛病，这些都在鲁迅的批评中可以看到。再说，鲁迅就他们的文学倾向进行批评，在正常的文学批评中也是应该的，只是人们习惯于将当时的文学论争都当作政治斗争来看，问题的性质就沉重起来了。纵然如此，认真读一下鲁迅批评"第三种人"的文章，也可以发现和他对待国民党御用文人的诛伐有所区别，并不采取势不两立的敌对态度，鲁迅是掌握分寸的。至于文笔的辛辣，乃是其一贯的风格使然，鲁迅批评同一阵营的战友亦复如此。对老朋友，如数度分合，最后也并未彻底决裂的林语堂，鲁迅的批评也是很不松和的，收于《且介亭杂文二集》中的《"题未定"草（一至三）》，反复用以其人之文反治其人的辛辣尖刻可以为证，但究竟只是看问题的见解之争，和对敌人的诛伐究竟不同。

鲁迅热烈地爱，也热烈地恨，对于有害的事物，对国民性的痼疾，鞭挞固然不留情面；对于某些不良倾向，并非构成大患的，他也常义愤溢于言表，或因爱深而责重，如严父师之责子弟，其实出于对人生的爱心，但很多人以为未免太"偏激"。凡对陈腐的中国社会的死样活气的习俗有痛切感受的人，却会觉得他"偏激"得可爱，觉得中国文化多么需要鲁迅式的反中庸、反乡愿的"偏激"呀！鲁迅是人，当然也有缺点，如要吹毛求疵，有的是碴可找，但"偏激"绝非缺点，正是他的生命的华彩部分。

鲁迅的"偏激"是对事不对人的。要伤着人，那是因事而伤人。比如，最近还有人因他批评梅兰芳一事而啧有烦言，呶呶不休。鲁迅与梅兰芳何怨何尤？他是评现象而及人。鲁迅讽刺"男人扮女人的艺术"难道错了吗？这种扭曲人性的丑陋的传统宝贝有什么值得肯定？最近读6月17日的《光明日报》，刊有沈阳市取缔男扮女装的模特表演的消息，试问这类恶劣的表演也取缔错了吗？我们是否还应该称颂男子留辫女子缠足呢？那些玩意儿以前不也是被当时人啧啧称美的吗？这里所涉及的是一个社会问题，美学问题，当然也是"国民性"的问题，岂仅是批判一个具体的对象而已！

当然，习惯于欣赏"男子扮女子的艺术"的人们是不喜欢这些逆耳之言的，他们习惯于这种"永恒的艺术"之美妙，不自觉自己的精神之被扭曲。天真地喊出皇帝是光屁股的孩子是讨人嫌的，鲁迅不也正是以人性之本然提示了这种"艺术"之扭曲人性吗？而且，鲁迅还不知趣地揭了底，揭出这种艺术"男人眼里扮女人，女人眼里男人扮"的欣赏者的心里的隐秘呢！当然是无可饶恕的"偏激"、"不识相"和"可恶"了。

鲁迅从来就为卫道的君子们所敌视，为屠伯们所痛恨，为"死的说教者"所嫉怨，为形形色色的帮凶帮闲们所疾首，为"蒙大旗作虎皮"的帮朋派友们所忌惮，也为讲究"中庸之道"的"中正和平"的人们所不满。而且正如鲁迅所自陈，他的"坏处，是论时事不留面子，砭锢弊常取类型，而后者尤与时宜不合"。（《伪自由书·前记》）分明是抨击某一现象，因为所取的是标本，便被疑为专对私人，各就自己的疮疤与图像对号入座。不少读者也往往只注意鲁迅"骂"了某人，而不察鲁迅指摘时弊的秉持公心。由于时间的距离，情况的隔阂，新一代的读者更难以就彼时彼地彼事的具体情况判明是非，连就事论事也难以办到；何况还有对鲁迅的重重曲解，在给读者以误导呢？

诚然，有《鲁迅全集》在，不存偏见的认真的读者可以从中认识鲁迅；从事鲁迅和现代文学、现代中国研究的人，也有巨帙的《鲁迅研究学术＋资料汇编》，搜集着与鲁迅论战过的几乎全部文字，可供参比，藉这些文献判明鲁迅和论战对手们的曲直所在。可是，这毕竟不是一般读者所能细读和泛览的。房向东先生积数年之力，勾稽了鲁迅和曾与之有过干涉的人物的材料，并广采研究者的有关评论，写成《鲁迅与他"骂"过的人》一书，对当年的一场场公案作了集中的描述，分人成篇，颇似传统的"学案"体的格式，扼述这些与鲁迅有干涉过的人物的简况和他们与鲁迅的关系史，未曾与鲁迅直接交往过的人也扼叙了对象的基本性状，提供了鲁迅之所以要"骂"的背景材料。对几起重要的论战，则扼要引录了双方论旨的原文。对论争双方的是非或做出自己的评价，或援引了研究者的见解。即使直叙事象，作者本人的倾向也鲜明地流露在客观的叙述之中。对于理解鲁迅，理解现代文学和文化史乃至理解现代中国，我想本书都是很有用的。

不管作者在书中对人物和事件的评价是否得当，乃至我自己也未必完全同意他的有些见解，但这些意见都是作者独立做出，没有怀着别的不光彩的目的去解读鲁迅，这一诚实的态度就值得肯定。作者盛情约我作序，故就平时对鲁迅的一点想法写出如上。鲁迅至今还活着，并将随着历史永远活下去，研究鲁迅的工作也将永远做下去。凡是认真而又诚实的研究者，必将获得读者的感佩，我相信本书及作者也是。

1995 年 6 月于上海

（这是何满子先生为本书初版作的序。本书原名《鲁迅与他"骂"过的人》，经过修订，新增 20 万字，现分为二书，分别是《新月边的鲁迅——鲁迅与右翼文人》、《太阳下的鲁迅——鲁迅与左翼文人》，二书同时续用何序。）

20世纪思想史的某一侧面

钱理群

　　说起鲁迅与左翼文坛的关系，我们就会想起"革命文学论争"、"两个口号的论争"等，这些论争的来龙去脉，是非曲直，现代文学史已经有详尽的论述。其实呢，论争是由人挑起的，比如，说到"革命文学论争"，就离不开鲁迅与郭沫若、成仿吾这些人物的纠葛；说到"两个口号的论争"，也离不开鲁迅与"四条汉子"等的恩怨。本书正是从"人"的角度，看鲁迅与这些左翼文人的论争甚至对骂的，尽量以客观公正的态度，用历史的眼光，重新审视这些笔墨官司。人物的纠纷，尤其是名人之间的纠纷，以及相关人物的命运，尤为读者所关注。应该说，本书作为相关议题的补充，软化了相关议题，多了可感性。

　　书名取《太阳下的鲁迅——鲁迅与左翼文人》，对所谓"横站"与"左翼"要做一下说明。

"横站"一词是鲁迅的发明，也是鲁迅悲凉心境的写照。

鲁迅视左翼文人为"同一营垒中人"。他正面与右翼文人陈西滢、梁实秋之流战，但却需时时提防着"同一营垒"中人，"化了装从背后给我一刀"。鲁迅多次在私人通信中谈到他的这一感慨。应该说，这些通信或是直接或是间接地针对田汉等左翼文人的。1934年12月18日鲁迅在致杨霁云的信中说："叭儿之类，是不足惧的，最可怕的确是口是心非的所谓'战友'，因为防不胜防。例如绍伯之流，我至今还不明白他是什么意思。为了防后方，我就得横站，不能正对敌人，而且瞻前顾后，格外费力。身体不好，倒是年龄关系，和他们不相干，不过我有时确也愤慨，觉得枉费许多气力，用在正经事上，成绩可以好得多。"1935年1月15日，鲁迅在致曹靖华的信中说："……最奇的是竟有同人而匿名加以攻击者，子弹从背后来，真足令人悲愤……"1935年4月23日，在致萧军、萧红的信中，鲁迅感慨："敌人不足惧，最令人寒心而且灰心的，是友军中的从背后来的暗箭；受伤之后，同一营垒中的快意的笑脸。因此，倘受了伤，就得躲入森林，自己舐干，扎好，给谁也不知道。我以为这境遇，是可怕的。我倒没有什么灰心，大抵休息一会，就仍然站起来，然而好像终竟也有影响，不但显于文章上，连自己也觉得近来还是'冷'的时候多了。"来自自己人的攻击，鲁迅是最为痛恨的。他在《给文学社信》中说："给我以诬蔑和侮辱，是平常的事；我也并不为奇：惯了。但那是小报，是敌人。

略具识见的，一看就明白。而《文学》是挂着冠冕堂皇的招牌的，我又是同人之一，为什么无端虚构事迹，大加奚落，至于到这地步呢？莫非缺一个势利卑劣的老人，也在文学戏台上跳舞一下，以给观众开心，且催呕吐么？我自信还不至于是这样的脚色，我还能够从此跳下这可怕的戏台。那时就无论怎样诬辱嘲骂，彼此都没有矛盾了。"后来提到此事时，他说："宁可与敌人明打，不欲受同仁的暗笑也。"

前面作战，又要防着后面的子弹，鲁迅是敌人的敌人，却同时是"战友"的异类。因腹背受敌，必须横站。鲁迅是一个独然面对各种黑暗或灰色势力、组织及宵小之辈的"战士"，一个傲然独立，却是遍体鳞伤，过早地耗尽了体内的全部燃料，常四面受敌，不得不"横站"着的"异类"。鲁迅格外吃力，格外愤怒，格外绝望，鲁迅是愤怒而又绝望的孤独者。

让鲁迅"横站"的田汉等左翼文人算是被鲁迅"咬"住了。不过，应该说，鲁迅对他并没有"穷追猛打"，只是私下通信中说说。毕竟，鲁迅还念及是"同一营垒"的。

其实，鲁迅不只"横站"在左右之间，也一直"横站"在古今之间，中西之间，新旧之间，鲁迅就是一个"横站"着的"中间物"——鲁迅"横站"在无边无际的旷野。

这正是我取这一书名的用意所在。

虽然历史上有左翼和右翼之分，正如毛泽东所言，凡是有人的地方，就有左中右，但是，应该指出的是，所谓"左翼"和"右翼"，在概念上有很多值得推敲的地方。

第一，这是模糊的概念。什么是"左"，什么是右，其解析的空间非常之大，其弹性也非常之大。在国民党作为执政党，共产党作为在野党的 20 世纪三四十年代，与共产党站在一起的，肯定属左翼分子，比如郭沫若与周扬等，事实上，他们就是不曾公开身份的共产党人；此外，那些不和一党独裁的国民党政府合作，没有在当时的体制内运作，比如早年的高长虹，还有魏建功、李小峰等人，似乎也应该属于广义的左翼分子，至少是中间偏左的人物。

第二，这是相对的概念。一是相对于右，这很容易理解，没有右翼的旁衬无以显示左翼，反之，也成立；二是相对于当时特定的历史，左联时期的"左"的概念要严格许多，如胡乔木所言，左联是半个党，是党的外围组织。可是，到了左联解散，"国防文学"提出，或抗日民族统一战线形成后，"左"的概念要相对宽泛一些。

第三，这是变化的概念。人是会变化的，鲁迅生前就说过大意如此的话，"极左"是容易变成极右的。这样的例子很多，比如张春桥，曾经是左翼文人，后来成为极"左"分子，成为"四人帮"的一员；杨邨人曾经"左"过，属于"革命小贩"一类，后来变节了；至于张资平，那更是应了鲁迅所言，走向"极右"——成了汉奸了。

还要指出的是，作为文人的所谓左翼与右翼，虽然有程度不同的政治因素，但文人终究是文人，不是政治家，所以更多的是文化概念，主要是指思想观念和价值判断，而不是政治上的左翼阵营与右翼阵营，不是政治概念。本书的"左翼"

取的也正是文化的概念。

总之，希望读者把本书的"左翼"当作宽泛的概念，把本书看作是鲁迅与左翼文人是是非非问题的文化读本，而不要认为是对相关人物的政治评判。

除了此书中大多一目了然的左翼文人，还有若干不好下判断者，或者说属于中间偏左人物吧，新中国成立以后，他们在为新中国工作着，作者将其作为"附录一"收在书中。

有一些人物，与鲁迅有一些小纠葛，展开来写，没有太多内容，但如果不涉及，又显得不够"齐全"，比如鲁迅与茅盾、冯乃超等，作者选择简单介绍，文字虽少，像是读书小品，毕竟留下一鳞半爪，也有可读性，作为"附录二"。

此外，本书所设议题，都是多多少少与鲁迅有过论争或纠葛的，其他的左翼文人，比如瞿秋白、胡风、冯雪峰、萧军、丁玲等，他们或是鲁迅的知己，或是鲁迅的追随者，他们与鲁迅的友谊为世人所熟知，基本上没有什么可评判的，本书不再涉及。

"过河拆桥"与"落井下石"
——鲁迅与陈独秀

　　鲁迅与陈独秀都是五四新文化运动的巨人，虽然他们在新文化运动中相互欣赏，相互支持，但应该说实际的往来非常之少。在相当长的一段时间，谈鲁迅与陈独秀的文章甚少。说鲁迅与陈独秀的友谊吗？因为众所周知的陈独秀的原因，显然是不合适的。说鲁迅与陈独秀的论争吗？除了私下言谈，又实在没有什么大不了的论争。据此，我深刻认识到，有的历史话题只有到了一定的历史条件下、一定的时间段，才有可能发酵。

　　对鲁迅与陈独秀关系问题妄加非议的，当属李敖的鲁迅"过河拆桥"与"落井下石"说。这些倒是牵涉了鲁迅与陈独秀关系的方方面面。因此，我就从李敖的胡言乱语说起吧。

早年，读过牧惠先生编选的《千秋评论》，与柏杨的《丑陋的中国人》及龙应台的《野火集》一样，给我留下了深刻的印象。我甚至以为，台湾的这几个男女，有鲁迅遗风，是鲁迅的传人。应该实话实说，《千秋评论》以后，我就再没有接触过李敖的作品。2005 年 6 月至 2006 年 8 月，李敖在凤凰台他的名牌栏目"李敖有话说"（我以下所引李敖言论均出自于此）突然纠缠上了鲁迅，对鲁迅再三发难，信口雌黄。此后，还把他的胡言乱语编辑成了名著，由中国友谊出版公司出版了，广为流布。

一

在陈独秀问题上，李敖把鲁迅描述成一个"过河拆桥"、"落井下石"的人。

先说"过河拆桥"。在李敖眼里，陈独秀似乎有恩于鲁迅，鲁迅是陈独秀一手"提拔"起来的，他说："当时鲁迅这些人都是陈独秀提拔起来的，或者帮忙大家一起共事，一起窜起来的。"

陈独秀办了《新青年》，先是通过钱玄同催促鲁迅写文章，后来陈独秀自己也催促鲁迅写文章，陈和鲁的关系，就是这么简单的关系。编辑需要稿件，向认为合适的作者组稿，如果作者答应了，应该说是作者对刊物和编辑的支持，哪里有什么提拔不提拔的问题？当年，鲁迅们给《新青年》写稿，甚至没有一分钱的稿费，无论从哪一方面看，都只能说是鲁迅对《新青年》和陈独秀给予了支持。况且，后来鲁迅也参加了《新青年》的编辑工作，他们属于杂志的同仁，仅此而已。

倘说陈独秀当了总书记，提拔鲁迅当了宣传部长，还勉强算得上"提拔"。不过，严格说来，也不是的，那时的共产党处在非法的地位，假如陈独秀让鲁迅当了宣传部长，也只是共同奋斗的同志，不存在提拔不提拔的问题，因为他们没有什么私利可言，没有像今天这样有这个待遇那个待遇，还有若干特权；当年，他们一不小心就可能把自己折腾进了监狱，甚至送命。

什么是提拔？当下的某些行政首长，任用自己的秘书到要害部门或油水多的部门工作，其作用力都来自上面，又"提"又"拔"，这才叫名副其实的"提拔"。总之，鲁迅之所以成为鲁迅，与陈独秀几无关系，绝对不是陈独秀"提拔"的结果，陈独秀也无恩于鲁迅，他们只是编辑与作者的关系，是编辑同仁的关系，是五四新文化运动中两个并行的巨人。既是如此，何言"过河拆桥"？！李敖后一句说的，"或者帮忙大家一起共事，一起窜起来的"，这还有点像人话，与事实相对接近。

李敖这个所谓的文章高手，在一句话里，前后两层意思不能互相支持，甚至是矛盾的。

二

再来看所谓的"落井下石"。李敖说:"陈独秀当年是北京大学的文科学长,就是文学院院长,他后来做了中国共产党的创办人,可是因为政治路线不同,最后中国共产党把他开除,他也坐了牢。可是坐牢的时候,被一个人落井下石,人家坐牢你怎么可以落井下石呢?那个人是谁啊?不是别人,就是鲁迅。"

鲁迅怎么对陈独秀"落井下石"了,鲁迅当年下的"石头"在哪里?鲁迅又有什么必要对陈独秀落井下石呢?李敖接着说:

> 今天肯定五四新文化运动的这些纪录里面,大家都知道陈独秀是有功劳的,大家也谈到说是胡适、鲁迅,他们都是有功劳的,可是大家不要忘记,在陈独秀被国民党抓起来的时候,鲁迅不但不能像胡适这样子去救陈独秀,反倒用他一贯的讽刺跟清凉话来讽刺陈独秀。我们在濮清泉的这篇文章《我所知道的陈独秀》里面,我们可以看到啊,他说鲁迅在《新青年》上面,他是一名战将,但不是主将,我们欢迎他写稿,这是那个陈独秀的口气,可是陈独秀入狱以后,鲁迅曾以何干之的笔名,在《申报·自由谈》上面,骂陈独秀是《红楼梦》中的

焦大，焦大因为骂了主子王熙凤而落得吃马屎，陈独秀创办了中国共产党，他在为党受苦受难的时候、坐牢的时候、被国民党打压的时候，鲁迅居然这个样子的对待陈独秀，大家不觉得鲁迅这个人的所谓的文学家、思想家、革命家的这个风骨，有点问题吗？

我们先来说说"讽刺跟清凉话来讽刺陈独秀"以及"陈独秀是焦大"的问题。李敖提到的濮清泉《我所知道的陈独秀》（1）这篇长文，牵涉鲁迅的有这样一段话：

> 我问陈独秀，是不是因为鲁迅骂你是焦大，因此你就贬低他呢？（陈入狱后，鲁迅曾以何干之的笔名在《申报·自由谈》上，骂陈是《红楼梦》中的焦大，焦大因骂了主子王熙凤，落得吃马屎。）他说，我决不是这样小气的人，他若骂得对，那是应该的，若骂得不对，只好任他去骂，我一生挨人骂者多矣，我从没有计较过。我决不会反骂他是妙玉，鲁迅自己也说，谩骂决不是战斗，我很钦佩他这句话，毁誉一个人，不是当代就能作出定论的，要看天下后世评论如何，还要看大众的看法如何。总之，我对鲁迅是相当钦佩的，我认他为畏友，他的文字之锋利、深刻，我是自愧不及的。人们说他的短文似匕首，我说他的文章胜大刀。他晚年放弃文学，

从事政论，不能说不是一个损失，我是期待他有伟大作品问世的，我希望我这个期待不会落空。

这虽非陈独秀的原话，但濮清泉在《我所知道的陈独秀》一文中，记录下了很多陈独秀的谈话，他说："陈讲给我的话，大体都还记得，复述出来，可以保证其精神大意不走原样，但求一字不差，乃不可能之事，为慎重起见，他的讲话，一般都不用引号。"这样看来，其真实性的程度还是比较高的，上述引文基本上能代表陈独秀的观点。

既是如此，我们就要查查鲁迅署名"何干之"的这篇《言论自由的界限》的文章，看看鲁迅怎么说。文章不长，照录如下：

看《红楼梦》，觉得贾府上是言论颇不自由的地方。焦大以奴才的身分，仗着酒醉，从主子骂起，直到别的一切奴才，说只有两个石狮子干净。结果怎样呢？结果是主子深恶，奴才痛嫉，给他塞了一嘴马粪。

其实是，焦大的骂，并非要打倒贾府，倒是要贾府好，不过说主奴如此，贾府就要弄不下去罢了。然而得到的报酬是马粪。所以这焦大，实在是贾府的屈原，假使他能做文章，我想，恐怕也会有一篇《离骚》之类。

三年前的新月社诸君子，不幸和焦大有了相类的境遇。他们引经据典，对于党国有了一点微词，虽然引的大抵是英国经典，但何尝有丝毫不利于党国的恶意，不过说"老爷，人家的衣服多么干净，您老人家的可有些儿脏，应该洗它一洗"罢了。不料"荃不察余之中情分"，来了一嘴的马粪：国报同声致讨，连《新月》杂志也遭殃。但新月社究竟是文人学士的团体，这时就也来了一大堆引据三民主义，辨明心迹的"离骚经"。现在好了，吐出马粪，换塞甜头，有的顾问，有的教授，有的秘书，有的大学院长，言论自由，《新月》也满是所谓"为文艺的文艺"了。

这就是文人学士究竟比不识字的奴才聪明，党国究竟比贾府高明，现在究竟比乾隆时候光明：三明主义。

然而竟还有人在嚷着要求言论自由。世界上没有这许多甜头，我想，该是明白的罢，这误解，大约是在没有悟到现在的言论自由，只以能够表示主人的宽宏大度的说些"老爷，你的衣服……"为限，而还想说开去。

这是断乎不行的。前一种，是和《新月》受难时代不同，现在好像已有的了，这《自由谈》也就是一个证据，虽然有时还有几位拿着马粪，前来探头探脑的英雄。至于想说开去，那就足以破坏言论自由的保障。要知道现在虽比先前光明，但也比先前利害，一说开去，是连性命都要送掉的。即使有了言论自由的明令，也千万大意不得。这我是亲眼见过好几回的，非"卖老"也，不自觉其做奴才之君子，幸想一想而垂鉴焉。

　　我们通读全文，找不到"陈独秀"三个字。这篇文章是针对谁的呢？鲁迅已经写得明明白白，"三年前的新月社诸君子，不幸和焦大有了相类的境遇"。《鲁迅全集》的注释是这样写的："新月社以一些资产阶级知识分子为核心的文学和政治团体，约于 1923 年在北京成立，主要成员有胡适、徐志摩、陈源、梁实秋、罗隆基等。该社曾以诗社名义于 1926 年夏在北京《晨报副刊》出过《诗刊》（周刊）。1927 年在上海创办新月书店，1928 年 3 月出版综合性的《新月》月刊。1929 年他们曾在《新月》上发表谈人权等问题的文章，引证英、美各国法规，提出解决中国政治问题的意见，意在向蒋介石献策邀宠。但文章发表后，国民党报刊纷纷著文攻击，说他们'言论实属反动'，国民党中央议决由教育部对胡适加以'警诫'，《新月》月刊曾遭扣留。他们继而变换手段，研读'国民党的经典'，著文引据'党义'以辨明心迹，终于得到蒋介石的赏识。""邀宠"之类，写得不够委婉，似与事实也有距离，然胡适等是在体制内运作，是希望蒋介石一党独裁的政府好，这一点，与焦大希望贾府好是一致的。鲁迅文章中活的焦大是谁，话说得很明白，一般不会有歧义。
　　陈独秀的这段谈话，是濮清泉引出的，或者说是他提示的结果。我甚至怀疑，濮清泉并没有看到鲁迅的原文，陈独秀也没有看到原文，他们只是听了耳食之言，以讹传讹，如果他们看了原文，会得出这样的结论吗？陈独秀会把胡适的帽子戴到自己的头上，甘当焦大？

鲁迅骂焦大，事实上已经为自己定位了，即，他是体制外的人物，不会做焦大这样的事，换言之，他是不会与当权者合作的。与统治者"不合作"是鲁迅一贯的态度。至于"新月派"文人那种对国民党当局所寄存的不切实际的幻想和与虎谋皮的天真，也表明他们把自己定位在体制内。鲁迅说过，"新月派""看似硬其实软"，正是点中要害。比如胡适骂国民政府，陈独秀也骂国民政府，虽然他们都不提倡暴力。胡适容忍了一党独裁，当时只希望有个"好人政府"，骂成了座上宾；陈独秀成立反对党，鼓吹政府不等于国家，鼓动政权更迭，骂成了阶下囚。谁硬谁软？不言自明。以胡适为首的"新月派"人士是依附在政府身上，力争做一个"诤友"的角色，即鲁迅说的：老爷，您的衣服脏了，人家的衣服多么干净！他们要当现政权的"诤友"，仅此而已。想法好像不错，但你如果面对的是一个坏政府，你"诤"而人家不"纳"，依然故我怎么办？那就只能纸上谈兵，继续对"民主"和"自由"进行学术研究了。

捎带一句，陈独秀说鲁迅是"妙玉"，在我看来，这也不是骂，也有传神之妙。我想，这主要是考虑到鲁迅有洁癖这一点与妙玉近？不过，任何比喻都是蹩脚的，我估计，鲁迅不会像妙玉那样轻视刘姥姥。妙玉有点矫情且还出世，鲁迅则有天然之野性，为人行文野趣盎然；鲁迅是入世的，虽然这个"世"让他极不满意，虽然他很想躲进他的"一统"楼。

当然，鲁迅的文章中没有出现"陈独秀"三个字，也不能证明《言论自由的界限》绝对与陈独秀无关。细读鲁迅原文，我觉得这一段有可能——也仅仅是有可能——暗指陈独秀：

> 然而竟还有人在嚷着要求言论自由。世界上没有这许多甜头，我想，该是明白的罢，这误解，大约是在没有悟到现在的言论自由，只以能够表示主人的宽宏大度的说些"老爷，你的衣服……"为限，而还想说开去。

《言论自由的界限》一文写于 1933 年 4 月 17 日。此前，国民党政府曾两次开庭审讯陈独秀。据《国闻周报》记者《陈独秀开审记》（2）一文记载，陈独秀在第一次庭审回答问题时确实谈到了言论自由问题：

> 问：何以要打倒国民政府？
> 答：这是事实，不否认。至于理由，可以分三点，简单说明之：（一）现在国民党政治是刺刀政治，人民即无发言权，即党员恐亦无发言权，不合民主政治原则。

对庭审的情况，当时有不少报纸快速详细报道，鲁迅应该是较为关注，对情况相当了解的。他所说的"还有人在嚷着要求言论自由"是不是由此而发呢？如果这里的"还有人"指的是陈独秀。那么，鲁迅为什么不同意其要求自由言论的观点呢？

从鲁迅原文可以看出，鲁迅对新月社诸君子和后面"还有人"的态度是明显不同的，对前者使用的是嘲讽的口气，对后者则要温和得多。他认为前者是小骂大帮忙，对后者则是认为不应该对当时的言论自由抱有希望：

> 要知道现在虽比先前光明，但也比先前利害，一说开去，是连性命都要送掉的。即使有了言论自由的明令，也千万大意不得。这我是亲眼见过好几回的，非"卖老"也，不自觉其做奴才之君子，幸想一想而垂鉴焉。

"还有人"如果指的是陈独秀的话，他不过是提醒老朋友，以其阅历之丰富，早该看出政府的独裁实质，要认清残酷的现实，不要对政府的言论自由抱任何希望，存任何幻想，与一党独裁的专制政府谈自由，无异于与虎谋皮。鲁迅是善意的，充其量是批评，还称不上骂，也没有将其比作焦大的意思。

从鲁迅文章的事实出发，哪怕可能暗指了陈独秀，可是，这是如李敖所说的"落井下石"吗？

三

李敖始终拿鲁迅与胡适相比，企图证明鲁迅是小人、胡适有大仁。我们再来谈谈"鲁迅不但不能像胡适这样子去救陈独秀"的问题。

胡适是营救过陈独秀的，这说明胡适有"仁厚"之心。胡适和陈独秀是安徽老乡，陈独秀无恩于鲁迅，但倒真有"恩"于胡适。是陈独秀向蔡元培力荐，胡适才进了北京大学。在新文化运动初期，他们或激进，或温和，一唱一和，一时造成风气与局面。胡适营救陈独秀，是不是也应看作情理中事？

但是，具体到李敖所言及的 1932 年 10 月 15 日陈独秀一生中最后一次的被捕，却没有胡适出面营救的事实。据唐宝林《陈独秀传》记载，陈独秀"过去被捕，每次都经过营救，很快获释，这次却被判刑坐牢了"。这次胡适做的事是，和蔡元培等人"纷纷向他推荐辩护律师"，但陈独秀自己选择了"五四"以前的挚友章士钊。

1933 年，陈独秀被"焦大"们要修补和完善的国民党一党独裁政府最高法院以"以文字为叛国之宣传"，处有期徒刑八年。陈独秀当然不服判决，他当场起立大声抗议："我是叛国民党，不是叛国。"可是，"焦大"们要维护的是党国一体的政体，党是国的爹，党生了国，叛党就是叛国。

此前，胡适和蔡元培等出面救陈独秀，这也是题中应有之义。我已经提到了胡适与陈独秀的特殊关系。此外，还要考虑这样几个因素：第一，他们是社会名流；第二，也是最重要的，他们是体制内的人物，换言之，他们是和当权者说得上话的人。鲁迅固然也是社会名流，用今天的话说，后来的他是体制外的人，是公然的反对派，甚至他自己还负案在身，如何营救？

鲁迅痛恨上层社会的堕落，与场面上的大官小官向无往来。他长期在教育部行走，查他日记及相关时期的回忆录，不见他与教育部高官有什么走动，倒是有与教育部长章士钊打官司的记录。当一些人只是平民知识分子的时候，鲁迅与之多有往来，而同是这些人，一旦官运亨通，走了红运，鲁迅便敬而远之。鲁迅看不顺身边的人在仕途上的努力或钻营。1924年，孙中山北上，拟开善后会议，共商南北政府议和大事，鲁迅的好友杨莘耜任善后会议秘书，为此常与代秘书长许世英及安福系政客混在一起。有一天，鲁迅遇见杨氏，半含讥讽地笑说："你现在奔走权门了！"从此，二人关系疏远下来。此时，鲁迅对积极仕进者不说有恶感，也是绝无好感可言，他在1926年6月26日所作的《马上日记》中记道：

午后，织芳从河南来，谈了几句，匆匆忙忙地就走了，放下两个包，说这是"方糖"，送你吃的，怕不见得好。
织芳这一回有一点发胖，又这么忙，又穿着方马褂，我
恐怕他将要做官了。

文中所说的"织芳"，就是鲁迅的学生荆有麟。鲁迅猜
得不错，不到一年，荆有麟为国民军总司令冯玉祥办起了报
纸。此后又两次央鲁迅写举荐信，寻求进身之路。鲁迅能央
求谁呢？荆有麟找错了人，他最好去找胡适，胡适是乐此不
疲的。鲁迅既然无法为他人进身尽力，就更难在营救之事上
有大作为。这正是鲁迅的"魏晋风度"的表现。让鲁迅怎么
营救？让他像胡适一样去找蒋介石？蒋介石只有胡适和胡适
们才能找的，并不是鲁迅和鲁迅们所能找。

当然，鲁迅也不是都不营救人，在中山大学时，鲁迅就
营救过学生。蒋介石发动"四一二政变"以后，4月15日，
广东行营主任李济深也在广州响应蒋介石，开始反共，解除
了黄埔军校和省港罢工委员会纠察队的武装，搜查工会、农
会，捕去中山大学学生四十多人（一说两百多人）。这天下午，
作为文学系主任兼教务主任的鲁迅，主持召集了中山大学各
科系主任紧急会议，提出营救被捕学生。第二天，他捐款十
元慰问被捕学生。许寿裳在《亡友鲁迅印象记》中回忆说：
"清党事起，学生被捕者不少，鲁迅出席各主任紧急会议，
归来一语不发，我料想他快要辞职了，一问，知道营救无效。

不久，他果然辞职，我也跟着辞职。"4月29日，鲁迅将聘书寄还中山大学委员会，辞一切职务。学校当局做了几次挽留之后，同意他辞职了。在《三闲集·序言》中，鲁迅说："我是在二七年被血吓得目瞪口呆，离开广东的。"此外，鲁迅还设法营救过学生孔另境，设法营救过知己瞿秋白等等。鲁迅晚年，加入中国民权保障同盟，同盟宗旨之一就是营救政治犯。鲁迅对民权保障同盟的工作是十分重视的，开会必到，而左联的会议他可以不参加。民权保障同盟的秘书长杨杏佛被暗杀，鲁迅从始至终都表示了他的愤怒，而且冒险参加了追悼会，名字甚至被列入暗杀名单。

胡适营救的是名人陈独秀，营救名人是会有红利的。名人有名人效应，当局需要诸多考量，对名人抓抓放放，政府也可渔利，统治者配合胡适的营救，放了陈独秀，或还可以坐收开明之利？就是说，营救名人成功的可能性要大一些。不是吗？胡适营救不同政见者陈独秀已经成了千古美谈了，被当下的不少自由主义知识分子挂在嘴边，不时谈起。鲁迅营救的是青年学生，学生无名，民国以来，杀无名的学生是历届政府的拿手好戏，要营救是不容易成功的，鲁迅的营救之功也少有人谈起。我们试想，假设我们处在民国，假设我们亲历了声势浩大的"一二·九"学生运动，假设我们被通缉，倘若有鲁迅这样的人营救我们，这个勇于在白色恐怖中营救我们的人，是不是一个大无畏的人？营救学生，很容易成为共犯，一不小心，也会把自己折腾进监狱。一般说来，如果流血了，死人了，也营救不了的，统治者在处置学生的时候，绝对不会像处置陈独秀那样费踌躇。

四

陈独秀和鲁迅，他们彼此尊重，是互相欣赏的两个文化巨人。

陈独秀是因编辑《新青年》与鲁迅认识的。1918 年 1 月 4 日，在致许寿裳的信中，鲁迅提到陈独秀："《新青年》以不能广行，书肆拟中止；独秀辈与之交涉，已允续刊，定于本月十五出版云。"写于 1918 年 7 月的《我之节烈观》一文，鲁迅也提到了陈独秀："世风人心这件事，不但鼓吹坏事，可以'日下'；即使未曾鼓吹，只是旁观，只是玩赏，只是叹息，也可以叫他'日下'。所以近一年来，居然也有几个不肯徒托空言的人，叹息一番之后，还要想法子来挽救。第一个是康有为，指手画脚的说'虚君共和'才好，陈独秀便斥他不兴……"（《坟》）这些文字说明，鲁迅对陈独秀的工作、境遇和思想是关注的，鲁迅不主张"君主立宪"，这里客观上肯定了陈独秀。写于 1927 年 9 月 4 日的《答有恒先生》一文，鲁迅再次提到陈独秀："不过我这回最侥幸的是终于没有被做成为共产党。曾经有一位青年，想以独秀办

《新青年》，而我在那里做过文章这一件事，来证成我是共产党。但即被别一位青年推翻了，他知道那时连独秀也还未讲共产。"（《而已集》）1933 年 3 月 5 日，当陈独秀即将受国民党审判之时，鲁迅在《我怎么做起小说来》一文中写道："但是《新青年》的编辑者，却一回一回的来催，催几回，我就做一篇，这里我必得记念陈独秀先生，他是催促我做小说最着力的一个。"（《南腔北调集》）在《呐喊》自序中，鲁迅表达了自己愿意听陈独秀的指挥："……但既然是呐喊，则当然须听将令了……"当时的"将"，自然是指陈独秀。1934 年 8 月 1 日鲁迅在《忆刘半农君》一文中，又提到了陈独秀："《新青年》每出一期，就开一次编辑会，商定下一期的稿件。其时最惹我注意的是陈独秀和胡适之。假如将韬略比作一间仓库罢，独秀先生的是外面竖一面大旗，大书道：'内皆武器，来者小心！'但那门却开着的，里面有几枝枪，几把刀，一目了然，用不着提防。适之先生的是紧紧的关着门，门上粘一条小纸条道：'内无武器，请勿疑虑。'这自然可以是真的，但有些人——至少是我这样的人——有时总不免要侧着头想一想。半农却是令人不觉其有'武库'的一个人，所以我佩服陈胡，却亲近半农。"（《且介亭杂文》）鲁迅通过自己的观察、比较，为我们勾勒了陈、胡、刘的形象，近于白描。我认为，鲁迅对陈独秀是有好感的，他没有胡适那样让人捉摸不透，虽然有点言过其实。

鲁迅所言，很多可以在陈独秀那里得到印证。1920 年 3 月 11 日，陈独秀在致周作人的信中说："我们很盼望豫才先生为《新青年》创作小说，请先生告诉他。"所以，鲁迅认为陈独秀也是他的小说的助产婆之一。7 月 9 日陈独秀为《新青年》8 卷 1 号约稿事致信周作人："我现在盼望你的文章甚急，务必请你早点动手，望必在二十号以前寄到上海才好；因为下月一号出版，最后的稿子至迟二十号必须交付印局才可排出。豫才先生有文章没有，也请你问他一声。"8 月 13 日陈独秀致信鲁迅、周作人："两先生的文章今天收到了。《风波》在这号报上印出……倘两位先生高兴要再做一篇在二号报上发表，不用说更是好极了。"8 月 22 日陈独秀致信周作人，告："《风波》在一号报上登出，九月一号准能出版。兄译的一篇长的小说，请即寄下，以便同前稿都在二号报上登出。""鲁迅兄做的小说，我实在五体投地的佩服。"陈独秀向周氏兄弟约稿之殷、之急，这些信件可见一斑。9 月 28 日陈独秀致信周作人，告："……不晓得豫才兄怎么样？随感录本是一个很有生气的东西，现在我一个人独占了，不好不好，我希望你和豫才、玄同二位有功夫都写点来。豫才兄做的小说实在有集拢来重印的价值，请你问他倘若以为然，可就《新潮》、《新青年》剪下处自加订正，寄来付印。"从这些信可以看出，陈独秀极为欣赏鲁迅的随感录、小说，他不仅是周氏兄弟的约稿者、作品爱好者，而且是帮助他们出版作品的策划者。陈独秀与周氏兄弟之情谊非同寻常，鲁迅对陈独秀的感念由此可见大半。

要顺便提一下的是，主要因为冯雪峰的原因，冯代鲁迅写的抨击陈仲山的文章《答托洛斯基派的信》，客观上伤害过陈独秀，但陈独秀对鲁迅还是正面地评价。陈独秀毕竟是鲁迅的老友。鲁迅去世后，他于 1937 年 11 月 21 日写的那篇向不被重视的文章《我对于鲁迅之认识》（3）一文中，对鲁迅有着十分公正客观的评价，文章不长，照录于下：

世之毁誉过当者，莫如对于鲁迅先生。

鲁迅先生和他的弟弟启明先生，都是《新青年》作者之一人，虽然不是最主要的作者，发表的文字也很不少，尤其是启明先生；然而他们两位，都有他们自己独立的思想，不是因为附和《新青年》作者中那一个人而参加的，所以他们的作品在《新青年》中特别有价值，这是我个人的私见。

鲁迅先生的短篇幽默文章，在中国有空前的天才，思想也是前进的。在民国十六七年，他还没有接近政党以前，党中一班无知妄人把他骂得一文不值，那时我曾为他大抱不平。后来他接近了政党，同是那一班无知妄人，忽然把他抬到三十三天以上，仿佛鲁迅先生从前是个狗，后来是个神。我却以为真实的鲁迅并不是神，也不是狗，而是个人，是有文学天才的人。

　　最后，有几个诚实的人，告诉我一点关于鲁迅先生大约可信的消息：鲁迅对于他所接近的政党之联合战线政策，并不根本反对，他所反对的乃是对于土豪劣绅、政客、奸商都一概联合，以此怀恨而终。在现时全国军人血战中，竟有了上海的商人接济敌人以食粮和秘密推销大批日货来认购救国公债的怪现象，由此看来，鲁迅先生的意见，未必全无理由吧！在这一点，这位老文学家终于还保持着一点独立思想的精神，不肯轻于随声附和，是值得我们钦佩的。

　　陈独秀指出，因为"毁誉过当"，鲁迅是最富争议的人，是有独立思想的人，还是有坚守、有特操的人。同时，他抨击了那些"无知妄人"。就是在李敖引用的濮清泉的文章中，濮也转述了陈独秀的话，"我对鲁迅是相当钦佩的，我认他为畏友，他的文字之锋利、深刻，我是自愧不及的。人们说他的短文似匕首，我说他的文章胜大刀"。我认为，就像瞿秋白知道鲁迅一样，陈独秀也是一个深知鲁迅的人。

　　应该说，鲁迅与陈独秀是没有什么私交的，一个办刊，一个写稿，仅此而已。也许是孤陋寡闻，我不曾看到他俩有过面对面的长谈，也不曾看到他们有比较深入的具体的交往。他们保持一定距离地互相关注并欣赏着。尽管如此，他们充分认识对方存在的意义和价值，他们珍惜友谊，也是相互信任的，哪怕在流言面前，也不轻易否认对方。

从以上史迹看，鲁迅可曾对陈独秀"落井下石"？

注释

（1）（2）陈木辛编：《陈独秀印象》，学林出版社 1997 年 12 月版。

（3）《陈独秀文章选编（下）》，生活·读书·新知三联书店 1984 年 6 月版。

压稿风波、权威问题及太阳、月亮和夜
——鲁迅与高长虹

一

　　我不知道应该说高长虹是有幸还是不幸。若说有幸，他因了与鲁迅的种种瓜葛，足以使他活在鲁迅的巨大存在之中，他的作品也因此受到了读者的注目，抑或也可以因此而"不朽"。坦白地说，在我看来，若以创作而言，高长虹的杂感与诗的合集《心的探险》，主要是杂文的集子《走到出版界》，在文学史上是没有占到一席之地的。我也看了不少诗和杂文的选本，即便在十分开放的连周作人、梁实秋的作品都不断地被选来选去的今天，似乎各位选家也不曾选到高长虹的作品。我敢说，若不是与鲁迅的恩恩怨怨，高长虹可能真的就销声匿迹了。说是不幸，那是因了与鲁迅的冲突，他不得不走出了文学界，尝到了咀嚼不尽的苦果。

高长虹（1898—1954），诗人、小说家。又名高仰愈，山西盂县人。1924年在北京创办《狂飙》周刊。1925年3月在《京报》副刊上发表《狂飙宣言》，并参加鲁迅领导的莽原社，编辑《莽原》周刊，与向培良等编辑《狂飙》、《弦上》、《每日评论》等刊物。在创作上曾得到鲁迅的帮助，写有许多揭露军阀统治的诗文。

对高长虹的评价也在悄悄地发生着变化。旧版的《鲁迅全集》中《故事新编·奔月》注八是这么写的："高长虹……是当时一个非常狂妄的青年作家，一个思想上带有虚无主义和无政府色彩的极端个人主义者。"显而易见，这里有着过分鲜明的感情倾向，而缺少客观的理性。1982年新版的《鲁迅全集》，那条注就改为："高长虹……是当时一个思想上带有虚无主义和无政府主义色彩的青年作者。"虽然留有尾巴，但应该说调子是比较温和的。

二

1982年版的《奔月》注八对鲁迅、高长虹关系始终的交待，为我们提供了一些线索。

高长虹"在1924年12月认识鲁迅后，曾得到鲁迅很多指导和帮助；他的第一本创作散文和诗的合集《心的探险》，即由鲁迅选辑并编入《乌合丛书》。鲁迅在1925年编辑《莽原》周刊时，他是该刊的经常撰稿者之一"。这说明，交往之初，鲁迅对于高长虹是爱护并给予支持的。

鲁迅在谈到创办《莽原》的目的时说："我早就很希望中国的青年站出来，对于中国的社会，文明，都毫无忌惮地加以批评，因此曾编印《莽原周刊》，作为发言之地。"（1）他在给许广平的信中，常常谈起有关这刊物的事情：

> 这种漆黑的染缸不打破，中国即无希望，但正在准备毁坏者，目下也仿佛有人，只可惜数目太少。然而既然已有，即可望多起来……（2）

> 我总还想对于根深蒂固的所谓旧文明，施行袭击，令其动摇，冀于将来有万一之希望。而且留心看看，居然也有几个不问成败而要战斗的人，虽然意见和我并不尽同，但这是前几年所没有遇到的。（3）

信中说的"目下也仿佛有人"，"居然也有几个不问成败而要战斗的人"，是指高长虹、向培良等人。

这里，鲁迅把高长虹等看成是"漆黑的染缸"的"毁坏者"，看作"不问成败而要战斗的人"，虽然意见"并不尽同"，但鲁迅对高长虹是爱护备至的，评价也曾经是高的。

李霁野在《忆鲁迅先生》(4)一文中，曾回忆起这样一件小事："有一次我去访他时，见他的神色不好，问起来，他并不介意的答道：昨夜校长虹的稿子，吐了血。"这个细节可以证明，鲁迅为了青年吃的是草，挤出来的却是奶，是血。当然，鲁迅吐了血，是本来已有的病兆，是长期积劳成疾的结果，但这又怎么能否认鲁迅对高长虹曾是满腔热忱，花费了许多心血呢？

高长虹在回忆他和鲁迅的最初关系时，充满感情地写道："在一个大风的晚上，我带了几份《狂飙》，初次去访鲁迅。这次鲁迅的精神特别奋发，态度特别诚恳，言谈特别坦率，虽思想不同，然使我想象到亚拉籍夫与绥惠略夫会面时情形之仿佛。我走时，鲁迅谓我可常来谈谈，我问以每日何时在家而去。此后大概有三四次会面，鲁迅都还是同样好的态度，我那时以为已走入一新的世界，即向来所没有看见过的实际世界了。我与鲁迅，会面不只百次，然他所给与我的印象，实以此一短促的时期为最清新，彼此时实在为真正的艺术家的面目。"(5)由此可见，高长虹的心情是兴奋的，鲁迅在他心目中的形象是崇高的，他认为自己走入了"新的世界"——这当然是鲁迅的世界。

三

鲁迅、高长虹冲突的起因，是发生在 1926 年 10 月的"压稿事件"。《奔月》注八这样叙述道：高长虹"借口《莽原》半月刊的编者韦素园（当时鲁迅已离开北京到厦门大学任教，《莽原》自 1926 年起改为半月刊）压下了向培良的一篇稿子，即对韦素园进行人身攻击，并对鲁迅表示不满"。

所谓"压稿"，是指韦素园刚接手，就压了向培良的剧本《冬天》，退了高歌（高长虹之弟）的小说《剃刀》。压稿退稿，编辑之常事，无非牵涉了《莽原》内部的派别问题，不值得多提。高长虹的不满，在我看来，也多是年轻气盛（当年他 28 岁），遇事不够冷静，如此而已。1926 年 10 月 17 日出版的《狂飙》周刊第 2 期上发表了高长虹的《给鲁迅先生》(6)和《给韦素园先生》(7)的公开信（高若稍能冷静，念鲁迅之情谊，似乎也不宜以公开信的形式，而以私人通信商讨为好）。信中，对韦素园的攻击是很不理智的："《莽原》须不是你家的！林冲对王伦说过：'你也无量大材，做不得山寨之主。'谨学先生及先生等诵之。"对于鲁迅先生，除发一通牢骚之外，是请先生出来说句公道话："如你愿意说话时，我也想听一听你的意见。"

远在厦门的鲁迅，管得了那么多吗？鲁迅并没有像高长虹那样"发烧"，而是采取了"冷处理"的办法。鲁迅在信中说："这真是吃得闲空，然而我却不愿意奉陪了，这几年来，生命耗去不少，也陪得够了，所以决计置之不理。"（8）鲁迅还认为，"素园在北京压下了培良的稿子，却由上海的高长虹来抱不平，要在厦门的我去下判断，我颇觉得是出色的滑稽。"（9）因此，鲁迅不予表态，不予理睬。于是，高长虹便认为鲁迅偏袒韦素园，把矛头指向鲁迅。

四

"压稿事件"只是一个导火线，鲁、高冲突的比较重要的原因，是那则把鲁迅说成"思想界之权威者"的广告。

在我看来，像鲁迅这样的一代名人，有人称之为"思想界之权威"，根本不值得大惊小怪；倘若鲁迅真是思想界权威之一，先生自己也默认了，这也只是默认了一个事实而已，高长虹是不应该这么大动肝火的。

从以上介绍高长虹对韦素园的攻击，我们不难看出高长虹当年的年轻气盛。这里有一个插曲，即高对郁达夫态度的骤热骤冷，这至少说明了高长虹当年的不成熟，从中也可以帮助我们理解他对鲁迅的态度。高长虹说过，他刚创办《狂飙》时，赏识者有四位：鲁迅、郁达夫、欲擒和日本人伊东干夫。1924 年下半年高长虹到北京后，曾将《狂飙》赠送郁达夫。郁即回信致谢，鼓励他继续努力，并担心他因同时编辑《狂飙》

周刊和《世界语周刊》而过于劳累。高长虹为郁达夫真挚的情谊而感动，几乎要哭了出来——因为这种情谊出自于一个跟他未谋一面的人。1925年1月，高长虹在《狂飙》周刊第10期发表《我的悲哀》一文，文中写道："达夫是人类中最纯洁最多情的一个。假使他是个女子时，我便立刻会爱上了他。"然而，他俩晤面之后，情况就发生了变化。一个冬天的下午，郁达夫拜访了高长虹。高长虹感到，郁达夫虽然态度率真，但谈话滔滔不绝，隐含傲意，使他几无插嘴的余地。当晚，高长虹给郁达夫写了一封率直而傲慢的信，并邀他次日下午来喝酒。结果郁达夫未赴宴，亦未复信。再过一日，高长虹与高歌以及另两个朋友一起拜访郁达夫。郁达夫说："信收到了，因为断酒，故未回复。"这次见面，双方只说了一些应酬话，此后便无联系。高长虹对鲁迅说："达夫外恭而内倨，仅一次往来，遂成路人。"评价一个人没有稳定的看法，因一些鸡毛蒜皮的细节，便不再往来，视若路人，这便是青年高长虹的幼稚处。我们跳出历史，倘若以平常心看他，现实生活中，若是像他这样情绪化地为人处世，怕是只会四面楚歌，成为孤家寡人的。

我以为，高长虹与鲁迅的所谓"权威"问题的冲突，也和郁达夫的"外恭内倨"一样，都是由一些莫名其妙的细节引起，本来不值得大动干戈的，然而，高长虹还是因一些小事而影响了自己的情绪，又一次犯了骤热骤冷的毛病。和对郁达夫的评价一样，高长虹在《革革革命及其他》（10）一文中说："鲁迅是一个深刻的思想家，同时代的人没有能及得上他的。"（这算不算"思想权威"呢—引者问）但不久，在《一九二六，北京出版界形势指掌图》（《走到出版界》，上海书店1985年3月影印版）一文中，攻击鲁迅已"递降而至一不很高明而却奋勇的战士的面目，再递降而为一世故老人的面目"了。文中还以康有为、梁启超、章太炎等人为例，以见"老人"之难免"倒下"，说："有当年的康梁，也有今日的康梁；有当年的章太炎，也有今日的章太炎……所谓周氏兄弟者，今日如何，当有以善自处了！"

当高长虹看到1925年8月5日《民报》的广告后，就非常反感，反应也异乎寻常地激烈。他在《一九二六，北京出版界形势指掌图》一文中说："于是'思想界权威者'的大广告便在民报上登出来了。我看了真觉'瘟臭'，痛惋而且呕吐。"——倘若我们不看高长虹诸如此类"骂人"的话，而只看鲁迅的，当然会说鲁迅是尖刻的，而实际上，许多人骂起鲁迅来，是很不理性的，只不过我们一时看不到他们的文章，只看到他们的尾巴被夹在鲁迅的大作中，因此，才仿佛显得格外老实。当然，这是题外话了。

高长虹攻击鲁迅的文章有15篇之多，其中绝大多数都是针对"思想权威"的。归纳起来，主要有以下的论点：

一、他认为"思想权威"是不存在的，也是无用的。他说:"鲁迅想做权威者,然而世间没有这件东西,一个思想者,除了几本著作外,其实没有其他,此几本著作,有何权威可说。"(11)因此,他把"思想权威"称之为"空名"、"纸糊的假冠"。

二、"思想权威"对整个社会,是贻害无穷的。他认为"中国所需要的,正是自由思想的发展"。他说:"思想呢,则个人只是个人的思想,用之于反抗,则都有余,用之于压迫,则都不足!如大家都不拿人当人,则一批倒下,一批起来;一批起来,一批也仍然要倒下,猴子耍把戏,没有了局。"在他看来,有了"思想权威",青年就成了奴仆。他说:"于是,思想界说:青年是奴仆!自此,'权威'见于文字;于是青年自己来宣告说:我们是奴仆!"(12)

三、他认为鲁迅默认了"思想权威"这一提法,这对鲁迅不但无益,而且有害。他说:"我又见了鲁迅,问及民副投稿事……鲁迅默然。停了一歇,他又说道:'有人——就说权威者一语,在外国其实是很平常的!'要是当年的鲁迅,我不等他说,便要提出问题来了。即不然,要是当年的鲁迅,我这时便要说,'外国也不尽然,再则外国也不足为例'了。"高长虹还说:"为鲁迅计,则拥此空名,无裨实际,反增自己怠慢,引他人的反感,利害又如何者?"(13)

高长虹的论点有矛盾之处。"思想权威"既然是不存在的,又怎么贻害社会呢?有了思想权威,青年为什么就必然成为奴仆呢？青年或服膺马克思的思想，或服膺尼采的思想，他未必就成了马克思、尼采的奴仆吧！"思想权威"的广告是别人做的，高长虹为什么迁怒鲁迅，而且抓住不放，喋喋不休呢？广告也无非是广告。1926年，高长虹他们不也在《新女性》上登"狂飙社"的广告，说什么"去年春天本社同人与思想界先驱者鲁迅及少数最进步的青年文学家合办《莽原》"，把鲁迅编辑的《莽原》、《乌合丛书》、《未名丛刊》都算作他们"狂飙运动"的成绩，借鲁迅之名，以壮自己的声势？"思想界先驱者"，不也是"纸糊的假冠"吗？此外，到底有没有"思想权威"呢？什么叫作权威呢？我以为，权威是一种客观存在，是指使人信服的力量或威望，是在某一范围内最有影响的人和事物。因此，我还以为，称鲁迅为"思想权威"并无大错。小错在于，要补上"之一"二字，即"思想权威之一"。

恩格斯在《论权威》一文中说："他们只要宣布这种或那种行为是权威的，就足以给它定罪了。"并认为这是一种"简单化的方法"。高长虹正是采用这种"简单化的方法"来抨击鲁迅的。其实，当年的高长虹毕竟太年轻了，也太性急了，他甚至来不及搞清权威的概念。从他的激进的思想看，他反对的并不是"思想权威"，而是"思想专制"。

鲁迅，当然不是"思想专制"的代表。

五

　　鲁迅与高长虹的冲突，似乎有个人恩怨的色彩，因为它牵涉一个敏感的问题，即他们与许广平的关系。

　　实际上这是一场误会。

　　事情缘于高长虹发表在 1926 年 11 月 21 日《狂飙》周刊第 7 期上的爱情诗《给——》，诗中写道："我在天涯行走，／太阳是我的朋友，／月儿我交给他了，／带她向夜归去。／夜是阴冷黑暗，／他嫉妒那太阳，／太阳丢开他走了，／从此再未相见。"

　　此外，高长虹在《时代的命运》（14）一文中说："我对于鲁迅先生曾献过最大的让步，不只是思想上，而且是生活上……"所谓"生活上"的"让步"指什么呢？是不是指"太阳"把"月亮"让给了"黑暗"呢？高长虹公开这么表示，至少让人容易产生误解。

　　当时，社会上对鲁迅的一举一动都是十分关注的。尤其是"女师大事件"后，关于鲁迅，以及鲁迅与许广平之间的关系，有过不少流言。因此，有好事者将这首诗杜撰为高、鲁、许之间的"爱情纠纷"。是谁选中这首诗制造"流言"的，不得而知，而把这"流言"告诉鲁迅的，是韦素园。1927 年 1 月 11 日，鲁迅在给许广平的信中说："那流言，是直到去年十一月，从韦素园信里才知道的。他说，由沉钟社里听来，长虹的拼命攻击我是为了一个女性,《狂飙》上有一首诗,太阳是自比,我是夜,月是她,他还问我这事可是真的,要知道一点详细。我这才明白长虹原来在害'单相思病',以及川流不息的到我这里来的原因,他并不是为《莽原》,却在等月亮。"

我们暂且不管"流言"是不是道出了高长虹的真心,却深深地伤害了鲁迅,也激怒了鲁迅。鲁迅 1926 年 12 月 29 日复信韦素园说:"关于《给——》的传说,我先前倒没有料想到。《狂飙》也没有细看,今天才将那诗看了一回。我想原因不外三种:一、是别人神经过敏的推测,因为长虹的痛哭流涕的做《给——》的诗,似乎已很久了;二、是'狂飙社'中人故意附会宣传,作为攻击我的别一法;三、是他真疑心我破坏了他的梦……"鲁迅虽然分析了三种可能,然而,他对第三种可能特别的"愤怒"。他接着写道:"果真属于末一说,则太可恶,使我愤怒。我竟一向在闷葫芦中,以为骂我只是因为《莽原》事,我从此倒要细心研究他究竟是怎样的梦,或者简直动手撕碎它,给他更其痛哭流涕。"

在给韦素园写信的同一天,鲁迅也给许广平写了一封信,信中说:"北京似乎也有流言,和在上海所闻者相似,且云长虹之拼命攻击我,乃为此。""用这样的手段,想来征服我,是不行的。我先前的不甚竞争,乃是退让,何尝是无力战斗。现既逼迫不完,我就偏又出来做些事,而且偏在广州(按:

当时许广平在广州供职），住得更近点，看他们躲在黑暗里的诸公其奈我何？然而这也许是适逢其会的借口，其实是即使并无他们的闲话，我也还是要到广州的。"1927年1月18日，鲁迅抵达广州。不久，鲁迅和许广平由广州去上海，他们在上海有了家。

这里，鲁迅明确道出了高长虹若真是如流言所说，那是害了"单相思病"，这表明鲁迅对自己爱许广平以及许广平也爱自己的确信。同时，若是高长虹真的以为鲁迅破坏了他的梦，那么鲁迅便要"动手撕碎它，给他更其痛哭流涕"。有人说，从这段话看到了鲁迅的凶狠。那么，我要问，鲁迅要把自己之所爱斯文地拱手相让，才不凶狠吗？我倒觉得，从这段话看，鲁迅虽然已年近半百，但为了爱其所爱，依然雄风不减。

一个敢爱的老人比一个敢爱的青年，需要更多的更大的勇气。

至于所谓"生活上"的"最大让步"，鲁迅在《新时代的放债法》（15）一文中作了答复：

你如有爱一个人，也是他赏赐你的。为什么呢？因为他是天才而且革命家，许多女性都渴仰到五体投地。他只要说一声："来！"便都飞奔过去了，你的当然也在内。但他不说："来！"所以你得有现在的爱人。那自然也是他赏赐你的。

　　高长虹的话没有点明，鲁迅也没有言破，你知我知，彼此彼此。不过，一有对比，读者自然就可以意会了。

　　当然，应该说鲁迅这里有过多的激愤，假如他知道了高长虹后来说的本无此事之类的话时，大约也会感到自己是与风车作战吧。尽管这样，我还是理解鲁迅的激愤的。倘若我们考虑到有流言说他勾引了女学生，有人指责他抛弃了原配夫人朱安等等，这些背景，我对鲁迅的激愤，只能理解为他对许广平的爱是深厚的，因为深厚，所以是珍惜的。

　　这里，似乎有必要提一下许广平对鲁迅的爱的过程，否则，不足以说明是"月儿"跟着"黑夜"走呢，还是"太阳"把"月儿"交给了"黑夜"。1925年12月12日，许广平以"平林"为笔名，在鲁迅主编的《国民新报》副刊上发表了《同行者》（16）一文。许广平在文章中热情称赞鲁迅用"热烈的爱，伟大的工作，要给人类以光、力、血，使将来的世界璀璨而辉煌"，并表示她不畏惧"人世间的冷漠，压迫"，不畏惧"戴着'道德'的面具专唱高调的人们"给予的"猛烈地袭击"，"一心一意的向着爱的方向奔驰"。许广平在另一篇散文《风子是我的爱》（17）中，也用含蓄的方式表达了她对鲁迅的爱情，并向旧传统、旧礼教发出了挑战："不自然也罢，不相当也罢，合法也罢，不合法也罢，这都与我们不相干。"后来，许广平在一封致友人信中，还曾回顾了她跟鲁迅建立爱情的经过。

鲁迅是爱许广平的，许广平也是爱鲁迅的。一部《两地书》，是他们相爱的千古确证。

在鲁、许、高的关系中，高只能遗憾地成为多余者。事实本来就是这样。1938年高长虹从欧洲回国后，在重庆《国民公报》星期增刊上发表的《一点回忆——关于鲁迅和我》（18）一文中说："我那时候有一本诗集，是同《狂飙》周刊一时出版的。一天接到一封信，附了邮票，是买这本诗集的，这人正是景宋。因此我们就通起信来。前后通了有八九次信，可是并没有见面，那时仿佛觉得鲁迅同景宋的感情是很好的。因为女师大的风潮，常有女学生到鲁迅那里。后来我在鲁迅那里同景宋见过一次面，可是并没有谈话，此后连通信也间断了。以后人们所传说的什么什么，事实的经过却只有这么简单。景宋所留给我的唯一的印象就是一副长大的身材。她的信保留在我的记忆中的，是她说她的性格很矛盾，仿佛中山先生是那样的性格。青年时代的狂想，人是必须加以原谅的，可是这种朴素的通信也许就造成鲁迅同我伤感情的……原因了。"景宋即许广平。在后几句中，最主要的是"青年时代的狂想，人是必须加以原谅的"这一句，而且高长虹也承认正是这种"狂想"，成了他和鲁迅"伤感情"的一个原因。他们的信没有留下来，我们无法知道高、许是否有过恋爱。退一步说，即使"太阳"和"月亮"在八九封信中曾经相爱，而后"月亮"又爱上了"黑夜"，这也绝不是"太阳""让步"的结果，而只能说是一种命运。

六

高长虹的结局怎样？

1930 年初，高长虹离开故国，东渡日本，开始了他长达八年的异国漂泊生活。高长虹去日本，主要是研究经济学和行为主义心理学。他整天钻在上野图书馆啃书本，生活十分清苦，有时两天吃不上一口饭。在日本两年后，他前往德国，上了柏林大学。以后又到法国。据说，曾一度参加法国共产党。抗战开始后，他经意大利、英国，回到香港，经友人介绍，奔赴武汉，武汉沦陷后又到重庆。1940 年冬（又一说是大约 1943 年夏），他徒步进入延安。到延安后，他不找朋友投奔，而是在街头睡了两天，潘汉年看到，才把他领到有关机关，安排了住处。高长虹到延安后，不认为自己是文艺家，把自己看作是研究经济的。当时他所写文章也是偏重历史、哲学和经济学方面的。高长虹到延安不久，延安举行了文艺座谈会，请他参加，他以研究经济学为由，婉言拒绝。他是没有参加延安文艺座谈会的唯一的文艺家。

舒群曾在延安和东北担任过文艺部门的领导工作，自称

"对于高长虹在延安和东北的情况，比我更了解的人大约不多了"。他对采访者陈漱渝谈了这样一段话：

高长虹徒步进入延安之后，经有关方面酝酿，责成延安鲁艺代为照管，并给了他一个陕甘宁边区文协副主任的名义……高当时经常给延安《解放日报》第四版投稿，文、史、哲无不涉及，但由于缺乏马列主义基本理论的武装，思路不清。据我回忆，他的文章大约一篇也没有采用。我当时曾接替丁玲担任《解放日报》第四版的主编，出于对高的尊重，退稿时往往由我亲自出面，因此跟高接触的机会比较多。1943年底至1944年8月，我改任鲁艺文学系系主任。高长虹住在鲁艺北面山头的一个窑洞里，我也住在鲁艺校外的窑洞，与高的住处相距不远。因为高由鲁艺照管，所以我常去看他。在我的印象中，高长虹个子很矮，头发半白，身体瘦弱，有点歇斯底里，不过还保持着一点童心。他待人比较真诚，对延安"抢救运动"中出现的扩大化现象十分不满，但运动并没有波及过他。1945年9月，我率领东北文艺工作团离开延安，11月2日抵达沈阳，后转到东北局担任宣传部文委副主任。1946年末，东北局迁到哈尔滨，高长虹也到了哈尔滨。我便安排他在东北局宣传部后院的一间房里住下，重新给他添置了衣服被褥，并且还多发给他几块钱津贴费。这时高长虹神智更加不清，到干部的小食堂吃饭时常目不斜视，一声不吭。领到津贴费，他就到旧书摊上去购买各种字典。他懂得好几种外文，表示从此放弃文学，要编一本中国最好的字典。但这时他实际上已失去了从事脑力劳动的能力……沈阳一解放，我第一批进驻沈阳。1949 年初的一天，高长虹忽然疯疯癫癫地走进我的办公室。这时他已由组织上安排到临时设在沈阳东北旅社楼上的一处精神病疗养院。高要我给他安排工作，并说他经济上有些困难。我劝他养好病再工作，送给他一百块钱，又请他吃饭喝酒。喝酒时，他掉了眼泪。饭后我送他回东北旅社，这就是我跟高长虹的最后一次会面。此后听到他病逝的消息。有一种说法，说他病逝于抚顺的精神病院。（19）

此外，阎继经在他的新著《历史的沉重》中，就高长虹晚年的情况，引述了知情人侯唯动的回忆："大约是 1953 年至 1954 年秋，我从鞍钢体验生活回沈阳写作，就住在东北旅社五楼，住了大约一年多。一天我到食堂吃饭，看到一位白发老人，头发很长，躬腰低头走路，很像个老太太。我觉得很面熟，便走上前去看，看后大吃一惊，原来竟是高长虹先生。我喊：'高长虹先生！'这时忽然围上来几个服务人员，对高长虹先生大声呵斥：'躲开这里，躲开这里。'同时连推带搡地要拖他走。我非常生气，忙斥责那些服务人员：'你们这是干什么，你们知道这是谁吗？这是高长虹先生，我的老师，延安的老革命同志，老作家，连中央领导同志都很尊重他，你们怎么这种态度！'那些服务人员走开了。我拉住长虹先生的手说：'长虹老师，您还认识我吗？'长虹先生说：'认识，你是侯唯动。你也到东北来了，你好！'我注视了一下，这样一位大文人，穿着却很狼狈，身上还是延安时期发的灰棉衣去了棉花的夹衣，一双破布鞋，形同乞丐。我不禁流下了眼泪。我问：'您住几楼？吃完饭我去看望您。'长虹先生说：'住二楼。'饭后我找了旅社的保卫科，保卫科的人说：'那人是疯子，不让人们接近他。'我问：'我能去看看他吗？'保卫科的人说：'你可以，你可以。'我那时已是有名气的诗人了。下午我到了长虹老师屋里，屋子很宽敞，条件不错。长虹先生说：'你的诗我都看了，写得好。你的风格变化，终于走到民族传统上来了。'我问：'您为什么不到北京去？'长虹先生说：'我给郭沫若、何其芳写过信，没有回音。'听他谈话，一点不像疯子。我给东北局写信问情况，没有回信。我又托当时任辽南地委书记的鲁艺同学赵自评去东北局打听，赵回来说：'东北局说了，千真万确，是疯了。'我说：'有什么迹象吗？'赵自评说：'人家说他常常无故大喊大叫，也听不懂他喊叫什么。'以后我见到高长虹先生时就问他这事，他哈哈大笑说：'我那是用外语朗诵诗呢！用德语朗诵歌德的诗，用英语朗诵拜伦的诗，用……'我恍然大悟了，用外语朗诵外国诗人的诗，不用说那些服务员听不懂，就是我这个号称诗人的人也听不懂。长虹先生人很瘦，但精神很好，生活能自理，从我和他接触一年当中，他没有任何疯的迹象。"（20）

高长虹到东北后，实际上被当作一个闲人，长期住在旅馆、招待所，不分配工作。觉得苦闷时，他就用日语、英语、法语或德语朗诵外国诗人的作品。服务员听到"哇啦哇啦"，以为他发疯，于是传说他得了精神病，又因此被送进了精神病院。舒群和侯唯动的回忆，基本上可以证实一条，高长虹没有疯，却被人当成了疯子。一个狂人，就这样成了"疯子"，不知所终，令人唏嘘。

要补充的是，舒群说的高长虹对"抢救运动"扩大化十分不满一事，据说，高长虹还曾写信向斯大林告状，又直言不讳地向中央领导同志提出了自己的意见。此外，他所以要去东北，原因之一，是去开发金矿，以振兴解放区的经济。他的想法过于天真，当然难以实现。

高长虹是个不顾家的人。赴东北途中路过山西，故乡就在根据地，他也不回去看看。老婆孩子如何生活，他根本不管。老子不管儿子，然却祸及儿辈。新中国成立后，把高长虹当作"反对鲁迅"的一员，在"反右"中，他儿子被打成"右派"，其主要原因是因为老子反对过鲁迅。鲁迅不能对他"骂"

过的人的一生负责，更不能对他们的儿辈负责，鲁迅的"骂"，也只是鲁迅个人的见解，而不是判决书。鲁迅是没有责任的。那么，这是谁之罪呢？

注释

(1)《鲁迅全集·华盖集·题记》。

(2)《鲁迅全集·两地书·六》。

(3)《鲁迅全集·两地书·八》。

(4) 原载 1936 年 12 月 1 日上海《文学月刊》第 2 卷第 1 期，《鲁迅回忆录》转载，北京出版社 1999 年 1 月版。

(5)(12)(13)《走到出版界·一九二六，北京出版界形势指掌图》，上海书店 1985 年 3 月影印版。

(6)(7)(10)(14)《走到出版界》，上海书店 1985 年 3 月影印版。

(8)《鲁迅全集·两地书·六〇》。

(9)《鲁迅全集·且介亭杂文·忆韦素园君》。

(11)《走到出版界·思想上的新青年时期》，上海书店 1985 年 3 月影印版。

(15)《鲁迅全集·而已集》。

(16)《许广平文集》第 1 卷，江苏文艺出版社 1998 年 1 月版。

（17）原载《鲁迅研究动态》1985年第1期，署名平林，原刊据手稿发表，《许广平文集》第1卷，江苏文艺出版社1998年1月版。

（18）原载1940年8月25日、9月1日重庆《国民公报·星期增刊》，《鲁迅回忆录》转载，北京出版社1999年1月版。

（19）陈漱渝：《"狂飙文人"高长虹的下落如何》，《鲁迅研究百题》，湖南人民出版社1981年11月版。

（20）《高长虹晚年是否疯了》，《鲁迅研究月刊》1996年第11期。

庸俗、趣味、三闲及最前进
——鲁迅与成仿吾

　　成仿吾（1897—1984），原名成灏，笔名石厚生、澄实等。
湖南新化人。文学批评家、教育家。1910 年留学日本。1919
年在《时事新报·学灯》开始发表新诗，次年发表短篇小说《流
浪人的新年》。1921 年与郭沫若、郁达夫等组织创造社，参
与创办《创造季刊》、《创造周报》、《创造日》、《洪水》、《创
造月刊》、《文化批判》等文学刊物。1925 年任广东大学教
授和黄埔军校教官。大革命失败后赴日本，并发表重要论文
《从文学革命到革命文学》，引起了后期创造社与鲁迅的争论。
1928 年赴欧洲，在巴黎参加中国共产党，后又去柏林，主编
中共柏林、巴黎支部机关刊物《赤光》。1931 年回国，后进
入革命根据地，参加红军长征。1937 年在延安任陕北公学校

长，与徐冰合译了《共产党宣言》，此后一直从事教育工作，新中国成立后历任中国人民大学、东北师范大学、山东大学校长。有《成仿吾文集》行世。

成仿吾系创造社元老之一，是仅次于郭沫若的二号人物。他一生与鲁迅纠葛甚深，是在不同时期不断地向鲁迅攻击的急先锋。成仿吾是一个多变的人，可以说是"生命不息，变化不止"。他对鲁迅的态度也经常变化，也可以说是不断"前进"吧。

一

成仿吾的第一次骂鲁迅，是在1924年1月，他以"纯文艺"为标准，几乎全盘否认了鲁迅的小说《呐喊》。

1923年8月，《呐喊》出版后，立即受到广泛的好评。然而，成仿吾却独树一帜，对鲁迅的小说基本上持否定的态度。他在《创造》季刊1924年第2卷第2期发表的《〈呐喊〉的评论》(1)一文中说："《呐喊》出版之后，各种出版物差不多一齐为它呐喊，人人谈的总是它，然而我真费尽莫大的力才得到了一部。里面有许多篇是我在报纸杂志上见过的，然而大都是作者的门人手编的，所以糟得很，这回由令弟周作人先生编了出来，真是好看多了。"萝卜白菜，各有所好。说《呐喊》不好，也不是不可以。问题是，成仿吾一开始，采用的就是无聊的战法，用挖苦的语言，牵扯上了周作人，这有什么意思呢？鲁迅的作品是一个客观的存在，难道会因为不同的人"手编"，便会有实质的变化？鲁迅对这样的战法，是不以为然的。也正是因为不以为然，到了1928年4月20日，过了4年多，他才在《我的态度气量和年纪》(2)一文中写道："我有兄弟，自以为算不得就是我'不可理喻'，而这位批评家于《呐喊》出版时，即加以讽刺道：'这回由令弟编了出来，真是好看得多了。'……莫非一有'弟弟'，就必须反对，一个讲革命，一个即该讲保皇，一个学地理，一个就得学天文么？"谁编的，这无关紧要，关键是要看作品本身。

在《〈呐喊〉的评论》中，成仿吾认为《呐喊》中的《狂人日记》、《孔乙己》、《药》等都是"庸俗"的"自然主义"作品，"《阿Q正传》为浅薄的纪实的传记"，"描写虽佳，而结构极坏"，只有《不周山》一篇，"虽然也还有不能令人满足的地方"，却是表示作者"要进而入纯文艺的宫廷"的"杰作"。对此，鲁迅当时并未给予批驳，只是在翌年5月撰写的《俄文译本〈阿Q正传〉序及著者自叙传略》中说，"我的小说出版之后，首先收到的是一个青年批评家（按：指成仿吾）的'谴责'"，未予点名，并且将此语置于其他人的多种看法之中，可见鲁迅对别人批评所持的态度是冷静的。1926年11月20日在与许广平的私人通信中，鲁迅曾谈及"创造社量狭而多疑，一定要以为我在和他们捣乱，结果是成仿吾借别的事来骂一通"。这是指鲁迅主编的《乌合丛书》收入了创造社成员冯沅君的《卷葹》而引起成仿吾等人的不满：在他们看来，鲁迅此举不啻破坏了创造社组织的纯洁性。

《呐喊》出版的当时，李大钊、茅盾就认为是中国最好的小说。现在时间过去了80余年，《呐喊》的价值已经被历史所确认。所以，要反驳成仿吾的观点，就显得多余了。不过，我们回顾一下鲁迅当时的态度，对了解鲁迅这个人是颇有意义的。对于成仿吾对《呐喊》的肆意歪曲与攻击，鲁迅直至10年之后方给予正式反击。你说好，我就偏说不好——鲁迅性格中有如此较劲的特点。他在编辑《故事新编》时把《不周山》易名为《补天》，认为它不是那么好，"陷入"了"油滑"，而"油滑是创作的大敌，我对于自己很不满"。1935年12月26日所撰《故事新编·序言》中，在谈及《不周山》的创作时，鲁迅对成仿吾的批评回敬道：

> 这时我们的批评家成仿吾先生正在创造社门口的"灵魂的冒险"的旗子底下抡板斧。他以"庸俗"的罪名，几斧砍杀了《呐喊》，只推《不周山》为佳作，——自然也仍有不好的地方。坦白的说罢，这就是使我不但不能心服，而且还轻视了这位勇士的原因。我是不薄"庸俗"，也自甘"庸俗"的；对于历史小说，则以为博考

文献，言必有据者，纵使有人讥为"教授小说"，其实是很难组织之作，至于只取一点因由，随意点染，铺成一篇，倒无需怎样的手腕；况且"如鱼饮水，冷暖自知"，用庸俗的话来说，就是"自家有病自家知"罢；《不周山》的后半是很草率的，决不能称为佳作。倘使读者相信了这冒险家的话，一定自误，而我也成了误人，于是当《呐喊》印行第二版时，即将这篇删除；向这位"魂灵"回敬了当头一棒——我的集子里，只剩着"庸俗"在跋扈了。

我们现在所见到的《呐喊》已没有《不周山》。鲁迅把这"庸俗"的东西编进《故事新编》时，又更改了篇名。成仿吾偏爱的东西就被剔除干净了——这就是文人的习气，文人之所以成为文人，就应该具备这种"习气"。

鲁迅在《"题未定"草》（五）中也描写过"黑旋风"成仿吾的形象："批评家成仿吾先生手抡板斧，从《创造》的大旗下，一跃而出。"而鲁迅对这种不问青红皂白"抡板斧"排头砍去的李逵作风，一直是"憎恶"的。

二

成仿吾在根本不懂鲁迅作品价值的情况下，否认鲁迅的小说；接着，成仿吾又在根本不懂鲁迅"趣味"的情况下，信口开河，抨击鲁迅的人生态度。这次，成仿吾是讨伐"趣味主义"。他于 1927 年 1 月 16 日在《洪水》（半月刊）第 3 卷第 25 期发表《完成我们的文学革命》(3) 一文，把"五四"新文学老将鲁迅、周作人等一网打尽，甚至还把鲁迅与陈西滢一锅煮了，说什么"我们的鲁迅先生坐在华盖之下正在抄他的小说旧闻，而我们的西滢先生却在说他那闲话"。要是不知道鲁迅与陈西滢的论战，我们还以为鲁老夫子与西滢先生将要在一起品茶哩。成仿吾责问："我们对这种荒淫后的荒淫究竟能不能予以肯定？"抄小说旧闻，就是荒淫，作为隔了将近一个世纪的我，只觉得成仿吾头脑有病。成仿吾对鲁迅这样的"趣味家"的态度"感着不满"，他认为，"第一，他们的态度是游玩的，不诚实的；这是由趣味那东西的本性可以明白的。第二，他们常把自己没入于琐碎的现象之中而以感着所谓趣味为目的，他们不能把一个个的现象就整个的全体观察，所以他们的态度是非艺术的。"那怎么办呢？为了"艺术"，他开始高喊革命口号了："现在已经是我们应该起来革命的时候！""我们现在是应当努力，努力本身便是有价值的，不努力便是堕落，便是死。""真诚的同志们！永远的同道者！我们起来，打倒一切不诚实的，非艺术的态度！我们要看清楚时代的要求，要不忘记文艺的本质！我们要完成我们的文学革命！"在我看来，这样文理不通的文章根本没有什么学理可言，基本上是喝多了革命牌的老酒，一派胡言乱语。

成仿吾写《完成我们的文学革命》时，正在效忠于广东革命政府，但是几个月以后，国民党发动清党，成仿吾改换门庭，从日本搬来了一批日共的理论，开始鼓吹"革命文学"，他再次把鲁迅当作了一块"资产阶级"的老石头，要用"十万两无烟火药"去轰炸。1928 年 2 月，成仿吾在《创造月刊》第 1 卷第 9 期发表名文《从文学革命到革命文学》，(4)一文，说是"我从前说过他们所矜持的是'闲暇，闲暇，第三个闲暇'；他们是代表着有闲的资产阶级，或者睡在鼓里的小资产阶级……如果北京的乌烟瘴气不用十万两无烟火药炸开的时候，他们也许永远这样过活的罢"。同时，成仿吾以石厚生的笔名在《创造月刊》第 1 卷第 11 期发表《毕竟是"醉眼陶然"罢了》(5)："传闻他（按：指鲁迅）近来颇购读社会科学书籍，'但即刻又有一点不小问题'：他真是要做一个社会科学的忠实的学徒吗？还是只涂抹彩色，粉饰自己的没落呢？这后一条路是掩耳盗铃式的行为，是更深更不可救药的没落。"成仿吾认为鲁迅是有闲的，有闲就是有钱，搞的是趣味文学，是资产阶级的，因而是没落的。如果鲁迅想像成仿吾要求的那样"前进"，读一点社会科学的书，那只是为了粉饰自己的没落，是"更深更不可救药的没落"，总之，这样也是没落，那样也是没落，鲁迅是无论如何逃脱不了没落的命运的。这是成仿吾们的"天"注定的。

我觉得成仿吾的论调是很奇怪的。五四时期的斗士、新文化运动的启蒙者的鲁迅，怎么会和趣味、闲暇沾上边呢？如果听过鲁迅"救救孩子"的呼声，如果看过夏瑜坟头的花圈，如果了解了鲁迅关于改造国民性问题的一系列论述……我们首先感受到的是鲁迅的战斗精神。他是学者，他是作家，但他首先是一个战士。鲁迅是传统文化的掘墓人，又是新文化的奠基者。这样的一个人，怎么会是"没落"的呢？因此，我只能认为成仿吾之类的革命家，被革命冲昏了头脑，他只会冲啊杀啊，使用无烟的炸弹之类。他甚至没有闲暇读一读鲁迅的作品，确定一下鲁迅究竟是一个什么样的人。革命的激情在澎湃，他来不及做这一切了，叽里咕噜地冒出来的，都是不着边际的虚妄之词。

创造社疯狂围攻鲁迅开始于 1928 年初，而早在 1927 年 1 月，成仿吾已经把恶劣的进攻矛头指向鲁迅了。而且，直到 1928 年 2 月，还在《创造月刊》第 1 卷第 10 期《全部的批判之必要》一文中声称："《语丝》等早已固结而反动。"当时的《语丝》已经移到上海出版，主编是鲁迅。成仿吾的矛头指向，不很清楚吗！还必须着重指出，也是在 1928 年 2 月，亦即郭沫若离沪去日的后一两天，成仿吾与冯乃超二人在一次宴席上，大事宣传鲁迅"讨姨太太，弃北京之正妻而与女学生发生关系，实为思想落伍者"。不但侮辱了鲁迅，而且把许广平也侮辱了。

鲁迅是不虚幻的，他对成仿吾的虚妄之词都有实在的答复。关于"华盖之下"，鲁迅说："我合印一年的杂感的《华盖集》，另印先前所钞的小说史料为《小说旧闻钞》，是并不相干的。这位成仿吾先生却加以编排道：'我们的鲁迅先生坐在华盖之下正抄他的"小说旧闻"。'"鲁迅指出了这种"编排"的主观随意。关于"闲暇"，鲁迅指出成仿吾"似乎要将我挤进'资产阶级'去（因为'有闲就是有钱'云），我倒也觉得危险了"。鲁迅对之投以蔑视，说"那成仿吾的'闲暇，闲暇，第三个闲暇'的切齿之声，在我是觉得有趣的"。（6）鲁迅认为，成仿吾的战法，不是无产阶级的，"我以为无产阶级是不会有这样锻炼周纳法的，他们没有学过'刀笔'"。鲁迅在编辑自己的杂感时，"编成而名之曰《三闲集》，尚以射仿吾也"。（7）在《文坛的掌故》（8）一文中，鲁迅对成仿吾们充满了蔑视："我在'革命文学'战场上，是'落伍者'，所以中心和前面的情况，不得而知。但向他们屁股那面望去，则有成仿吾司令的《创造月刊》、《文化批判》、《流沙》……""向他们屁股那面望去"，看到的是司令办的那几本刊物，揶揄有之，挖苦有之，但仍保持着"没落"者固有的幽默，也还矜持。

　　革命的文学家有一个特点，即善于鼓动别人参加革命。他们经常要求参加革命的革命者要这样而不要那样。然而，自己怎么样呢？自己干了些什么呢？这是无关紧要的。成仿吾在《从文学革命到革命文学》一文中的第六节"革命的'印贴利更追亚'团结起来"中说："克服自己的小资产阶级的根性，把你的背对向那将被'奥伏赫变'的阶级，开步走，向那醒齬的农工大众！以明了的意识努力你的工作，驱逐资产阶级的'意德沃罗基'在大众中的流毒与影响获得大众，不断地给他们以勇气，维持他们的自信。"成仿吾的意思无非是说，革命的知识分子，应该到工农大众中去，提高群众觉悟，影响群众，争取群众，提高他们斗争的勇气。读了这段话，我感想有二：一是成仿吾高高在上，他既高于被他发动的"小资产阶级"之上，又高于"醒齬的工农大众"之上，他仿佛是救世主派到文坛来的总干事；二是他洋里洋气的表述，除了表明略通外文外，只能证明他自己首先是脱离大众的小资产阶级，靠他这样的人是不能"获得大众"的。对于成仿吾的宏论，鲁迅挖苦道："成仿吾刚大叫到劳动大众间去安慰指导他们（见本年《创造月刊》）……但过了半年，居然已经悟出，修善寺温泉浴场和半租界洋房中并无'劳动大众'，这是万分可'喜'的。"（9）在《文坛的掌故》一文中，鲁迅也有类似的讽刺，只是加了一句"可不知洗了澡没有"。某些人自己泡温泉，躲在租界里高喊革命，让别人去"获得群众"，鲁迅自然是深恶之——这一点，与后来周扬躲在租界里"深居简出"，指挥左翼革命文艺运动一样，让鲁迅反感。

三

　　鲁迅与成仿吾的关系，是鲁迅与创造社的关系的一个组成部分，鲁迅"骂"成仿吾等人，与后来的"骂""四条汉子"一样，是骂某些人所代表的某种思想和艺术的倾向。这一点，因为郭沫若是主要代表人物，我将在郭沫若一节里，加以相对详尽的阐述。不过，《二心集》里鲁迅名文《上海文艺之一瞥》中有一个著名论断，即："才子＋流氓"，郭沫若一直以为鲁迅是骂他的，鲁迅研究界有的人也一直认为是骂郭沫若的。实际上，这是郭沫若替成仿吾受过。我以为，虽然总体而言，鲁迅事实上认为创造社的不少人有"才子＋流氓"的习气，但具体所指，却只有成仿吾可以对号入座。

　　我们先看看鲁迅在原文中的论述：

　　　　创造社的这一战，从表面看来，是胜利的。许多作品，既和当时的自命才子们的心情相合，加以出版者的帮助，势力雄厚起来了。势力一雄厚，就看见大商店如商务印书馆，也有创造社员的译著的出版，——这是说，郭沫若和张资平两位先生的稿件。这以来，据我所记得，是创造社也不再审查商务印书馆出版物的误译之处，来作专论了。这些地方，我想，是也有些才子＋流氓式的。

鲁迅的意思是，本来，创造社有人"作专论"，批评了商务的出版物；而后来商务印行了创造社成员的作品，那么创造社中人就不去批评商务出版物的"误译之处"了。这是一种势利的实用哲学，所以颇有一点"才子＋流氓"的习气。文中，鲁迅点了印行的是郭沫若和张资平的作品，所以人们容易联想到郭沫若等人，这也是可以理解的。郭沫若读了这段文字后，认为鲁迅"这一段文章做得真是煞费苦心，直言之，便是'郭沫若辈乃下等之流氓痞棍也'"。既然郭沫若自己都招认了，这又不是审理案件，别人也就不再细究了，从此，"才子＋流氓＝郭沫若"，似乎成了定论了。

　　据马蹄疾考证，这是一种误解，"冤枉了鲁迅五十多年"。在这段文字里，鲁迅虽然提到郭沫若的名字，但鲁迅只是说，郭沫若的书后来在商务印书馆出版过。鲁迅原文的意思很清楚，说创造社中"有些才子＋流氓式的"做法，是指"不再审查商务印书馆出版物的误译之处，来作专论了"的人。那么，在这以前，是谁作过专论呢？不是郭沫若。如果一定要指谁的话，与成仿吾倒是沾一点边的。1922 年 12 月《小说月报》第 13 卷第 13 期发表文学研究会成员佩韦（王统照）的《今年纪念的几个文学家》一文，文中将无神论（Atheism）误译为"雅典主义"，成仿吾于 1923 年 5 月《创造季刊》第 2 卷第 1 期上发表《"雅典主义"》一文，专门对王统照的误译加以批评。鲁迅文中批评创造社中人的"有些才子＋流氓式"

的做法，指的就是这件事。因为郭沫若认了账，成仿吾倒讨了个自在。郭沫若又否认了有些作为，证明了自己不是"才子＋流氓"，所以鲁迅就有一段不好听的"骂名"。现在，我们搞清楚了，成仿吾实有其事，这样看来，扣在鲁迅头上的骂名也应该雪洗了。

不过，如果结合鲁迅对"才子＋流氓"下的定义，无论针对任何具体的人，当事人听了，也一定不会认账的。在《上海文艺之一瞥》中，鲁迅写道：

> 才子原是多愁多病，要闻鸡生气，见月伤心的。一到上海，又遇见了婊子。去嫖的时候，可以叫十个二十个年青姑娘聚集在一处，样子很有些像《红楼梦》，于是他就觉得自己好像贾宝玉；自己是才子，那么婊子当然是佳人……
>
> ……
>
> ……佳人并非因为"爱才若渴"而做婊子的，佳人只为的是钱。然而佳人要才子的钱，是不应该的，才子于是想了种种制伏婊子的妙法，不但不上当，还占她们的便宜……而是在婊子那里得到胜利的英雄豪杰，是才子＋流氓。

这是一种象征，与此同类性质的习气，都可以称为"才子＋流氓"。但若深究谁是"才子＋流氓"，谁是"婊子"，仿佛显得过于具体了。成仿吾绝不是"才子＋流氓"一类的人物，他参加了二万五千里长征，是"革命＋作家"，若说有什么习气，就是有一点"左"的习气而已。

不过，关于"流氓"，鲁迅还有另外一层的意义表述。鲁迅说："倘在文人，他总有一番辩护自己的变化的理由，引经据典。譬如说，要人帮忙时候用克鲁巴金的互助论，要和人争闹的时候就用达尔文的生存竞争说。无论古今，凡是没有一定的理论，或主张的变化并无线索可寻，而随时拿了各种各派的理论来作武器的人，都可以称之为流氓。例如上海的流氓，看见一男一女的乡下人在走路，他就说，'喂，你们这样子，有伤风化，你们犯了法了！'他用的是中国法。倘看见一个乡下人在路旁小便呢，他就说，'喂，这是不准的，你犯了法，该抓到捕房去！'这时所用的又是外国法。但结果是无所谓法不法，只要被他敲去了几个钱就都完事。"（10）在鲁迅的眼里，凡事无标准，多变化，这就是流氓。创造社中人都是才子，这是没有疑义的，但谁是"无特操"的多变的"流氓"呢？这实在不好说。不好说，不说也罢。

四

鲁迅去世后，成仿吾又变了。这回倒真是"进步"了。

1936 年 10 月，成仿吾曾撰写《纪念鲁迅》（11）一文，高度评价鲁迅的创作和思想。文章首先对鲁迅表示了景仰："他对于中华民族的解放事业和中国共产党的贡献，特别他在最后一个时期中的奋斗，已经在中国的知识界，特别是在中国青年中引起了不可磨灭的印象。"接着对鲁迅作品的价值和意义这样评价道："一、'五四'以前，新时代的曙光出现时，鲁迅是勇敢地迎接了这一光明的第一作家，他的作品反映了当时的黑暗，民众的怨哀，没有希望。二、1925—1927 年大革命时期，他因为反抗北方军阀，而被迫回到南方，开始与中国的革命潮流接触，在失望与压迫中间毕竟认识了革命的真理，创造一种新的小品文，用了最尖锐的笔锋，打击了当时的背叛、虚伪与黑暗，始终站在最前线，反对一切民族敌人，鼓励着中国人民前进。三、在他痛骂托派汉奸的著作中，表现了他是中国文化界最前进的一个，他达到了这一时代的政治认识的最高水准。……他在这里超过了中国的国界，超过了无数的好作家，进入了世界极少数的前进作家的地位。总之，这几点已经可以证明鲁迅的划时代的功绩。"成仿吾的语言向来是半通不通的，"进入"了"地位"，这通吗？也许他连才子都称不上。从"落伍者"到"最前进"的，到底哪一个鲁迅是真实的呢？我被他搅糊涂了。

　　1937 年 10 月 19 日，成仿吾主持召开了陕北公学纪念鲁迅逝世一周年大会，邀毛泽东到会发表了《论鲁迅》的重要讲话。这是中国新文艺史上仅有的一次邀请毛泽东专论鲁迅的讲话。开会那天，毛泽东是一个人走来的，警卫员在后面牵着牲口，成仿吾在学校门口迎接，还一同到成仿吾的窑洞里坐了一会儿。报告结束后，成仿吾送毛泽东到门口。毛泽东在讲话中赞扬鲁迅说："他在黑暗与暴力的进袭中，是一株独立支持的大树，不是向两旁偏倒的小草。""他往往是站在战士的血痕中，坚韧地反抗着、呼啸着前进。""用他那一支又泼辣，又幽默，又有力的笔，画出了黑暗势力的鬼脸，画出了丑恶的帝国主义的鬼脸，他简直是一个高等的画家。"这是成仿吾亲自听到的毛泽东对鲁迅的评价。

随后，同在 1937 年，有一天，毛泽东约成仿吾和另几位同志吃饭，地点是党中央的一个招待所。这一天议定了成立鲁迅艺术文学院的事，同席的七人：毛泽东、周恩来、林伯渠、成仿吾、徐特立、艾思奇、周扬，就是它的创始人。1938 年 2 月，联合发表了《鲁迅艺术学院创立缘起》，指出："培养抗战的艺术工作干部，在目前是刻不容缓的工作"，"因此，我们决定创立这个艺术学院，并且以已故的中国伟大的文豪鲁迅先生之名为名，这不仅是为了纪念我们这位伟大的导师，而且表示我们要向着他所开辟的道路大踏步前进"。

成仿吾对鲁迅的评价是不稳定的，虽然有鲁迅帮他与党接上关系的历史，虽然在《纪念鲁迅》中无限拔高鲁迅，但对与鲁迅的恩怨，还是耿耿于怀。据周海婴《鲁迅与我七十年》一书记载，1959年苏联汉学家彼德罗夫访问山东大学时，有一份成仿吾校长的讲话记录稿。当时彼德罗夫问他："革命文学争论时期，杜荃（即郭沫若）等人为什么要猛烈批评鲁迅？"成仿吾回答说："鲁迅是老一辈，创造社是后一辈，彼此有些矛盾。我们对鲁迅不满意是1927年大革命失败后，我们皆抛离广东，而鲁迅却前往广东，他是被朱家骅利用，做了广东大学的教务长，这是他落后处。直到他后来发觉，才回上海。……郭沫若批评鲁迅针对的仅是鲁迅留在广州这件事。"又说："当时与鲁迅进行理论斗争是有的，但与鲁迅对立的是太阳社，鲁迅把我们和太阳社混为一起了。1931年鲁迅说我们是流氓（我们皆已入党），这是错误的。但从那以后，鲁迅转变了，对我们很好了，1931年底，我从苏区（湖北打游击）到上海找党中央，鲁迅帮助我们找到党中央，见面很高兴。去年我见许广平，向她感谢鲁迅的帮助，许广平说：'鲁迅的错误很多。'"如果这段话记载无误的话，我觉得成仿吾谈话的可信度很低。这里，他出卖了"太阳社"的革命同人。鲁迅怎么只是与太阳社对立呢？这根本不符合史实。太阳社的领军人物蒋光慈死了，是不是便可以往他们头上扣屎呢？我以为，"革命文学论争"主要是与创造社的论争，而不是太阳社。关于其他方面，"对于这种事关历史真实和父亲名誉的大事，"周海婴说，"母亲理所当然有权予以说明。"许广平是这样回答成仿吾的："1926年11月

7日鲁迅从厦门写信给我（当时我在广州）说：其实，我还有一点野心，也想到广州后，对于'绅士'们仍然加以打击，至多无非不能回北京去；第二是与创造社联合起来，造成一条联合战线，更向旧的社会进攻……1927年1月，鲁迅从厦门到广州，任中山大学文学系主任兼教务长。但到4月15日，国民党反动派在广州开始大屠杀。鲁迅当日不避危险，参加紧急校务会议，营救被捕学生，无效。他就坚决辞职，表示抗议。成仿吾说鲁迅在1927年大革命之后才就任中山大学文学系主任兼教务长，是篡改历史，有意诬蔑鲁迅。我在北京见到成仿吾时，的确提到这件往事，那是我向他打听：他是否秘密地到过上海？他证实了这件事情，并且说明他是通过鲁迅才和党接上关系的。当时我并没有说过什么'鲁迅也有错误'这一类的话。"成仿吾革命革昏了头，似乎认为只有自己才是革命的。这是不是与他潜意识中鲁迅是"三闲"分子有关？也未可知。其实，鲁迅在广州时，还和成仿吾一起革过命哩，1927年2月20日，他和鲁迅一起在《中国文学家对于英国知识阶级及一般民众宣言》上签过字。也许成仿吾年纪大了，健忘。

注释

（1）（3）（4）（5）《恩怨录·鲁迅与他的论敌文选》，今日中国出版社 1996 年 11 月版。

(2)《鲁迅全集·三闲集》。

(6)《鲁迅全集·三闲集·"醉眼"中的朦胧》。

(7)《鲁迅全集·三闲集·序言》。

(8)《鲁迅全集·三闲集》。

(9)《鲁迅全集·集外集·〈奔流〉编校后记》。

(10)《鲁迅全集·二心集·上海文艺之一瞥》。

(11) 余飘、李洪程:《成仿吾与解放区的文艺活动》,《新文学史料》1997 年第 4 期。

"大战斗却都为着同一的目标"
——鲁迅与郭沫若

一

郭沫若（1892—1978），原名郭开贞，号尚武，笔名麦克昂、杜荃、龙子等。四川乐山人。诗人、剧作家、历史学家、古文字学家和社会活动家。著有诗集《女神》、历史剧《屈原》、历史论文集《奴隶制时代》等，有《郭沫若全集》文学编、历史编数十卷行世。

鲁迅和郭沫若都是新文化运动的风云人物。鲁迅年长于郭沫若，又相对早逝，所以并世的时间不长。他们生前，皆有相见的愿望，但几次都失之交臂，终未谋一面。后来，因为思想、气质等等原因，也因为文人的敏感所造成的误会，彼此交恶，笔墨相讥。

　　鲁迅对郭沫若的创作情况是关注的。1926 年 9 月创造社出版了郭沫若的小说散文集《橄榄》，鲁迅在《而已集》的《通信》中就提到了："回想起我这一年的境遇来，有时实在觉得有味。在厦门，是到时静悄悄，后来大热闹；在广东，是到时大热闹，后来静悄悄。肚大两头尖，像一个橄榄。我如有作品，题这名目是最好的，可惜被郭沫若先生占先用去了。但好在我也没有作品。"鲁迅对郭沫若的成就也不是视而不见。1933 年 8 月 14 日写的《为翻译辩护》一文中，对郭沫若所译《战争与和平》就给予肯定，认为是当时充满"惰气"的出版界的幸事。

　　不过，应该说鲁迅在重视郭沫若的同时，又一定程度上轻视郭沫若。鲁迅对郭沫若的态度是矛盾的。早在 1921 年 8 月，在致周作人的信中，鲁迅就说："我近来大看不起沫若田汉之流。"1926 年 11 月 20 日，鲁迅在致许广平的信中说："创造社量狭而多疑，一定要以为我在和他们捣乱，结果是成仿吾借别的事来骂一通。"这里的"量狭而多疑"，当然也包括了郭沫若，因为郭沫若是早期创造社的最主要成员。

　　郭沫若对鲁迅的认识，是从鲁迅的小说开始的。1920 年，当时还在日本的他，从上海《时事新报》的"学灯"副刊（双十节增刊）上，首次读到了鲁迅的小说《头发的故事》。郭沫若后来在《"眼中钉"》一文中回忆道："当时很佩服他，觉得他的观察深刻，笔调很简练，大有自然主义派的风味。但同时也觉得他的感触太枯燥，色彩太暗淡，总有点和自己的趣味相反驳。"（1）显然，这时的郭沫若对鲁迅的了解是很单一的，他谈的也只是对一篇小说的感觉。

倘若我们对历史人物——尤其鲁迅、郭沫若这样的贤者——也采用"宜粗不宜细"的原则，我们就不难看到，他们之间的冲突，主要是围绕"革命文学"论争和"两个口号"论争这两次，虽然这之前鲁迅、郭沫若也并不是一无纠葛。

二

在鲁迅和郭沫若的早期关系中，有一个关于"翻译和创作"的关系问题的讨论——我不认为这是一场争论——你说你的理由，我讲我的观点。

郭沫若是从推崇鲁迅的小说出发，鉴于报刊编辑在编排鲁迅小说时，将其置于周作人的译文之后，他即致函编辑李石岑说：这样的编排处理，反映了"国内人士只注重媒婆，而不注重处子；只注重编译，而不注重产生"，"只夸示些邻家的桃李来逗逗口上的风光，总不想从自家的庭园中开些花果来使人玩味"的心理，并指出"处女应当尊重，媒婆应当稍加遏抑"。（2）郭沫若是以他推崇的鲁迅小说为例，告诉人们：创作比翻译更重要。我以为，郭沫若是对的。如果说有一点用词不够谨慎的话，那就是"媒婆应当稍加遏抑"，这似大可不必。你搞你的创作，他搞他的翻译，井水不犯河水。具体到刊物的排版，倘不是专门的翻译刊物，似乎不宜把翻译排到创作之上的。

一是鲁迅特别注重翻译，一是文人情绪作怪——你郭沫若这样说，我偏要那样说——鲁迅对郭沫若的见解也从鸡蛋里挑骨头。他后来追述说（请注意，鲁迅不是在当时，而是在后来与创造社"交恶"后，才发表了这些见解），郭沫若的主张，"我是见过的，但意见不能相同，总以为处女并不妨去做媒婆"，"我终于并不藐视翻译"。（3）到了 20 世纪 30 年代初，鲁迅在《上海文艺之一瞥》的演讲中，旧事重提，说"创造社尊重天才，是艺术至上派，尊重自我，崇创作恨翻译"。鲁迅的"恨翻译"三字，乃信口开河，言重了。郭沫若并不恨翻译，还翻译了诸如《浮士德》、《战争与和平》等名著，这是为大家所熟知的。

"处女媒婆"说无关宏旨。我以为，就像警犬总在寻找猎物一样，文人总在寻找可做文章的东西。他们当时不过觉得有文章可做，如此而已。

三

1926 年秋，鲁迅到厦门后，因为他在政治上反对北洋军阀、支持北伐战争，又闻知创造社的主要成员郭沫若等人已去当时的革命中心广州，因而对创造社表示了一定的好感。他在致许广平的信中说："其实我也还有一点野心，也想到广州后，对于'绅士'们仍然加以打击……第二是与创造社联合起来，造一条战线，更向旧社会进攻，我再勉力写些文字。"（4）不过，由于种种原因，鲁迅也只是说说罢了，并没有立即离厦赴穗，还是各自为战，这条"战线"也终于没有造成。

不过，鲁迅想"造一条战线"的想法，并不是没有客观根据的。1927年1月，鲁迅抵达广州。当时，成仿吾为支持北伐战争起草了《中国文学家对于英国智识阶级及一般民众宣言》，签名者有成仿吾、鲁迅、郭沫若、王独清、何畏等。这件事表明，当时在双方基本的政治立场一致的时候，鲁迅与创造社的成员之间已经有可能有联合行动了。鲁迅在致李霁野的信中也说："创造社和我们，现在感情似乎很好。他们在南方颇受压迫，可叹。看现在文艺方面用力的，仍只有创造、未名、沉钟三社，别的没有，这三社若沉默，中国全国真成了沙漠了。"

1941年，为庆祝郭沫若五十诞辰暨创作生活25周年，周恩来在11月16日《新华日报》上撰写《我要说的话》一文，高度评价了郭沫若对革命文化的卓越贡献，也提起了成仿吾起草的对英宣言这件事。周恩来在文章中写道：鲁迅和郭沫若，"他们在北伐期中，谁都没有'文人相轻'的意思，而且还有'同声相应，同气相求'的事实。在广州发表的文学家宣言，周郭两先生均列了名的"。

1927年10月，鲁迅和许广平抵上海定居。同月，郭沫若也从香港转回了上海。有趣的是，他们都结识了开书店的日本人内山完造。在此后的近半年时间里，两人同在上海，又经常与内山完造联系，本有会晤的可能，然而，还是失之交臂！例如1928年2月1日，鲁迅去了内山书店，次日晚，郭沫若拜访了内山完造，2月5日，鲁迅再到内山书店小坐。按常理，在这样的情况下，内山完造是会介绍他们相识的。我们只能说，也许他们心存芥蒂，不愿见面。内山完造后来对鲁迅和郭沫若有过评论，对于我们理解他们二人的关系不无启迪："鲁迅和郭沫若的性格稍有不同。我和郭沫若交往甚厚，然而，郭只从事政治，具有政治家的气质。""鲁迅先生是纯粹的地道的文学家，一旦表明自己的意见，就永不动摇，至今不渝。"

尽管如此，郭沫若和鲁迅不仅怀有联合作战的愿望，也各自采取了一些相应的行动。郭沫若到上海后，根据郑伯奇的提议，欲联合鲁迅来写文章，并"通过郑伯奇和蒋光慈的活动，请求过鲁迅来合作"。（5）对此，鲁迅也表示了合作的态度。据郑伯奇回忆："我们取得沫若同志的同意和支持，去访问鲁迅先生，谈出联合的意见，鲁迅先生立即欣然同意。

他主张不必另办刊物，可以恢复《创造周刊》，作为共同园地，他将积极参加。"（6）

这样，在1927年12月3日出版的上海《时事新报》上刊登了《创造周刊》的复刊广告。广告上署的"编辑委员"有成仿吾、郑伯奇等人，"特约撰述员"有鲁迅、麦克昂、蒋光慈等30余人。麦克昂即郭沫若。

正当此时，成仿吾去了日本。成仿吾此次赴日之前，已经开始接受了日本的"左"倾"无产阶级文学"的影响，他的日本之行，更是坚定了自己搞"无产阶级文学"的信心。他还取得了留日学生李初梨、冯乃超等人支持。当时，成仿吾有一个看法，认为《创造周刊》已经不够革命了，为了倡导中国的无产阶级的"革命文学"，应当另外创办一本刊物。言下之意，创造社根本没有必要联合鲁迅。当成仿吾自日本写信向上海的创造社诸人阐述了以上意见后，引起了郭沫若等人共鸣。他们对鲁迅的作品和思想的看法，也起了根本的变化，刚刚酝酿的联合计划无形作罢了。他们把《创造周刊》改为《文化批判》，单方面中断了和鲁迅的联合。不仅如此，他们开始用"无产阶级革命文学"的观点批判鲁迅等人，郭沫若在《离沪之前》一文中，对由鲁迅为主要撰稿人的《语丝》杂志表示强烈反感，认为它"反动空气弥漫"，从此，鲁迅与郭沫若等创造社诸君子关于"革命文学"的论战，拉开了序幕。

四

1928 年 1 月 15 日《文化批判》创刊号上刊登了冯乃超的文章《艺术与社会生活》。(7)文中列举了叶圣陶、鲁迅、郁达夫、郭沫若、张资平五位作家，说他们"代表五种类的有教养的知识阶级人士"。在谈到鲁迅时，他说："鲁迅这位老生——若许我用文学的表现——是常从幽暗的酒家的楼头，醉眼陶然地眺望窗外的人生。世人称许他的好处，只是圆熟的手法一点，然而，他不常追怀过去的昔日，追悼没落的封建情绪，结局他反映的只是社会变革期中的落伍者的悲哀，无聊赖地跟他弟弟说几句人道主义的美丽的说话。隐遁主义！好在他不效 L.TOISTOY 变作卑污的说教人。"文中，冯乃超还贬了叶圣陶和郁达夫。但对创造社同人的郭沫若却多有溢美之词，认为他是"实有反抗精神的作家"，他的"《王昭君》、《聂莹》、《卓文君》里面的叛道的热情就是作者对于社会的反抗的翻译。创造社的 Romanticism 运动在当时确不失为进步的行为。"文章的结论是：现代中国作家因"时代忙快地流换，地球不绝地回转，他们没落的没落，革命的革命去"。言外之意，鲁迅等已经没落，而郭沫若一直是革命的。

冯乃超的文章发表后，成仿吾在《创造月刊》第 1 卷第 9 期（1928 年 2 月 1 日）发表了《从文学革命到革命文学》(8)

一文；李初梨在《文化批判》第 2 号（1928 年 2 月 15 日）发表了《怎样地建设革命文学》一文，支持冯乃超的意见。成仿吾指责鲁迅为"代表着有闲的资产阶级，或者睡在鼓里的小资产阶级"。李初梨则发问："坐在华盖之下还在抄他的《小说旧闻》"的鲁迅，"究竟是第几阶级的人；他写的又是第几阶级的文学？他所诚实地发表过的，又是第几阶级的人民的痛苦"？鲁迅作品所反映的，"又是第几阶级的时代"？

　　我在鲁迅与成仿吾一文中已有这样的看法，鲁迅对成仿吾的意见，在很大程度上就是对创造社诸君子的意见。因而，鲁迅对于成仿吾的不满，实际上也不只限于他一个人。鲁迅是把成仿吾的态度看作了创造社同人对他的共同态度。所以，当成仿吾在大喊大叫，几板斧砍杀了《呐喊》的同时，也加深了鲁迅对创造社诸君子、当然也包括对郭沫若的不满——成仿吾的文艺观与郭沫若的文艺观，在当时基本上是一致的，郭沫若推崇"自然主义"，成仿吾在批评鲁迅的文章中，也是以"自然主义"为尺子。此后，鲁迅戴上了创造社诸君子送给他的有色眼镜看创造社诸君子了——只有郁达夫例外。

　　面对创造社诸人咄咄逼人的所谓批判，鲁迅于 1928 年 2 月 23 日作《"醉眼"中的朦胧》（9）一文，坚决予以驳斥。文章揭示了"革命文学"倡导者的局限，他们的理论中有许多含糊不清的问题。鲁迅说："然而各种刊物，无论措辞怎样不同，都有一个共通之点，就是：有些朦胧。这朦胧的发祥地，由我看来——……所谓'醉眼陶然'——，也还在那有人爱，也有人憎的官僚和军阀……和他们瓜葛已断，或则并无瓜葛，走向大众去的，本可以毫无顾忌地说话了，但笔下即使雄纠纠，对大家显英雄，会忘却了他们的指挥刀的傻子是究竟不多的，这里也就留着一点朦胧。"显然，鲁迅的措辞是尖刻的。

此后，创造社对鲁迅的批评羼杂了不少人身攻击的内容。对此，鲁迅于 1928 年 4 月 20 日作《我的态度气量和年纪》（10）一文，批评了他们搞宗派主义的不正之风。鲁迅指出，他们因为不能在理论上进行斗争，只好用"籍贯、家族、年纪，来作奚落的资料"，施行人身攻击，"于是'论战'便变成'态度战'，'量气战'，'年龄战'了"。这倒真像当年林纾辈"因为反对白话，不能论战，便从横道儿来做一篇影射小说"一样。鲁迅说："但我以为'老头子'如此，是不足虑的，他总比青年先死。林琴南先生就早已死去了。可怕的是将为将来柱石的青年，还像他的东拉西扯。"

到了 1928 年 8 月间，已流亡在日本的郭沫若终于直接加入了同鲁迅的论争，他以杜荃的笔名在《创造月刊》第 2 卷第 1 期上发表了《文艺战线上的封建余孽》（11）一文，集中批驳了鲁迅的《我的态度气量和年纪》。郭沫若认为鲁迅如此尊重籍贯、家族、年纪，甚至自己的身体发肤，"这完全是封建时代的观念"，这表明"鲁迅的时代在资本主义以前"，

"更简切地说，他还是一个封建余孽"，因为鲁迅"连资产阶级的意识形态都还不曾确实的把握"。郭沫若设问道："他自己的立场呢？是资产阶级？是为艺术的艺术家？是人道主义者？"郭沫若以滑稽的句式回答说："否！否！否！不是，不是，不是！"那么鲁迅是什么呢？在郭沫若眼里，鲁迅是"杀哟！杀哟！杀哟！杀尽一切可怕的青年！而且赶快"！郭沫若的最后结论是：

> 鲁迅先生的时代性和阶级性，就此完全决定了。
>
> 他是资本主义以前的一个封建余孽。
>
> 资本主义对于社会主义是反革命，封建余孽对于社会主义是二重的反革命。
>
> 鲁迅是二重性的反革命的人物。
>
> 以前说鲁迅是新旧过渡期的游移分子，说他是人道主义者，这是完全错了。
>
> 他是一位不得志的 Fascist（法西斯蒂）！

一口气扣了三顶帽子："封建余孽"、"二重性的反革命"、"法西斯蒂"，如此，鲁迅近乎魔鬼了。郭沫若的文章不摆事实，不讲道理，乱扣帽子，乱打棍子，甚至让人产生错觉，仿佛这是"文革"言论。

平心而论，郭沫若的"反革命"，与1949年以后的"反革命"，似乎概念不同。郭的"反革命"是一个思想概念；1949 年以后的"反革命"是一个政治概念。况且，当时，"左派"并不握有实权，否则，鲁迅也要被戴高帽游街了。

关于"杜荃"的文章，有一个小插曲。"杜荃"是谁呢？1949 年以前没有人承认自己是"杜荃"；1949 年以后相当长一个时期内，也是一个悬案。后来，陈早春发表了《杜荃是谁》这篇文章，他经过悉心考证和逻辑分析，一举得出杜荃即郭沫若的结论。结论一出，举座皆惊，因为当时郭沫若还健在，还因为郭沫若自己从没承认他就是杜荃。人民文学出版社为了慎重起见，让陈早春写了一份报告呈给当时主管这方面工作的林默涵，林又分转给一批创造社元老。最后不仅创造社元老，连广大学术界，都对这个结论予以肯定，认为是了结了"现代文学史上的一个公案"。胡乔木还作了批示，将"杜荃"文章收入《郭沫若全集》。《鲁迅全集》的注释条目，也把"杜荃"注为郭沫若。（12）

1949 年前，郭沫若不承认自己是"杜荃"，若是推论起来，我以为，无非认为自己骂得过于空洞，这样的文章端不上台面，属于杂感之类，只能让其速朽。关于隐姓埋名，鲁迅在《三闲集·序言》中倒有一段妙言，郭沫若不幸而被鲁迅言中。鲁迅说："恐怕这'杂感'两个字，就使志趣高超的作者厌恶，避之惟恐不远了。有些人们，每当意在奚落我的时候，就往往称为'杂感家'，以显出在高等文人的眼中的鄙视，便是一个证据。还有，我想，有名的作家虽然未必不改换姓名，写过这一类文字，但或者不过图报私怨，再提恐或玷其令名，或者别有深心，揭穿反有妨于战斗，因此就大抵任其消灭了。"可不是吗，这段话仿佛就是针对杜荃即郭沫若说的！ 1949 年后，郭沫若仍不承认自己是杜荃，这与当时的政治环境不无关系。毛泽东尊鲁迅为革命家等，鲁迅被捧为神，在这样的背景下，若招认自己是杜荃，没事便没事，一有事，就麻烦了，把毛泽东尊为革命家的鲁迅骂为双重反革命，其问题的性质是可想而知的。

言归正传。对于郭沫若的乱扣帽子的文章，也许鲁迅认为不值一提罢，并没有专门作文反驳。不过，散见于若干文章的零星挖苦是有的。比如，在《〈北欧文学的原理〉译者附记二》（13）一文中，鲁迅讽刺郭沫若"一面几里古鲁的讲'普罗列塔里亚特意德沃罗基'，一面源源的卖《少年维特的烦恼》和《鲁拜集》，将'反映支配阶级底意识为支配阶级作他底统治的工作'的东西，灌进那些吓得忙来革命的'革命底印贴利更追亚'里面去，弄得他们'落伍'，于是'打发他们去'，这才算是不矛盾，在革命了"。在《现今的新文学的概观》（14）中，鲁迅对郭沫若的某些革命文学的创作———比如《一只手》———也持否定态度，讥之为"也还是穷秀才落难，后来终于中状元谐花烛的老调"。另外，鲁迅还旧事重提，多次讥讽郭沫若的"处女媒婆"说。

"革命文学"论争始于郭沫若等人自觉的革命行动,止于中共的组织干预。据阿英等人回忆,到了1929年11月前后,中共江苏省委由李富春出面,代表党组织找了创造社和太阳社中十来个党员谈话,传达了中央指示,要求解散社团,认为他们与鲁迅冲突是不对的,要与鲁迅合作,以酝酿成立一个新的文学团体。从此,他们停止了对鲁迅的攻击。到了左联时期,有的人甚至要让鲁迅当左联的"委员长",但遭鲁迅拒绝。不过,左联成立以后,鲁迅客观上成了革命文学家手上挥舞过来挥舞过去的一面旗帜,就像当年孔夫子成了敲门砖一样。

五

　　20世纪30年代,左翼文坛上,围绕着"两个口号"的论争,郭沫若和鲁迅又一次站在了问题的两端,各持己见。不过,他们在尚未形成正面冲突的时候,便已经消除了隔阂。

　　关于"两个口号"问题,我在关于鲁迅与"四条汉子"等文章中将作相对详尽的介绍,此不赘述。

　　郭沫若当年很快也加入了"两个口号"的争论。虽然,1936年春他刚刚听到"国防文学"的口号时,对其有所疑惑,认为"用'国防'二字来概括文艺创作,恐怕不妥",因为"国是蒋介石在统治着",但不久,当他读了中共的"八一宣言",

"经过几天的思考，体会到宣言的中心思想，民族矛盾超过了阶级矛盾，'国'是被帝国主义欺侮、侵略的'国'，这才接受了'国防文学'这一口号"。（15）此后，郭沫若发表了《对于国防文学的意见》、《在国防的旗帜下》、《国防·污池·炼狱》和《我的自述》等文，明确支持"国防文学"的口号，还暗指鲁迅等人"标新立异"地提出"民族革命战争的大众文学"的口号，很明白的"是错误了的理论和举动"。（16）郭沫若再一次与鲁迅发生了意见分歧。

在整个"两个口号"论争的过程中，鲁迅等人，主要是针对周扬、徐懋庸等人，并未顾及他们，所以鲁迅没有同郭沫若发生直接冲突。不仅没有冲突，在《答徐懋庸并关于抗日统一战线问题》（17）一文中，鲁迅认为郭沫若的见解是可以接受的。他说："我很同意郭沫若先生的'国防文艺是广义的爱国主义的文学'和'国防文艺是作家关系间的标帜，不是作品原则上的标帜'的意见。"此外，鲁迅还谈了他与郭沫若之间的关系："我和茅盾、郭沫若两位，或相识，或未尝一面，或未冲突，或曾用笔墨相讥，但大战斗却都为着同一的目标，决不日夜记着个人的恩怨。"鲁迅的意思是明白的，他和郭沫若，虽然小有纠纷，但绝不计个人恩怨，在大是大非问题上，都是取一致的步调。鲁迅的话，使郭沫若颇为感动，为之动容，态度也随即发生了重大的变化，很快写了《搜苗的检阅》。（18）他说：自己本来对鲁迅等人提出的"民族革命战争的大众文学"的口号，"始终觉得……不太妥当，而且没有必要"，在读了鲁迅这篇文章之后，"觉得问题是明朗化了"，并对鲁迅在该文中那些"态度很鲜明，见解也很正确"的阐述表示"彻底钦佩"。此外，郭沫若还接过鲁迅谈及他们之间关系的话头，发表了带有自我检讨色彩的感想："尤使我抱歉的是我们'未尝一面'而时每'用笔墨相讥'，我们的这样态度的确生了不少恶影响，我临着'大战斗'当前有时都难免要感觉着'为着同一的目标'而'不日夜记着个人的恩怨'的困难。这困难在我是切实也感觉着的，虽然时常都在努力着想克服它。我自己究竟要比鲁迅先生年青些，加以素不相识，而又相隔很远，对于先生便每每妄生揣测，就如这次的纠纷吧，我在未读到那篇万言书之前，实在没有摩触到先生的真意。读了之后才明白先生实在是一位宽怀大量的人，是'决不日夜记着个人恩怨'的。因此我便感觉着问题解决的曙光，我才觉悟到我们这次的争论不外是检阅军实的搜苗式的模拟战。"

不久，鲁迅去世，郭沫若和鲁迅再无纷争了。

文人讲面子，爱惜羽毛。鲁迅若没有不计个人恩怨的表态，郭沫若难说不继续骂鲁迅。而鲁迅有了姿态，郭沫若感到开心，态度则更谦恭了。你硬我也硬，你软我更软；你骂我也骂，你让我再让——这也是文人的习气之一吧！

六

鲁迅逝世时，郭沫若正在日本。1936 年 10 月 19 日他闻耗后，连夜写了《民族的杰作——纪念鲁迅先生》这篇悼文，指出鲁迅的死，是"不可测算的重大损失"，"鲁迅是我们中国民族近代的一个杰作"。22 日他又用日文写了《坠落了一个巨星》的悼文，发表于日本《帝大新闻》上。两文都给鲁迅以高度的评价，表示了对鲁迅的崇敬之情。郭沫若说："假如我早一点觉悟，或是鲁迅能再长生一些时间，我是会负荆请罪的，如今呢，只有深深地自责而已。"郭沫若还写了挽鲁迅的哀联，投寄给当时上海《立报》副刊《言林》主编谢六逸，嘱其发表。郭沫若在致谢六逸的信中说："鲁迅先生逝世，闻耗不胜惊叹……"这些话也体现了郭沫若对鲁迅的哀悼之情。挽联如下：

> 方悬四月，迭坠双星，东亚西欧同殒泪；
> 钦诵二心，憾无一面，南北天地遍招魂。

除此之外，郭沫若还作过不少悼念鲁迅的挽联，大都是正面的哀悼。唯 1942 年 10 月应杨亚宁之请所作联语，颇有忏悔之意。其联云：

返国空余挂墓剑，

斫泥难觅运风斤。（19）

郭沫若在联语下有一自注云："余与鲁迅素未蒙面而时受其斥责，虽当时受之，每有难忍之处，但今求之而不可得矣。"这联语的含义大致是追悔以前不重友情，感叹今后再也听不到鲁迅那精辟的批评意见了，颇有谢罪之意，磊落胸怀。

鲁迅逝世后，郭沫若多次痛悔，未能在鲁迅生前，与其谋面。他感慨道："我个人和鲁迅虽然同在文艺界上工作了将近二十年，但因人事的契阔，地域的暌违，竟不曾相见过一次……虽然时常想着最好能见一面，亲聆教益，洞辟胸襟，但终因客观的限制，没有得到这样的机会。最近传闻鲁迅的亲近者说，鲁迅也有和我相见一面的意思。但到现在，这愿望是无由实现了。这在我个人真是一件不能弥补的憾事。"(20)

后来，郭沫若在《鲁迅与王国维》一文中又感叹："这两位大师，鲁迅和王国维，在生前都有可能见面的机会，而我没有见到，而在死后却同样以他们的遗著吸引了我的几乎全部的注意。"（21）

1945 年 10 月 19 日郭沫若在重庆《新华日报》发表了一篇叫《我建议》的文章，他建议在"北平，上海，广州，杭州，厦门"这些鲁迅工作、生活过的地方，"应该多多塑造鲁迅像"，而且，"……自然以铜像为最好"。不仅如此，郭沫若还建议设立鲁迅博物馆。凡是关于鲁迅的资料，他的生活历史，日常生活状态，读的书，著的书，原稿、译稿、笔记、日记、书简、照片，等等；还有关于他的研究，无论本国的或外国的，都专门汇集起来，分门别类地陈列。让研究鲁迅者，让景仰鲁迅的人民大众得以瞻仰。郭沫若认为这博物馆可建于上海、北平、广州。资料可以分别陈列，不能分割的可用照片。馆长应由许广平担任。郭沫若还举例说："苏联的大作家，大抵都有在他的名义下的博物馆，例如托尔斯泰的博物馆，馆长是他的孙女；玛雅可夫斯基博物馆，馆长是他的母亲；奥斯特罗夫斯基博物馆，馆长是他的夫人。"此外，郭沫若还建议把杭州的西湖改名为"鲁迅湖"，把北平的西山称为"鲁迅山"，他的根据是莫斯科有高尔基路、普希金广场。郭沫若的以上建议，有的已经实行，有的当然也只是表达了郭沫若的感情。

注释

（1）原载 1930 年 5 月上海《拓荒者》（月刊）第 4、5 期合刊，《恩怨录·鲁迅和他的论敌文选》转载，今日中国出版社 1996 年 11 月版。

（2）《时事新报·学灯》1921 年 1 月 15 日。

（3）《鲁迅全集·集外集拾遗补编·致〈近代美术史潮论〉

的读者诸君》。

（4）《鲁迅全集·两地书·六九》。

（5）郭沫若：《跨着东海》，《郭沫若全集》文学编第 13 卷。

（6）郑伯奇：《创造社后期的革命文学活动》，《中国现代文艺资料丛刊》第二辑，上海文艺出版社出版。

（7）（8）（11）《恩怨录·鲁迅和他的论敌文选》转载，今日中国出版社 1996 年 11 月版。

（9）（10）（14）《鲁迅全集·三闲集》。

（12）陈早春：《杜荃是谁》，《出版广场》1995 年第 1 期。

（13）《鲁迅全集·译文序跋集》。

（15）臧云远：《东京初访郭老》。

（16）郭沫若：《对于国防文学的意见》，《东方文艺》1936 年 7 月第 1 卷第 4 号。

（17）《鲁迅全集·且介亭杂文末编》。

（18）1936 年 9 月 10 日上海《文学界》（月刊）第 1 卷第 4 号，《恩怨录·鲁迅和他的论敌文选》转载，今日中国出版社 1996 年 11 月版。

（19）《郭沫若全集》文学编第 7 卷，第 301 页。

（20）《民族的杰作》，《沫若文集》第 8 卷，第 184 页。

（21）原载 1946 年 10 月 1 日《文艺复兴》第 2 卷第 3 期，《六十年来鲁迅研究论文选》转载，中国社会科学出版社 1982 年 9 月版。

"阴阳脸"与"流氓画家"
——鲁迅与叶灵凤

叶灵凤（1904—1975），小说家、散文家、美术家。原名叶韫璞，笔名叶林丰、霜崖、佐木华、亚灵，江苏南京人。早年就学于上海艺术大学，1925年参加创造社，曾主编创造社刊物《洪水》半月刊。1926年与潘汉年合编《幻洲》半月刊。1928年后曾任《现代小说》月刊和《戈壁》半月刊主编。20世纪30年代初，一度参加左翼作家联盟的文学活动，后因参加民族主义文学运动，于1937年5月被左联执委会通报除名。

是叶灵凤先向鲁迅发难的。1928年5月，正值"革命文学论争"期间，叶灵凤在他创办的《戈壁》杂志第1卷第2期上发表一幅模仿西欧立体派的讽刺鲁迅的漫画，并附有说明："鲁迅先生，阴阳脸的老人，挂着他已往的战绩，躲在酒缸的后面，挥着他'艺术的武器'，在抵御着纷然而来的外侮。"

明眼人一下就能看出，叶灵凤这段话，既是对他的图画的说明，也是对同是创造社成员的冯乃超在1928年1月发表的《艺术与社会生活》的客观上的声援，虽然那画的技法是另有来路的。冯乃超在他的文章中说："鲁迅这位老生 —— 若许我用文学的表现 —— 是常从幽暗的酒家的楼头，醉眼陶然地眺望窗外的人生。"冯乃超"用文学的表现"形容鲁迅"醉眼陶然"，叶灵凤就用图文描绘鲁迅"躲在酒缸的后面"。冯乃超是纯文本，叶灵凤是图文本。叶灵凤骂起鲁迅来，可谓"图文并谬"了。

这里的"阴阳脸"是什么意思呢？似乎不太明确。但凭直觉，用今天的话说，就是在描摹鲁迅人格的二重性吧？当然，这也只是我的猜测。

这幅画对鲁迅是颇有刺激的。鲁迅写文章对叶灵凤的图文进行评说，是在过了两个多月以后。1928年8月10日，他在《文坛的掌故》(1)中提到了它："向'革命的智识阶级'叫打倒旧东西，又拉旧东西来保护自己，要有革命的名声，却不肯吃一点革命者往往难免的辛苦，于是不但笑啼俱伪，并且左右不同，连叶灵凤所抄袭来的'阴阳脸'，也还不足以淋漓尽致地为他们自己写照，我以为这是很可惜的，也觉得颇寂寞的。"在同一天写的《革命咖啡店》(2)里，鲁迅还指出："叶灵凤革命艺术家曾经画过我的像，说是躲在酒坛的后面。这事的然否我不谈。"对此，强英良先生评论说："鲁迅说'不谈'叶灵凤所画的是否事实，不屑谈，因为叶灵凤的这份画与文都过于轻佻，不值得去辩。毫无疑问的是，叶灵凤对鲁迅的攻击，深深地烙在了人们的心里，对于鲁迅本人来说则更甚了。"（3）

叶灵凤还有一件事"开罪"了鲁迅。他于 1929 年 11 月，在《现代小说》第 3 卷第 2 期发表小说《穷愁的自传》，小说中的人物魏日青说："照着老例，起身后我便将十二枚铜元从旧货摊上买来一册《呐喊》，撕下三页到露台上去大便。"这个细节深深地刺痛了鲁迅，他至少有两处提到了它。一是《上海文艺之一瞥》，（4）鲁迅说："……还有最彻底的革命文学家叶灵凤先生，他描写革命家，彻底到每次上茅厕时候都用我的《呐喊》去揩屁股，现在却竟会莫名其妙的跟在所谓民族主义文学家屁股后面了。"一是《答〈戏〉周刊编者信》，（5）鲁迅说："这一回，我的这一封信，大约也要发表的罢，但我记得《戏》周刊上已曾发表过曾今可叶灵凤两位先生的文章；叶先生还画了一幅阿 Q 像，好像我那一本《呐喊》还没有在上茅厕时候用尽，倘不是多年便秘，那一定是又买了一本新的了。"叶灵凤借小说人物之口，把《呐喊》撕去擦大便，这当然下意识里是对鲁迅的不恭。什么书不好撕，偏要撕鲁迅的书？况且，叶灵凤又与鲁迅有过笔墨恩怨。

就鲁迅而言，我以为似乎也过于认真了，从严格意义上讲，小说人物的所作所为，只代表人物的性格，而不完全代表作者，阿Q要和吴妈困觉，绝不是鲁迅要和吴妈困觉。我在鲁迅与梁实秋一文中提到"吐半口血看秋海棠"，梁实秋就是把鲁迅作品中的人物当作鲁迅来挖苦了，但这伤不了鲁迅，因为鲁迅作品中的人物不是鲁迅。

叶灵凤成了"最彻底的革命文学家"，在鲁迅眼里，和创造社其他人一样，这些好斗的小公鸡，不是"才子＋流氓"，便是"革命＋流氓"。鲁迅后来称叶灵凤是"流氓画家"，虽然这里的"流氓"或许与所谓"新流氓主义"画风有一定的联系，但我以为这是双关语，落实了，就是"模仿"和"剽窃"问题。

鲁迅的回"骂"叶灵凤，较早的一篇文章是《三闲集》中的《革命咖啡店》。此文缘于1928年8月8日《申报》所载署名"慎之"的文章：《"上海咖啡"》。它写道：

> ……但是读者们，我却发现了这样一家我们所理想的乐园，我一共去了两次，我在那里遇见了我们今日文艺界上的名人，龚冰庐，鲁迅，郁达夫等。并且认识了孟超，潘汉年，叶灵凤等，他们有的在那里高谈着他们的主张，有的在那里默默沉思，我在那里领会到不少教益呢。

对此，鲁迅挖苦道："遥想洋楼高耸，前临阔街，门口是晶光闪灼的玻璃招牌，楼上是'我们今日文艺界上的名人'，或则高谈，或则沉思，面前是一大杯热气腾腾的无产阶级咖啡，远处是许许多'龌龊的农工大众'，他们喝着，想着，谈着，指导着，获得着，那是，倒也实在是'理想的乐园'。"鲁迅还说："至于咖啡店，先前只听说不过可以兼看舞女，使女，'以饱眼福'罢了。谁料这回竟是'名人'，给人'教益'，还演'高谈''沉思'种种好玩的把戏，那简直是现实的乐园了。"接着，鲁迅发表了"几句声明"，声明自己没有去也不想去这样的乐园，这是"年青貌美，齿白唇红"的"革命文学家"如叶灵凤辈去的地方。鲁迅刻薄道："如我者，在《战线》上就宣布过一条'满嘴黄牙'的罪状，到那里去高谈，岂不亵渎了'无产阶级文学'么？"

　　应该说，鲁迅在这里挖苦叶灵凤，因为叶灵凤当年是属于"革命文学家"一伙的，但是，他的锋芒不只是针对叶灵凤，而是针对"叶灵凤辈"的，只不过随手抓出了叶灵凤而已，就像一笼好斗的小公鸡，鲁迅随手从笼中抓出一只唇红齿白的，展示给大家看看。

　　这里的"满嘴黄牙"也不是叶灵凤听说，但却是属于"叶灵凤辈"的。事情是这样的：1928 年 4 月 15 日《流沙》刊有署名心光的《鲁迅在上海》一文，其中攻击鲁迅说："你看他近来在'华盖'之下哼出一声'醉眼中的朦胧'来了。

但他在这篇文章里消极的没有指摘出成仿吾等的错误，积极的他自己又不屑替我们青年指出路来，他看见旁人的努力他就妒忌，他只是露出满口黄牙在那里冷笑。"有人说，鲁迅说"唇红齿白"，有点人身攻击的味道，可是，我读了"满口黄牙"，便不感觉问题有那么严重了。20 世纪 30 年代就是那么回事，攻击来攻击去，彼此彼此，虽有不愉快，然却多了生气，不像当今某些编辑，都要把文章改得特别像文章，他才称心，读起来都是死的文字，而没有活的性灵。当然，这是"捎带一枪"的题外话了。

鲁迅在《〈奔流〉编校后记（二）》(6)中，比较概括地谈了他对叶灵凤的看法："可惜有些'艺术家'，先前生吞'琵亚词侣'，活剥蕗谷虹儿，今年突变为'革命艺术家'……"在鲁迅看来，像叶灵凤这样的人，一下子成了"革命艺术家"，是不可思议的事，就像"假洋鬼子"一夜之间成了"革命党"一样，让人感到滑稽。

至于"生吞'琵亚词侣'，活剥蕗谷虹儿"，那也活该叶灵凤倒霉，被鲁迅咬住不放了。1929 年 1 月，鲁迅作《〈蕗谷虹儿画选〉小引》一文，指出蕗谷虹儿的画，"现在又作为中国几个作家的秘密宝库的一部分，陈在读者的眼前"。所谓"几个作家"，就是指叶灵凤等人。《鲁迅全集》的注者说得就更直露了。说叶灵凤"所画的刊物封面和书籍插图常模仿甚至剽窃英国画家毕亚兹莱和日本画家蕗谷虹儿的作品"。1931 年 7 月，鲁迅干脆称叶灵凤为"流氓画家"了。他写道："在现在，新的流氓画家又出了叶灵凤先生，叶先生的画是从英国的毕亚兹莱（Aubrey Beardsley）剥来的，毕亚兹莱是'为艺术的艺术'派，他的画极受日本的'浮世绘'（Ukiyoe）的影响。浮世绘虽是民间艺术，但所画的多是妓女和戏子，胖胖的身体，斜视的眼睛 —— Erotic（色情的）眼睛……我们的叶先生的新斜眼画，正和吴友如的老斜眼画合流，那自然应该流行好几年。但他也并不只画流氓的，有一个时期也画过普罗列塔利亚，不过所画的工人也还是斜视眼，伸着特别大的拳头。"（7）到了 1934 年 4 月，鲁迅在致魏猛克的信中，还说到叶灵凤"自以为中国的 Beardsley"，"在上海混"，所以"染上流氓气"。此外，发表于 1934 年 10 月的《奇怪（三）》（8）一文，鲁迅还在挖苦"中国第一流作家"叶灵凤的画是照搬或模仿外国画家的作品。如前所述，我以为，鲁迅之所以说叶灵凤是"流氓画家"，有两层含义，一是针对他的模仿和剽窃，一是叶灵凤曾在《幻洲》中鼓吹自己的画是"新流氓主义"。

1936 年秋，叶灵凤读了《花边文学》里的《奇怪（三）》一文之后，对鲁迅在这篇文章中批评他，很不以为然，于当年 9 月 15 日在上海《论语》半月刊第 96 期上发表了《献给鲁迅先生》，（9）在文中除了进行自我辩解之外，还对鲁迅进行了一番浅陋的调侃。叶灵凤在文中说，他是在读了鲁迅

的《答徐懋庸并关于抗日统一战线问题》的长文后写的这篇
《献给鲁迅先生》，也就是说，他知道此时的鲁迅正在病中。
鲁迅对叶灵凤的这篇文章未加理睬，而且不久就与世长辞了。
不过，叶灵凤也指出，"我和鲁迅之间，说来古怪，这是他
人所不易看出的，好像有一点冲突，同时又有一点契合。"
什么"契合"呢？他们都"喜欢买一点有插图的书和画集放
在家里看看"。他还说："在鲁迅先生提倡木刻的时候，我
也在'热衷木刻'"。这些倒都是实话，也是实情。所以，
叶灵凤在文末表达了他的一个"愿望"：

> 这是我多年的愿望，我当年做《东方琵亚词侣》的
> 时候，诚如鲁迅先生所说，只有一本近代丛书本的画集，
> 但近年陆续搜买，却也买齐了英国出版的比氏早期作品
> 集，晚期作品集，未收遗作集，都是八开本的巨册，此
> 外更买了好几部传记，我希望率性让我生一场小病（鲁
> 迅先生不是在病中又编好珂勒微支的版画集吗？），闭
> 门两月，给比亚兹莱写一部评传，选他百十幅巨叶大画
> （三闲书屋肯代印当然更好），印几十部，印得漂漂亮亮，
> 在扉页上，我要用三号长体仿宋字印着：
>
> 献给鲁迅先生
>
> 虽然在这"国防文学"时代印这画集，连上海杂志
> 公司的老朋友张静庐先生怕也要说我"落伍"，不肯寄售，

> 但这是我的愿望，这愿望鲁迅先生是能了解的，这样一来，二人之间或许能"化干戈为玉帛"吧？

　　无论如何，应该说叶灵凤的愿望是好的。后来这个愿望有没有实现呢？我手头没有这方面的资料，不得而知。

　　新中国成立以后，我们对叶灵凤的评价，有不尽公允的地方，在这里应该有所澄清。

　　在 1957 年版的《鲁迅全集·三闲集》中，《文坛的掌故》的注文曾有这样的字句："叶灵凤，当时虽投机加入创造社，不久即转向国民党方面去，抗日时期成为汉奸文人。"但 1981 年新版《鲁迅全集》却把注文提前到《革命咖啡店》的后面，删去了"投机"、"转向"和"汉奸"等内容，而改为"叶灵凤，江苏南京人，作家、画家，曾参加创造社"。他被摘去了"汉奸"等帽子。

　　虽然叶灵凤汉奸不汉奸，与鲁迅并没有什么直接的关系，然而，因为旧版《鲁迅全集》注文及其他某些原因的影响，似乎鲁迅当年就有先见之明，骂叶灵凤就是骂汉奸了。事实是，叶灵凤不是汉奸，反而是为抗日做过有益工作的人。

　　说叶灵凤是汉奸，主要是指他在日本文化部所属大冈公司工作过。我想，在大冈公司工作，如果仅仅是为了谋生，似乎也不宜有什么大的非议。我又想，在大冈公司工作的也不会只有叶灵凤一个中国人，倘若叶灵凤只是一个普通的中国人，不曾被鲁迅"骂"过，那大约也不会硬往他头上扣一顶"汉奸"的帽子的。在香港有"金王"之称的金融界大亨胡汉辉，1984 年初写过一篇忆旧的文章，提到一个叫陈在韶的人，当时由香港"走难"去重庆，被国民党中宣部派回广州湾（今天的湛江），负责收集日军的情报。他说："陈要求我配合文艺作家叶灵凤先生做点敌后工作。灵凤先生利用他在日本文化部所属大冈公司工作的方便，暗中挑选来自东京的各种书报杂志，交我负责转运。"他又说：他日间"往星岛日报收购万金油，在市场售给水客，以为掩护；暗地里却与叶灵凤联系。如是者营运了差不多有一年之久"。这里说到他是被要求"配合"叶灵凤的，这说明，叶灵凤虽然是在日本文化部属下工作，实际上是暗中在干胡汉辉所说的抗日的"情报工作"，只不过干的是国民政府方面的"情报工作"。（10）

鲁迅去世后，叶灵凤在不少随笔小品中谈到鲁迅及其作品，字里行间，充满仰慕、敬重之情，再无年轻时候的轻佻文字。据宗兰说，当 20 世纪六七十年代有时朋友们和叶灵凤谈起这些往事时，他总是微笑，不多作解释，只是说，他已经去过鲁迅先生墓前，默默地表示过他的心意了。叶灵凤到上海拜谒鲁迅墓，是在 1957 年，那时鲁迅墓刚迁葬到虹口公园不久，他到大陆访问时去到上海，同时参观了鲁迅故居和鲁迅纪念馆，还顺路踏访了内山书店的旧址。叶灵凤在《关于内山完造》的文章中回忆到鲁迅，他说："坐在内山书店藤椅上的鲁迅先生，见到相识的朋友，自然就趁便打招呼，但他随时是警惕着的，若是见到什么面生的人对他一看再看，他便会悄悄起身，从后门溜之大吉了。"叶灵凤早在《献给鲁迅先生》中也说过，他与鲁迅生前在内山书店里见过好多次面，因为不是"相识的朋友"，彼此之间没有交谈过。叶灵凤晚年在《霖红室随笔》中还写过这样一段话，来说明他和鲁迅之间的关系，他说：

> 我一向就喜欢比亚斯莱的画。当我还是美术学校学生的时候，我就爱上他的画。不仅爱好，而且还动手模仿起来，画过许多比亚斯莱风的装饰画和插画。为了这事，我曾一再挨过鲁迅先生的骂，至今翻开《三闲集》、《二心集》等书，还不免使我脸红。但是三十年来，我对于比亚斯莱的爱好，仍未改变，不过我自己却早已搁笔不画了。(11)

小有自我辩白，模仿与剽窃还是有区别的，这样的辩白应该合乎实际。他对鲁迅的态度也是诚恳的。

注释

（1）（2）《鲁迅全集·三闲集》。

（3）强英良：《鲁迅与叶灵凤之间》，《鲁迅研究月刊》1992 年第 6 期。

（4）《鲁迅全集·二心集》。

（5）《鲁迅全集·且介亭杂文》。

（6）《鲁迅全集·集外集》。

（7）《鲁迅全集·二心集·上海文艺之一瞥》。

（8）《鲁迅全集·花边文学》。

（9）《恩怨录·鲁迅和他的论敌文选》转载，今日中国出版社 1996 年 11 月版。

（10）史实见宗兰的《叶灵凤的后半生》，文载叶灵凤的《读书随笔》（一集），生活·读书·新知三联书店 1988 年 1 月版。

（11）叶灵凤：《读书随笔》（三集），生活·读书·新知三联书店 1988 年 1 月版。

"假鲁迅"·真革命
——鲁迅与潘汉年

  潘汉年（1906—1977），文学理论家、小说家。江苏宜兴人。笔名天长、爱仙、泼皮、泼皮男士、小开等。1923年起参加进步文艺运动。1924年参加创造社。曾主编《洪水》半月刊。发表《曼瑛姑娘》、《离婚》、《牺牲者》等小说。1925年参加中国共产党。大革命时期在南昌、武汉等地任《革命军日报》总编辑以及北伐军政治部宣传科科长。1927年回上海，主编《幻洲》杂志。1929年任中共中央宣传部文委书记，其间曾代表中国共产党与鲁迅联系，并与鲁迅等共同筹建中国左翼作家联盟，任左联和左翼文化总同盟第一任中共党组书记。1931—1933年是中共中央保卫部门领导人之一。1933年去江西中央苏区，先后任江西苏区党的中央局宣传部部长、红军总政治部宣传部长兼地方工作部部长和赣南省委宣传部部长。1934年底随红军长征。1936年西安事变后作为中共中央代表之一，参加同国民党就停止内战、共同抗日的谈判。抗战初期任八路军驻上海办事处主任。新中国成立后，历任中共中央华东局和中共上海市委社会部部长、统战部部长，中共上海市委副书记、第三书记，上海市副市长等职。在长期革命斗争中，对党的文化工作、统战工作，特别是在开展对敌隐蔽斗争方面，做出了重要贡献。1955年以后受到错误处理。1982年8月中共中央为他平反昭雪，恢复名誉。

中共早期的革命者，与新文学有着或多或少的联系。他们有的参加革命文艺活动，有的写文章，有的搞创作。陈独秀、瞿秋白是这样的，张闻天、冯雪峰、潘汉年也是如此。

在鲁迅著作中，最早提到潘汉年是在1927年12月13日的《鲁迅日记》："下午潘汉年、鲍文蔚、衣萍、小峰来，晚同至中有天饭。"潘汉年与叶灵凤等人一样，是以"革命文学家"的身份进入鲁迅的视野的。鲁迅《三闲集》中的《革命咖啡店》一文，表达了对"革命文学家"成仿吾、叶灵凤、潘汉年诸人的集体不满，文中，鲁迅对他们挖苦自己的言论进行反唇相讥："这样的乐园，我是不敢上去的，革命文学家，要年轻貌美，齿白唇红，如潘汉年叶灵凤辈，这才是天生的文豪，乐园的材料；如我者，在《战线》上就宣布过一条'满口黄牙'的罪状，到那里去高谈，岂不亵渎了'无产阶级文学'

么?"所谓"满口黄牙",是指《流沙》第 3 期(1928 年 4 月 15 日)刊有署名心光的《鲁迅在上海》一文,其中攻击鲁迅说:"你看他近来在'华盖'之下哼出了一声'醉眼中的朦胧'来了。但他在这篇文章里消极的没有指摘出成仿吾等的错误,积极的他自己又不屑替我们青年指出路来,他看见旁人的努力他就妒忌,他只是露出满口黄牙在那里冷笑。""心光"是谁?无从知道,但他为成仿吾辈辩护,自称"我们青年",大约也是"革命文学家"群中的一员。所以,鲁迅把"满口黄牙"对应到也是"革命文学家"的"齿白唇红""如潘汉年叶灵凤辈"的头上。这里,鲁迅不满的不只是某个具体的个人,而是作为一个群体的人们。我体会,这段话中,鲁迅对他们还谈不上有恶感,语气中只有挖苦,抑或还有一些调侃。

潘汉年与早期的"革命文学家"成仿吾一样,初时是不把鲁迅当作革命的进步的文学家看的,倒是将其看作落伍者,不时加以嘲弄、挖苦。1928 年潘汉年在《战线》周刊第 1 卷第 4 期发表《假鲁迅与真鲁迅》一文,挖苦鲁迅说:"那位少老先生,看中鲁迅的名字有如此魔力,所以在曼殊和尚坟旁 M 女(士)面前,题下这个'鲁迅游杭吊老友'的玩意儿,现在上海的鲁迅偏偏来一个启事……这一来岂不是明明白白叫以后要乞教或见访的女士们,认清本店老牌,只此一家,别无分店了吗?虽然上海的鲁迅启事,没有那个大舞台对过天晓得所悬那玩意儿强硬，至少也使得我们那位'本姓周或不姓周，而要姓周'的另一个鲁迅要显着原形哆嗦而发抖！这才是假关公碰到真关公，假鲁迅遇着真鲁迅！"

所谓"假鲁迅"，是这样的：1928 年 1 月 10 日，上海政法大学学生马湘影（字萍痕）在杭州孤山，遇到一个自称"鲁迅"的人，此公向她吹嘘其小说集《彷徨》销了 8 万册，但他并不满意，扬言不久将创作惊世骇俗的小说让人们耳目一新。而且，这位自称"鲁迅"的人还告诉马湘影，他在杭州苏曼殊大师的坟旁题了四句诗，并将此诗抄录送给了她。诗文如下：

我来君寂居，唤醒谁氏魂？

飘萍山林迹，待到它年随公去。

鲁迅游杭 吊老友

曼殊句　　1、10、17 年

临别时，这位自称"鲁迅"的人还答应马湘影今后可以写信求教，他一定热情回复。天真单纯的马湘影因为年轻缺乏社会经验，出于对鲁迅先生的仰慕，竟不辨真假，信以为真。一个月后，她果然写信给"鲁迅先生"表达求教之诚。

鲁迅接到由开明书店转来的马湘影的信后，感到十分蹊跷。因为他根本不认识这位女大学生，从未与她见过面，不知她信中所述从何说起。他当即复信马湘影，说明自己不到杭州，已将十年，绝不能在孤山和人作别，所以她所看见，是另外一人。

马湘影接到鲁迅复信后，才恍然大悟。后来，她由北京师范大学学生朱国祥陪同访问了鲁迅，将那位假鲁迅抄录送给她的诗拿给鲁迅看。鲁迅看了这首诗后啼笑皆非。为了弄清事情真相，鲁迅先生托当时在杭州教书的章川岛和许钦文去了解情况。章、许打听到这个"鲁迅"的住址后，决定去访一访。他们先是见到了"鲁迅"的妹妹，一个十四五岁的小姑娘，她说哥哥周鼎夏，是杭州松树场小学教师。走进设在祠堂的小学，见那假鲁迅正在上课。这是一个中等身材，唇上留一撮胡子，穿着草鞋的四十多岁的人。他说："敝姓周，我是周作人，就是鲁迅。"又说："我写的《彷徨》，已经印了8万本。""我不愿和他们合作在一起。所以到这乡下来教书。"看来这假鲁迅连真鲁迅的一般情况都不清楚，连鲁迅与周作人的关系都不知道。章川岛和许钦文写信告诉鲁迅调查的结果，并告诉松树场小学的管理机关，叫那假鲁迅不要这样干了。于是，鲁迅写了《在上海的鲁迅启事》，(1)指出"那首诗的不大高明，不必说了，而硬替人向曼殊说'待到它年随公去'，也未免太专制。'去'呢，自然总有一天要'去'的，然而去'随'曼殊，却连我自己也梦里都没有想到过"。不过，鲁迅认为这些"还是小事情"，让鲁迅感到"尤其不敢当"的，"倒是什么对别人豫约'指导'之类"，所以，鲁迅声明：

> 我之外，今年至少另外还有一个叫"鲁迅"的在，但那个"鲁迅"的言动，和我也曾印过一本《彷徨》而没有销到八万本的鲁迅无干。

鲁迅是仁厚的，只用一纸启事就把此事了结了。

有人冒充自己，当事人发了一份声明，这有什么奇怪的吗？反之，假设有人冒充自己，当事人一声不吭，那是正常的吗？潘汉年责怪"鲁迅偏偏来一个启事"，言外之意似乎鲁迅要通过这个启事捞取什么。捞取什么呢？从字面上看，是："明明白白叫以后要乞教或见访的女士们，认清本店老牌，只此一家，别无分店……"这给人的暗示是，"女士们"找鲁迅"乞教"，不要走错了门。此话真是从何说起！鲁迅的文章讲得明明白白，别的都是小事情，"尤其不敢当"的，"倒是什么对别人豫约'指导'之类"。这话，潘汉年看不懂吗？所以，对潘汉年的文章，鲁迅是不满的："杭州另外有一个鲁迅时，我登了一篇启事，'革命文学家'就挖苦了。"（2）

潘汉年与鲁迅有关的还有一篇文章，就是那篇发表在1928 年 4 月 22 日《战线》第 1 卷第 4 期上《想到写起》的第六节《朦胧又糊涂》。（3）太阳社攻击鲁迅，此文针对"鲁迅所以不答复的原因"介绍了一些传言。第一种传言是，鲁迅实在没有把《太阳月刊》的批评放在眼里；第二种是，鲁迅对《太阳月刊》诸人本来没有什么恶感；第三种是，鲁迅收到一封匿名信，上面说："我们个人对于你的作品是佩服的，但为时代的关系，所以不得不有所批评。"第四种是鲁迅对《太阳月刊》提倡革命文学是同情的。

虽是"传言"，但应是不无道理。鲁迅之所以还没有回答，我以为，第一、第二、第四条的因素多少都有那么一些。潘汉年主要针对的是第三条，"如果第三条果确有其事，我们倒觉得事情未免朦胧又糊涂"，为什么呢？他认为，"假如自己一面批评人家，一面去匿名信道歉，确是卑鄙不堪的东西"。看得出来，作为青年作家的潘汉年，还是相当纯粹的。文末，他写道："唉，如果这事属实，我们对于这个写匿名信的匿名者，非但要骂他是中国文坛上的卑污败类，狗头君子两面光的小丑，并且也是使得鲁迅朦胧又糊涂的小贼！但是我们希望鲁迅不要被一个小贼的播弄而糊涂！"潘汉年担心鲁迅有可能会被"播弄""糊涂"，所以对鲁迅提出善意的劝告。应该说，这篇文章没有挖苦或攻击鲁迅的成分。鲁迅有没有这封匿名信，我们现在无从查考。我以为，假设有这样一封匿名信，其实也是符合"革命文学家"的逻辑的。他们抨击鲁迅，是革命整体事业的需要，是编辑部集体的策划，甚而至于，是组织上的要求；而去信向鲁迅解释，则是个人意愿和喜好的表现。在革命进程中，人是复杂的，他既是整体事业的一部分，要让个人意志服从革命事业的需要；但同时，他又是活生生的具体的人。也许，"革命文学家"自己也看不起自己的文章，所以给鲁迅写了这样一封信。我只能说，假设真有这封匿名信，写信的这个人，灵魂深处还有私心杂念，还需要在革命熔炉中进一步冶炼。后来，当组织要求"革命文学家"集体将鲁迅捧为左翼盟主的时候，他们一律说一不二，我们不也可以看出他们很容易地把个人喜好深藏到事业需要的背后吗？

此外，在《三闲集·文坛的掌故》一文中，鲁迅对"潘叶之流的'革命文学'"也多有不满。鲁迅是针对郭沫若、成仿吾之类"革命文学家"群体的，捎带上了"创造社的小伙计"潘汉年、叶灵凤，这里就不多说了。

虽然有过文字相讥的历史，但并不影响他们共同筹建左联。鲁迅对"革命文学家"们的攻击并没有太当回事，只是觉得他们偏激，有时还有一点幼稚可笑。可以说，鲁迅对潘汉年们有讨厌之时，但并没有厌恶之情。而且，当年他们都年轻，鲁迅怎么可能对他们太过计较呢？正是因为如此，才可能有后来的合作。

文学在潘汉年身上渐渐淡出，革命家的色彩愈益见浓。创造社、太阳社等"革命文学家"的攻击鲁迅，如果说多少还带有个人色彩，各说各话的话，后来突然停止对鲁迅的攻击，并将其捧为左翼文坛的盟主，则是中共的一次有策划的统一行动。落实中共这一决定的人，则是潘汉年、冯雪峰等人。

1928 年秋，周恩来从莫斯科参加中共"六大"回国途经哈尔滨时，就明确表示："围攻和责怪鲁迅是不对的，应该团结、争取他。"（4）并说，回到上海后，对鲁迅的工作是会有考虑和安排的。当时要团结各方面的力量，成立革命的文学团体，首先要制止创造社和太阳社攻击鲁迅的行为。中共要求党员作家和党外革命作家停止攻击鲁迅，"共同对敌"，并指出鲁迅的意义和价值。

党中央希望创造社、太阳社和鲁迅及在鲁迅影响下的人们联合起来，以这三方面人为基础，成立一个革命文学团体。直接贯彻这项任务的是潘汉年。他身为"文委"书记（"文委"是中共中央宣传部直接主管文化工作的组织），立即向"文委"所属各支部的成员传达中央精神，要求停止论争，共同对敌。

潘汉年是创造社最早的重要成员之一，为了坚决执行党的决定，首先要转变自己的文艺思想。他率先发表了《文艺通信——普罗文学题材问题》，（5）就文艺与政治、革命文艺家应该写哪些题材等"革命文学"论争中争论不休的问题，公开批评了创造社的教条主义，指出："是不是普罗文学，不应当狭隘地只认定是否以普罗生活为题材而决定，应当就各种材料的作品所表示的观念形态是否属于无产阶级来决定。"接着，又发表《普罗文学运动与自我批判》，结合总结自己在文艺战线斗争中的经验教训，进一步明确指出："一个真正的马克思主义者，最能够接受正确的客观批判，同时他一定又是自己阵营内检讨工作，坚决执行自我批判的人。"这一系列文章为建立左联在思想上和理论上作了准备。

潘汉年一面公开发表文章，从理论上论述无产阶级文学运动中自我批评的重要性，为左翼文学工作者的联合扫清思想障碍；一面找创造社的冯乃超和太阳社的钱杏邨等人谈话，做他们的思想工作，讲团结鲁迅的意义。

这时，关键的是要找适当的人去向鲁迅商谈建立左联的事，他找到了冯雪峰，这的确是找对了人。冯雪峰不是创造社和太阳社的成员，没有介入这一场论争，而且当时冯雪峰在柔石的引荐下，已与鲁迅建立了友谊，得到鲁迅的信任。冯雪峰对这件事有明确的回忆，他记得潘汉年找他："有两点我是记得很清楚的：一、他说党中央希望创造社、太阳社和鲁迅及在鲁迅影响下的人们联合起来，以这三方面人为基础，成立一个革命文学团体。二、团体名称拟定为'中国左翼作家联盟'，看鲁迅有什么意思，'左翼'两个字用不用，也取决于鲁迅，鲁迅如不同意用这两个字，那就不用。"(6)冯雪峰果然不负所望，圆满完成任务。鲁迅完全同意成立这样一个革命文学团体，同时他说"左翼"二字还是用好，旗帜可以鲜明一点。

做了多方面的思想工作后，1929年底，潘汉年在北四川路上一家咖啡馆楼上，主持召开了一个筹建左联的座谈会，有冯雪峰、夏衍、郑伯奇、冯乃超等 11 个党员参加（鲁迅没有参加），潘汉年传达了党中央要求停止论争的决定，他还在会上作了自我批评。这次会议，产生了构成左联的基本成员：鲁迅、冯雪峰、郑伯奇、蒋光慈、冯乃超、彭康、夏衍、阿英（钱杏邨）、柔石、沈起予、洪灵菲、阳翰笙（华汉）共 12 人。郑伯奇在会上问鲁迅会不会同意参加时，潘汉年回答说中央已有人与他谈过，他同意参加并赞同用"左翼作家联盟"这个名字。潘汉年所说"中央已有人"就是指同在一起开会的冯雪峰。潘汉年主持的最后一次左联筹备会是在 1930 年 2 月 16 日召开的，这次会议鲁迅也参加了，会上讨论了左联的纲领、章程和成立大会等事宜，还决定由冯雪峰协助冯乃超起草左联纲领。

　　1930 年 3 月 2 日，左联成立大会在中华艺术大学召开。为了确保安全，潘汉年在 3 月 1 日下午到中华艺术大学仔细观察，对可以进出的门都作了检查，会场内外安排了纠察队，还事前安排冯雪峰和柔石，在会上如有紧急情况，就由他们两人陪着鲁迅从后门转移。在 3 月 2 日的成立大会上，推出鲁迅、阿英、夏衍为主席团成员，冯乃超报告筹备经过，潘汉年代表共产党讲话，鲁迅、彭康、田汉等发言，选出了鲁迅、夏衍、冯乃超等 7 人为执行委员。鲁迅的讲话当时没有记录，冯雪峰认识到它的重要性，就根据记忆整理成《对于左翼作家联盟的意见》，有些话鲁迅在会上没有说，是平日常谈及的，冯雪峰整理后经鲁迅校正，发表在《萌芽月刊》第1卷第4期（署名王黎民）上，使这篇讲话得以保存并对无产阶级文艺运动产生了重大影响。

这时正是李立三"左"倾路线抬头之时，1930年5月7日，李立三要约见鲁迅，直接对鲁迅做思想工作。这一天在西藏路爵禄饭店，李立三由潘汉年陪同，鲁迅由冯雪峰陪同，李立三与鲁迅谈了四五十分钟，潘汉年和冯雪峰都在场，李立三要鲁迅发表一个宣言，拥护"左"倾路线的各项政治主张。鲁迅没有同意，他认为中国革命是长期的、艰巨的，不赞成赤膊打仗，要用持久战、壕沟战，两人各谈各的。

潘汉年与鲁迅还共同参加了"中国自由运动大同盟"的发起、筹备工作。冯雪峰在《党给鲁迅以力量》一文中说："在上海的党中央希望鲁迅先生也做'中国自由运动大同盟'发起人，派人来告诉我，要我先征求鲁迅先生的意见；我去和鲁迅谈了，记得他当时表示是不大同意这种方式，认为一成立就会马上被解散了，可是他又依然立刻答应参加并为发起人之一。以后先由我介绍，党又派人（我记得是潘汉年）和他直接谈过几次。'中国自由运动大同盟'的成立大会是秘密召开的，鲁迅先生也出席了，我记得他没有正式发言，可是精神很愉快，好像对于这种会他倒很感兴趣，几天以后他还谈起那天开会的情形。"潘汉年还同鲁迅一起，不顾个人安危，宣传"中国自由运动大同盟"的意义，揭露中国社会的黑暗，反映人民大众的不自由，1930年3月13日和19日他们一同去大夏大学和中国公学分院讲演。他们的讲演，旗帜鲜明，锋芒犀利，直接对准国民党反动派的黑暗统治，于是激起了国民党反动舆论的恐慌。3月18日和21日上海《民国日报》登载了《呜呼，"自由运动"竟是一群骗人勾当》、《中公学生反对自由大同盟，鲁迅等无所施技》两条消息，对鲁迅与潘汉年的讲演大加攻击。文中说："潘某等鼓吹自由大同盟，劝学生加入活动，并对现在政府妄加批评，言辞荒谬，遂引起听众之反感，乃纷纷散去。""鲁迅先生最后来登台，他的题目是《象牙塔和蜗牛庐》，新鲜得很！到底不愧是一个文学家，可是他却用了做寓言小说的气调，引出许多比喻，从旁面去说明人民是如何不自由，所以论其结果，还是犯了潘郑王三位的老毛病……"由此看来，不管是潘汉年直率的真言还是鲁迅辛辣的讽刺，都使他们坐立不安。这两篇报道，正好从反面说明了鲁迅和潘汉年是如何在中国自由运动大同盟中，共同为争取人民的民主和自由而竭力斗争。

1936年10月18日，鲁迅病危。潘汉年听到消息后，立即和冯雪峰商量，打算通过宋庆龄聘请更好的医生来诊治。但是，万没想到，第二天鲁迅便溘然长逝。潘汉年听到消息后极为悲哀，立即把这一消息报告了党中央。1937年10月19日，鲁迅先生逝世一周年，上海地下党组织邀请文化界爱国人士，在基督教女青年会举行纪念会。潘汉年以八路军驻沪办事处主任的公开身份，到会发表演说，盛赞鲁迅先生的硬骨头精神和鲁迅杂文的战斗性。

潘汉年晚年从北京秦城监狱移到湖南省茶陵县江茶场劳改，随身只带了牙刷、毛巾等日用品，再有就是《鲁迅全集》了。据说，"那套《鲁迅全集》箱子上的四个字，是蔡元培先生手写后刻出来的，他视之如命，一直放在身边"，这可以理解，他与鲁迅有过交往，那个年代，也只有鲁迅的书可读。我相信，鲁迅的书是他劳改生活的精神慰藉。

注释

（1）《鲁迅全集·三闲集》。

（2）《鲁迅全集·三闲集·革命咖啡店》。

（3）《恩怨录·鲁迅和他的论敌文选》，今日中国出版社1996 年 11 月版。

（4）楚图南：《鲁迅和党的联系之片断》，《鲁迅研究》2000 年第 12 期。

（5）载《现代小说》第 3 卷第 1 期，1929 年 10 月 15 日出版。

（6）《雪峰文集》第 4 卷第 533 页，人民文学出版社1985 年版。

参考文献

吴长华：《冯雪峰与潘汉年》，上海鲁迅纪念馆编《上海鲁迅研究》第 14 辑，上海辞书出版社 2003 年 5 月第 1 版。

双脚踩着"革命"与"文学"这两只船
——鲁迅与张资平

张资平（1893—1959），小说家，地质学家。原名张星仪，又名张声，笔名秉声、维祖、古梅等。广东梅县人。创造社发起者之一。1926 年北伐军到武汉后，任总政治部国际宣传局少校翻译。抗战爆发后赴广西大学矿冶系任教。1940 年出任南京汪精卫政府农矿部技正。他不仅参与创办亲日刊物《新科学》、《文学研究》，而且担任汉奸组织"兴亚建国运动本部"的文化委员会主席。更有甚者，他还著文鼓吹"东亚共荣"。1941 年任《中日文化》主编。抗战胜利后被国民政府司法当局关押、起诉，后交保释放。新中国成立后从事编译工作，修订《实用矿物岩石学》、《化工大全》等自然科学著作。1955 年被治以汉奸叛国罪，于 1959 年病故于安徽劳改农场。

张资平的小说创作,有相对优秀的作品。例如,1920年起陆续发表的《约檀河之水》、《爱的焦点》、《冲积期化石》等,表现出写实主义倾向和人道主义色彩。然而,他也写有许多描写三角与多角关系的恋爱小说,格调低下。

鲁迅的批评张资平,为文坛所熟知的就是一个"△"的符号。他说:"现在我将《张资平全集》和'小说学'的精华,提炼在下面,遥献这些崇拜家,算是'望梅止渴'云。"(1)这个"△"符号,带有某种程度的嘲讽,也幽默。然而,我以为,只是以"三角恋爱"来论张资平,未必切中张氏小说的要害。张氏的小说也未必就如此单调。小说不是不可以写"三角恋爱"的。《红楼梦》中宝玉和黛玉,宝玉和宝钗,就是一个"△";《家》的觉新和梅,和瑞珏,也是一个"△"。"三角恋爱"在古今中外的文学创作中是屡见不鲜的现象。客观地说,张资平的小说之所以讨鲁迅的嫌,"△"只是一种外在的形象,根本在于他写滥了,他的格调低下。鲁迅说:"张资平氏先前是三角恋爱小说作家,并且看见女的性欲,比男人还要熬不住,她来找男人,贱人呀贱人,该吃苦。"(2)性欲强弱,因具体人而异,且这是生理学范畴的问题,把生理学的东西,搬进了艺术作品中,这就使艺术作品无聊了。这是一种低级趣味。

不过,应该说鲁迅对张资平的批评,不是来自于张氏作品本身，鲁迅也没有具体地批评他的某一作品，而是来自间接材料——报刊的介绍之类——的感受。鲁迅在《伪自由书·后记》中说："……但以前的'腰斩张资平'，却的确不是我的意见。这位作家的大作，我自己是不要看的，理由很简单：我脑子里不要三角四角的这许多角，倘有青年来问我可看与否，我是劝他不必看的，理由也很简单：他脑子里也不必三角四角的那许多角。"

所谓"腰斩张资平"，是指他的长篇小说《时代与爱的歧路》的事。这部小说自1932年12月1日起在《申报·自由谈》连载，次年4月22日，《自由谈》刊出编辑部启事说："本刊登载张资平先生之长篇创作《时代与爱的歧路》业已数月，近来时接读者来信，表示倦意。本刊为尊重读者意见起见，自明日起将《时代与爱的歧路》停止刊载。"当时上海的小报对这件事多有传播。《自由谈》的编辑与读者一样，对张资平作品表现出了"倦意"，鲁迅与他们不过是有了同感。当然，鲁迅不只是"倦意"，而是表现了直露的厌恶。鲁迅对三角之类厌恶，故而对张氏小说厌恶，这正是鲁迅个性的表现。若以鲁迅所不以为然的公允的眼光看，对没有读过的作品，加以抨击，至少是不够理性的。我以为，鲁迅似乎性急了一点。

不过，倘若细细琢磨起来，鲁迅的性急根本的倒不在于三角还是四角，不在于鲁迅自己不曾读过的那些小说。根本的在于像张资平这样写言情小说的作家，在革命文学的论争中也自称"转换方向"，摇身一变，居然也成了"最进步"的"无产阶级作家"。1929 年 12 月，张资平在他自己主编的《乐群》月刊第 2 卷第 12 期的《编后》中，攻击《拓荒者》、《萌芽月刊》等刊物，其中说："有人还自谦'拓荒''萌芽'，或许觉得那样的探求嫌过早，但你们不要因为自己脚小便叫别人在路上停下来等你，我们要勉力跑快一点了，不要'收获'回到'拓荒'，回到'萌芽'，甚而至于回到'下种'呀！不要自己跟不上，便厌人家太早太快，望着人家走去。"对此，鲁迅反唇相讥道："你们还在'萌芽'，还在'拓荒'，他却已在收获了。这就是进步，拔步飞跑，望尘莫及。"(3)此外，鲁迅还在《流氓的变迁》(4)一文中嘲讽了张资平，送给他一顶"革命的文学家"的桂冠，等候着张氏写出类似《九尾龟》一类的"近作"。

张资平与革命连在一起，看起来也不知是张资平有趣，还是这一类的"革命"滑稽。不过，鲁迅对张资平之类的"革命文学家"，可谓是看透了五脏六腑。他说：

"革命"和"文学"，若断若续，好像两只靠近的船，一只是"革命"，一只是"文学"，而作者的每一只脚就站在每一只船上面。当环境较好的时候，作者就在革命这一只船上踏得重一点，分明是革命者，待到革命一

被压迫，则在文学的船上踏得重一点，他变了不过是文学家了。(5)

我以为，鲁迅厌恶的是张资平的善变，而不只是三角四角之类，三角四角不过是可供攻击的一个话题而已。

到了 1933 年，又有了张资平影射《自由谈》编辑黎烈文"姐妹嫁作商人妾"的丑闻。张资平在 1933 年 7 月 6 日《时事新报》上刊登启事，说黎烈文以资本家为后援，又以姊妹嫁作大商人为妾，以谋得一编辑为自豪。对此，鲁迅在 1933 年 7 月 8 日致黎烈文的信中说："吾乡之下劣无赖，与人打架，好用粪帚，足令勇士却步，张公资平之战法，实亦此类也……" 7 月 14 日，鲁迅在致黎烈文的另一封信中，则结合了张资平的历史——1928 年创造社提倡革命文学时，他曾翻译一些日本无产阶级文学；20 世纪 30 年代初，国民党当局提倡所谓"三民主义"文学，他又宣传"民主主义文学"和"民族主义文学"——再次指出了张的善变："至于张公，则伎俩高出万倍，即使加以猛烈之攻击，也决不会倒，他方法甚多，变化如意，近四年中，忽而普罗，忽而民主，忽而民族，尚在人记忆中，然此反复，于彼何损。文章的战斗，大家用笔，始有胜负可分，倘一面另用阴谋，即不成为战斗，而况专持粪帚乎？然此公实已道尽途穷，此后非带些叭儿与无赖气息，殊不足以再有刊物上(刊物上耳，非文学上也)的生命。"

如此善变之人，无定见，则无可信赖之根据，谁还愿意与之往来？鲁迅甚至预见到了张资平未来之境遇。

鲁迅的眼光毕竟是锐利的，鲁迅死后，张资平仍然变来变去，结果成了一个汉奸，殊为可叹！

注释

(1)(2)(3)《鲁迅全集·二心集·张资平氏的"小说学"》。

(4)《鲁迅全集·三闲集》。

(5)《鲁迅全集·二心集·上海文艺之一瞥》。

"革命小贩" "无赖子"

——鲁迅与杨邨人

杨邨人（1901—1955），笔名柳丝，小说家。广东潮安人。1925年加入中国共产党。1927年参与组织太阳社。1930年参加左翼作家联盟。1932年宣布脱离共产党。抗战期间去四川，任成都西南大学教授。新中国成立后在西南师范学院中文系任教。

先来看两则谢觉哉日记，也许有助于我们对杨邨人的认识。谢觉哉1931年秋天离开上海到湘鄂西革命根据地，在主编湘鄂西政府机关报《工农日报》时，得以和杨邨人相识。谢老在延安的日记中，有两段是回忆办《工农日报》情况的。一则是1943年3月9日，另一则是1941年6月16日：

杨邨人是在敌人围剿湘鄂西苏区时逃跑，被鲁迅先生批评为革命场中的一位小贩。……杨邨人是一位小资产阶级型而神经脆弱特甚的人，行动言语，常使人发笑。洪湖蚊子特别多，夏天晚上蚊声如雷，伸手可抓到几个，不能工作，顺坐在蚊帐里。洪湖又多疟疾，卫生宣传员说，疟疾，是由蚊子传染的。一天，杨邨人睡醒，发现帐内有一蚊子，大惊：'我一定染疟疾了"。吵着要打奎宁针。少顷又说：'身上发颤了，不得了。'结果，给他打了一针才完事。洪湖失败时，崔琪同志在湖内组织游击队，派他去做政治委员，去一天，草帽鞋子都丢掉了。在湖中遇着我，借了一双鞋，用鱼划子把他送走。

　　经不起刺激，受不了艰苦，不知为什么要加入共产党，且要求进到游击战的苏区来？致出了不少的丑——逃跑直到"自白"。但他因为"脆弱"，正如鲁迅先生说的：他有些投机气味是无疑的，但并没有反过来做大批买卖，仅在竭力变化为第三种人，来过比革命党更好的生活。

　　在革命根据地，环境异常艰苦，杨邨人怕苦怕死，后来逃跑到上海，作"自白"向当局表明心迹，被鲁迅视为革命场中一小贩。张致强评论说："谢老的日记为杨邨人画了一幅非常生动形象的画像，传神极了，很有助于理解鲁迅先生对杨邨人的讥讽鄙斥。"（1）从某种意义上说，谢觉哉日记为鲁迅的议论，作了形象的旁注。

鲁迅对杨邨人的叫骂，多是采取由他骂去，暂不还口的态度；相形之下，杨邨人似乎像一只好斗的公鸡，时不时咬鲁迅几口——虽然，在具体的文章内，他仿佛还表现出了对鲁迅的崇敬，有时，他的语气似乎也颇通人情。当然，鲁迅不喜欢他，但并不把他看成是一个恶人，而称之为"革命小贩"。

1930年，杨邨人在他自己办的《白话小报》第1期上，以"文坛小卒"的笔名发表了《鲁迅大开汤饼会》（2）一文，其中对鲁迅造谣诬蔑说："这时恰巧鲁迅大师领到当今国民政府教育部大学院的奖赏；于是乎汤饼会便开成了……这日鲁迅大师的汤饼会到会的来宾，都是海上闻人，鸿儒硕士，大小文学家呢。那位郁达夫先生本是安徽大学负有责任的，听到这个喜讯，亦从安庆府连夜坐船东下呢。郁先生在去年就产下了一个虎儿，这日带了郁夫人抱了小娃娃到会，会场空气倍加热闹。酒饮三巡，郁先生首先站起来致祝辞，大家都对鲁迅大师恭喜一杯，鲁迅大师谦逊着致词，说是小囝将来是龙是犬还未可知，各位今天不必怎样的庆祝啦。座中杨骚大爷白薇女士同声叫道，一定是一个龙儿呀！这一句倒引起郁先生的伤感，他前年不幸夭殇的儿子，名字就叫龙儿呢！"

有的人攻击鲁迅，起码还有一点影子；有的是观点上的不同；有的是抓住一点，不及其余。而杨邨人此文，却出新，新就新在鲁迅开"汤饼会"的内容，全系虚构。鲁迅看了，对杨邨人当然不会有什么好感，然而鲁迅也并未表示什么。直到1933年的12月28日，在杨邨人写了公开信并要求答复时，鲁迅在《答杨邨人先生公开信的公开信》（3）一文中，才把这个问题同时捎带说了一下。鲁迅说：

　　　　近五六年来，关于我的记载多极了，无论为毁为誉，是假是真，我都置之不理，因为我没有聘定律师，常登广告的巨款，也没有遍看各种刊物的工夫。况且新闻记者为要哄动读者，会弄些夸张的手段，是大家知道的，甚至于还全盘捏造。例如先生还在做"革命文学家"的时候，用了"小记者"的笔名，在一种报上说我领到了南京中央党部的文学奖金，大开筵宴，祝孩子的周年，不料引起了郁达夫先生对于亡儿的记忆，悲哀了起来。这真说得栩栩如生，连出世不过一年的婴儿，也和我一同被喷满了血污。然而这事实的全出于创作，我知道，达夫先生知道，记者兼作者的您杨邨人先生当然也不会不知道的。

　　杨邨人当时是"革命文学家"，他把鲁迅描述成了对立面，成了南京政府奖赏的人，成了革命的敌人。鲁迅当时为什么"一声不响"呢？鲁迅说："革命者为达目的，可用任何手段的话，我是以为不错的，所以即使因为我罪孽深重，革命文学的第一步，必须拿我来开刀，我也敢于咬着牙关忍受。杀不掉，我就退进野草里，自己舐尽了伤口的血痕，决不烦别人傅药。"（4）显然，鲁迅清醒地知道，自己成了"革命文学""开刀"的对象了。既然是"革命"的需要，也罢，鲁迅就"咬着牙关忍受"了。对于真心闹革命的人，在革命的策略方法上出了一些毛病，以及以革命的名义而对他人施之以攻击，鲁迅似乎都将持宽容的态度。

杨邨人革命了一阵，对革命的酸甜苦辣有了自己的体验，于是，告别革命，中途变节，这就为鲁迅所不齿了。革命也罢，不革命也罢，青年总应该有定见。鲁迅最讨厌的，就是唱着高调，变化无常之徒。

1932年2月，杨邨人在《读书杂志》第3卷第1期，发表《离开政党生活的战壕》（5）一文，其中他"自白"道：

回过头来，看我自己，父老家贫弟幼，漂泊半生，一事无成，革命何时才成功。我的家人现在在作饿莩不能过日，将来革命就是成功，以湘鄂西苏区的情形来推测，我的家人也不免作饿莩作叫化了的。还是：留得青山在，且顾自家人吧了！病中，千思万想，终于由理智来判定，我脱离中国共产党了。

　　单纯地看杨邨人的这段话，应该说还是颇有人情味的。他与林彪一样，不知红旗要打多久，即使革命成功，对他家乡父老能否过上太平日子，也有怀疑。所以他念及亲人，也不隐瞒"且顾自家人"的自私，退出中共——还算老实人吧！对此，鲁迅在 1933 年 11 月 7 日作的《青年与老子》（6）一文评论说："……杨某的自白——却告诉我们，他是一个有志之士，学说是很正确的，不但讲空话，而且去实行，但待到看见有些地方的老头子苦得不像样，就想起自己的老子来，即使他的理想实现了，也不能使他的父亲做老太爷，仍旧要吃苦。于是得到了更正确的学说，抛去原有的理想，改做孝子了。假使父母早死，学说那有这么圆满而堂皇呢？这不也就是老子对于青年的益处么？"鲁迅对杨邨人是真假孝子，心存疑问，说："……如果单是做做自白之类，那是实在有无老子，倒并没有什么关系的……张宗昌很尊孔，恐怕他府上也未必有'四书''五经'罢。"《青年与老子》署名"敬一尊"，据许广平称，"敬一尊，回敬一杯之意，亦即'回骂'也"。以牙还牙，这是鲁迅一贯的态度。1933 年 12 月 18 日，鲁迅先生在《答杨邨人先生公开信的公开信》中又写道："对于先生，照我此刻的意见，写起来恐怕也不会怎么坏。我以为先生虽是革命场中的一位小贩，却并不是奸商。我所谓奸商者，一种是国共合作时代的阔人，那时颂苏联，赞共产，无所不至，一到'清党'时候，就用共产青年，共产嫌疑青年的血来洗自己的手，依然是阔人，时势变了，而不变其阔；一种是革命的骁将，杀土豪，倒劣绅，激烈得很，一有蹉跌，便称为'弃邪归正'，骂'土匪'，杀同人，也激烈得很，主义改了，而仍不失其骁。先生呢，据'自白'，革命与否以亲之苦乐为转移，有些投机气味是无疑的，但并没有反过来做大批的买卖，仅在竭力要化为'第三种人'，来过比革命党较好的生活。既从革命阵线上退回来，为辩护自己，做稳'第三种人'起见，总得有一点零星的忏悔，对于统治者，其实是颇有些益处的……和阔人骁将比，那当然还差得很远，这就因为先生并不是奸商的缘故。这是先生的苦处，也是先生的好处。"鲁迅对杨邨人作了具体的分析，他是投机革命的，是变节的，但他是革命小贩，不是奸商，也还有这么一点好处。

杨邨人在"离开政党生活的战壕"的同时，以自由人的身份、"第三种人"的姿态，独树一帜。1932 年 2 月他在《现代》第 2 卷第 4 期发表了《揭起小资产阶级革命文学之旗》(7)一文，写道：

　　无产阶级已经树起无产阶级文学之旗，而且已经有了巩固的营垒，我们为了这广大的小市民和农民群众的启发工作，我们也揭起小资产阶级革命文学之旗，号召同志，整齐阵伍，也来扎住我们的阵营……我们也承认着文艺是有阶级性的，而且也承认着属于某一阶级的作家的作品任是无意地也是拥护着其自身所属的阶级利益。我们是小资产阶级的作家，我们也就来作拥护着目前小资产阶级的小市民和农民群众的利益而斗争。

从杨邨人的表白看，他虽然已经与无产阶级革命文学有了一定的距离，但与上层统治阶级、与大资产者，还是保持了一定的距离。他决计为小资产阶级、为农民代言，这也不能说错。从中共的统一战线政策看，他还是属于团结、争取和联合的力量。杨邨人变节了，但他不是革命的敌人。《中国现代文学词典》说杨邨人"宣布脱离共产党"，而不像有的书那样，说他"叛变革命"，我以为，这是一种审慎的态度。

杨邨人主观上也是把自己看作革命的外围力量的。1933年6月17日《大晚报》的《火炬》刊登了杨邨人化名为"柳丝"的《新儒林外史》，第一回的标题是"揭旗扎空营兴师布迷阵"，鲁迅称之为"妙文"，"倘使任其散失，是极为可惜的"。文章如下：

却说卡尔和伊理基两人这日正在天堂以上讨论中国革命问题，忽见下界中国文坛的大戈壁上面，杀气腾腾，尘沙弥漫，左翼防区里面，一位老将紧追一位小将，战鼓震天，喊声四起，忽然那位老将牙缝开处，吐出一道白雾，卡尔闻到气味立刻晕倒，伊理基拍案大怒道："毒瓦斯，毒瓦斯！"扶着卡尔赶快走开去了。原来下界中国文坛的大戈壁上面，左翼防区里头，近来新扎一座空营，揭起小资产阶级革命文学之旗，无产阶级文艺营垒受了奸人挑拨，大兴问罪之师。这日大军压境，新扎空营的主将兼官佐又兼士兵杨邨人提起笔枪，跃马相迎，只见得战鼓震天，喊声四起，为首先锋扬刀跃马而来，乃老将鲁迅是也。那杨邨人打拱，叫声"老将军别来无恙"？老将鲁迅并不答话，跃马直冲扬刀便刺，那杨邨人笔枪挡住又道："老将军有话好讲，何必动起干戈？小将别树一帜，自扎空营，只因事起仓卒，未及呈请指挥，并非倒戈相向，实则独当一面，此心此志，天人共鉴。老将军试思左翼诸将，空言克服，骄盈自满，战术既不研究，武器又不制造。临阵则军容不整，出马则拖枪而逃，如果长此以往，何以维持威信？老将军整顿纪纲之暇，劳师远征，窃以为大大对不起革命群众呵！"老将鲁迅又不答话，圆睁环眼，倒竖虎须，只见得从他的牙缝里头嘘出一道白雾，那小将杨邨人知道老将放出毒瓦斯，说的迟那时快，已经将防毒面具戴好了，正是，情感作用无理讲，是非不明只天知！欲知老将究竟能不能将毒瓦斯闷死那小将，且待下回分解。

这里，除攻击鲁迅喷出的是"毒瓦斯"外，主要是表白"小将别树一帜，自扎空营……并非倒戈相向，实则独当一面"的。所以，当年曾参加左联，后转向"第三种人"的韩侍桁说杨邨人是"一个忠实者，一个不欺骗自己，不欺骗团体的忠实者"，他的言论是"纯粹求真理的智识者的文学上的讲话"。(8)

对于《新儒林外史》一文，鲁迅的回答是充满幽默感的。他说："……近来我更加'世故'，天气又这么热，当然不会去流汗同翻筋斗的。况且'反驳'滑稽文章，也是一种少有的奇事，即使'伤及个人名誉事'，我也没有办法，除非我也作一部《旧儒林外史》，来辩明'卡尔和伊理基'的话的真假。"(9)幽默的言辞中，也透出了不满与愤慨。鲁迅虽然称自己的杂文是匕首和投枪，但说是"毒瓦斯"，用毒气伤人，是为鲁迅也不能接受的。

如果说，杨邨人曾致鲁迅公开信，在自称"出诸至诚"、"敬爱鲁迅"的同时，想与鲁迅达成某种谅解的话，当鲁迅称之为"革命小贩"，明确了自己的态度以后，杨邨人对鲁迅就不存幻想了。此后，鲁迅、杨邨人你来我往，也有一回两回。比如1935年8月，杨邨人以巴山的笔名在《星火》第1卷第4期上发表《文坛三家》，(10)就鲁迅的《文坛三户》含沙射影地攻击鲁迅："这一种版税作家，名利双收，倚老卖老。"对此，鲁迅在《六论"文人相轻"——二卖》(11)一文，以牙还牙，予以反唇相讥。鲁迅说："今年文坛上的战术，有几乎是恢复了五六年前的太阳社式，年纪大又成为一种罪状了，叫作'倚老卖老'。"鲁迅在摆了文坛"卖富"、"卖穷"、"卖病"、"卖俏"的同时，又提出了杨邨人的"卖孝"——"有的卖孝，说自己做这样的文章，是因为怕父亲将来吃苦的缘故，那可更了不得，价值简直和李密的《陈情表》不相上下了。"投之以木桃，报之以琼瑶，投之以屎，报之以粪，彼此彼此。

虽然杨邨人是"革命小贩"，不是"奸商"，也还有一点"好处"，但鲁迅对他是不调和的。《答〈戏〉周刊编者信》(12)一文，对于田汉攻击鲁迅已和杨邨人"调和"，我在鲁迅与"四条汉子"中将作相对详尽的介绍。这里要强调的是，鲁迅指出了田汉的奇怪的逻辑，指出了田汉的无中生有，事实上也就否认了所谓的"调和"论。鲁迅可以敬佩坚定的敌人，但却厌恶变来变去的文人，哪怕这种人最后又变回到"我们"的阵营中来。

鲁迅在私下通信中，也曾提到杨邨人，很有参考价值。1933 年 1 月 9 日鲁迅在致王志之的信中指出："文学家容易变化，信里的话是不大可靠的，杨邨人先前怎么激烈，现在他在汉口，看他发表的文章，竟是别一个人了。"1934 年 4 月 30 日致曹聚仁的信中说："此公实在是一无赖子，无真情，亦无真相也。"在鲁迅眼里，无论如何，杨邨人是一个变节分子，他的言论仿佛颇有人情味，但终于还是一个无真情无真相的无赖子。

注释

（1）张致强：《谢觉哉谈杨邨人》，《鲁迅研究月刊》
1998 年第 1 期。

（2）（5）（7）（10）《恩怨录·鲁迅和他的论敌》一书转载，
今日中国出版社 1996 年 11 月版。

（3）（4）《鲁迅全集·南腔北调集·答杨邨人先生公开信
的公开信》。

（6）《鲁迅全集·准风月谈》。

（8）《读书杂志》第 3 卷第 6 期，1933 年 6 月。

（9）《鲁迅全集·伪自由书·后记》。

（11）《鲁迅全集·且介亭杂文二集》。

（12）《鲁迅全集·且介亭杂文》。

"第三种人"
—— 鲁迅与杜衡

　　杜衡（1907—1964），原名戴克崇，笔名苏汶、苏文、白冷、老头儿等。浙江余杭人。小说家，文艺理论家。毕业于上海震旦大学。1927 年开始文学创作。1930 年应冯雪峰之邀参加左联。1935 年与韩侍桁、杨邨人合编"第三种人"同人杂志《星火》。著有小说集《石榴花》、《怀乡集》，长篇小说《再亮些》等。

　　鲁迅与杜衡的矛盾，主要是关于"第三种人"的争论。杜衡参加 20 世纪 30 年代文艺自由论争的第一篇文章，是发表于 1932 年《现代》杂志第 1 卷第 3 期的《关于"文新"与胡秋原的文艺论辩》。（1）杜衡在文章中认为，胡秋原的理论是一种自由主义的非功利的创作理论，而左翼文坛则持一种目前主义的功利主义的创作理论，两者立场截然不同，各以其道非他人之道，距离不可以道里计，所以论争不会有什么结果。他指摘左翼文坛只要行动不要理论，只要革命不要文学，只要煽动不要艺术。在这篇文章中，杜衡赋予"第三种人"这个名词以特定含义："在'智识阶级的自由人'和'不自由的、有党派的'阶级争着文坛霸权的时候，最吃苦的，却是这两种人之外的第三种人。这第三种人便是所谓作者之群。"杜衡所说的"第三种人"是指那些在两种截然不同而互不让步的文艺观面前一时无所适从的作家。那么，"第三种人"为什么"吃苦"呢？杜衡认为，当时许多作家（即他所说的"作家之群"）之所以"搁笔"，是因为左联批评家的"凶暴"，和左联"霸占"了文坛的缘故。杜衡批评左翼作家"左而不作"："不勇于欺骗的作家，既不敢拿出他们所有的东西，而别人所要的却又拿不出，于是怎么办？——搁笔。这搁笔不是什么'江郎才尽'，而是不敢动笔。因为做了忠实的左翼作家之后，他便会觉得与其作而不左，倒还不如左而不作。而在今日之下，左而不作的左翼作家，何其多也！"

　　杜衡的文章发表后，瞿秋白、周扬等都发表文章，予以批驳。接着，杜衡又写了三篇文章应战：《"第三种人"的出路》，(2)《答舒月先生》，(3)以及他自己最为得意的《论文学上的干涉主义》。(4)杜衡认为，文学作品可以有其政治目的，但不能因这政治目的而牺牲真实，违背艺术家的良心。"从政治立场来指导文学，是未必能帮助文学对真实的把握的，反之，如果这指导而带干涉的意味，那么往往会消灭文学的真实性，或甚至使它陷于'奉天承运，皇帝诏曰'式的文学的覆辙。"杜衡强烈批评左翼文艺"用狭窄的理论来限制作家的自由"，并且拒绝中立的作家和中立的作品，差不多是把所有非无产阶级文学都认为是拥护资产阶级的文学："不很革命就是不革命，而不是革命就是反革命。"杜衡还针对"在阶级社会里做不成第三种人"的观点，认为"未必一定做不成，而且确实已经存在了。只有从狭义的阶级文学理论的立场看来，这'第三种人'才会必然地做不成"。他以马克思对待海涅的态度为例，证明了马克思都允许"第三种人"的存在。

在革命队伍内部，也有对杜衡的观点持同情态度的。冯雪峰认为"第三种人"中的有些人，虽然有可能成为我们的敌人，但"现在不是我们的敌人，不但如此，他们并且可能成为我们的朋友，有些甚至可能成为我们的同志"。冯雪峰指出："……使'中立者'偏向我们，投入我们，使人偏向敌人的以及在敌人里面的中立起来，是我们的任务！"（5）夏衍在《懒寻旧梦录》一书中提到，茅盾当时对瞿秋白、周扬文章中批"第三种人"的调子不满。他说："排斥小资产阶级作家，左联就不能发展，批'第三种人'的调子，和过去批我的《从牯岭到东京》差不多。"

在这场论争的初期，鲁迅并没有公开表示意见，但几乎每篇参加论争的文章，他都在发表之前看过。1932 年 10 月 10 日他写了带总结性的《论"第三种人"》，（6）发表于《现代》第 2 卷第 1 期。这篇文章先是给杜衡看过，而后由杜衡交施蛰存发表的。鲁迅以探求真理、阐述学理的论辩，批判了杜衡超阶级超政治、蔑视群众文艺的观点，同时分析了他的"苦境"和"幻影"，指出他的"幻影"是想做超阶级超政治的"第三种人"和"第三种文学"，而他的"苦境"是做不成"第三种人"和"第三种文学"。"生在有阶级的社会里而要做超阶级的作家，生在战斗的时代而要离开战斗而独立，生在现在而要做给与将来的作品，这样的人，实在也是一个心造的幻影，在现实世界上是没有的。要做这样的人，恰如用自己的手拔着头发，要离开地球一样，他离不开，焦躁着，然而并非因为有人摇了摇头，使他不敢拔了的缘故。"鲁迅由此指出，"这'第三种人'的'搁笔'，原因并不在左翼批评的严酷"，而在于实际上"做不成这样的'第三种人'"，因而"也就没有了第三种笔"。

文中，鲁迅也批评了左翼文坛的"左"的关门主义的错误，指出左翼作家在向文艺这神圣之地进军的过程中，应不断"克服自己的坏处"——因为"左翼作家并不是从天上掉下来的神兵，或国外杀进来的仇敌，他不但要那同走几步的'同路人’，还要招致那站在路旁看看的看客也一同前进”。

鲁迅在《论"第三种人"》的末尾有这样一句话："怎么办呢！"这话原是杜衡在《"第三种人"的出路》一文中反复说的，反映了他对左翼文艺运动的惶恐情绪和在敌我两个阵营之前的动摇态度。鲁迅在这里把它引为自己文章的结尾，显然是有深意的。这一反问，既道出了"第三种人"的无奈，又包含有某种等待和期望。怎么办呢？应该早有决断，早有抉择，走出"苦境"。

陈漱渝在《关于杜衡先生的一篇回忆》(7)一文中认为："1932年左联跟'第三种人'展开的论争，是围绕文艺与政治的关系问题和革命文艺家对小资产阶级作家的态度问题展开的。论争中虽然一度出现措辞尖刻和背离原意的偏向，但始终没有当成政治上的敌我斗争，而是一场气氛渐趋正常的文艺论争。"我以为，这一论断是符合事实的。论争告一段落以后，杜衡撰写了一篇《一九三二年的文艺论辩之清算》(8)，承认鲁迅是公允的，尤其赞赏鲁迅声明左联并不拒绝"同路人"的态度，只是他觉得左翼文坛过去确有"横暴"的错误；鲁迅说这是心造的幻影，杜衡觉得这是鲁迅在"替别人文过"。我觉得，这有一定的道理。鲁迅曾遭受创造社和太阳社的夹攻，此后，还将受到"奴隶总管"们的鞭打，后来，鲁迅称他们为"横暴者"，其用语都与杜衡一致。杜衡指责左翼作家"左"而不作，鲁迅也有同样的感受。鲁迅之所以说杜衡是"心造的幻影"，至少有"替别人文过"的成分在。直到1932年，鲁迅跟杜衡之间仍保持着通讯联系。鲁迅曾向杜衡推荐瞿秋白译的《高尔基论文集》、《高尔基小说选集》，替杜衡代向冯雪峰约稿，杜衡也请鲁迅代向瞿秋白组稿。详情见孔另境编《现代作家书简》。

　　"第三种人"并没有固定的团体，也没有严密的组织，而且他们彼此的思想认识也并不一致。后来，随着时代的发展，他们中间发生了深刻的变化。有的投向敌人一边，有的走上了进步的道路。（其实，左联这个组织不也如此吗？不也有变节分子，不也有投敌分子吗？）鲁迅特别关注他们的动向，当他得知韩侍桁以及杨邨人也挤进了他们的行列，听说穆时英、杜衡做了国民党书报检查官之后，他对"第三种人"的态度就逐渐改变了。1934年4月11日，鲁迅在致增田涉的信中指出，这些所谓"第三种人""自称超党派，其实是右派。今年压迫加紧以后，则颇像御用文人了"。同年10月16日鲁迅在《准风月谈·后记》中说："然而时光是不留情面的，所谓'第三种人'，尤其是施蛰存和杜衡即苏汶，到今年就各自露出他本来的嘴脸了。"1935年2月7日，鲁迅在致曹靖华的信中说："从去年以来，所谓'第三种人'的，竟露出了本相，他们帮着它的主人来压迫我们了，然而我们中的有几个人，却道是因为我攻击他们太厉害了，以至逼得他们如此。"又在《"题未定"草（九）》(9)中写道："数年前的文坛上所谓'第三种人'杜衡辈，标榜超然，实为群丑，不久即本相毕露，知耻者皆羞称之。"1934年，当鲁迅的文章凡涉及"第三种人"的地方都遭删禁的时候，鲁迅确实认为杜衡已"帮着它的主人来压迫我们了"（1935年2月7日致曹靖华信），而在《中国文坛的鬼魅》中，指斥他们中的有些人"坐上检查官的椅子"，"握着涂抹的笔尖，生杀的权力"，因而把他们视同"民族主义文学"者一类的"鬼魅"。

我要提一笔的是，在《脸谱臆测》（10）中，鲁迅由脸谱又联系上了"第三种人"："在实际上，忠勇的人思想较为简单，不会神经衰弱，面皮也容易发红，倘使他要永远中立，自称'第三种人'，精神上就不免时时痛苦，脸上一块青，一块白，终于显出白鼻子来了。"与在别处谈"第三种人"稍有不同，这里，似乎是在谈论对人的认识问题了。"第三种人"在鲁迅眼里这时是一种秉性，而不完全是一种政治立场。可此可彼的骑墙，而不是非此即彼的坚守，鲁迅向来是讨厌的。鲁迅之所以反对"第三种人"，是不是也包含了对这么一类人的秉性的理解，甚或对这种人的厌恶？

鲁迅与杜衡之间，除了"第三种人"问题以外，还有一些小纠纷。比如，鲁迅在《批评家的批评家》（11）一文中，批评了杜衡所赏识的文艺批评应该没有圈子说。鲁迅说："我们曾经在文艺批评史上见过没有一定圈子的批评家吗？都有的，或者是美的圈，或者是真实的圈，或者是前进的圈。没有一定圈子的批评家，那才是怪汉子呢。办杂志可以号称没有一定的圈子，而其实这正是圈子，是便于遮眼的变戏法的手巾。"杜衡也曾在上海《星火》第 2 卷第 2 期（1935 年 11 月 1 日）发表《文坛的骂风》一文，含沙射影地攻击鲁迅，说："杂文的流行"，是文坛上"一团糟的混战"的"一个重要的原因"，"于是短论也，杂文也，差不多成为骂人文章的'雅称'，于是，骂风四起，以至弄到今日这不可收拾的局势"。诸如此类，就略去不谈了。

杜衡到台湾后，曾应《今日大陆》约稿，于 20 世纪 50 年代初写了一篇《一个被迫害的纪录》，（12）介绍了 30 年代关于"第三种人"问题争论的经过，以及他对这场争论的理解。文中，他否认他当过图书杂志的检查官，他说："民国二十三四年间，上海实施图书杂志的检查制度，我的一个朋友与检查机关发生了关系。左翼团体就乘机散布谣言，不说我那位朋友，而硬说我已当了检查官。这是一件难以声辩的事。本来，当检查官也是一个职业，不是一个罪恶。但是，我曾提倡写作自由，如果我竟当了检查官，那是说不过去的。他们就利用这一点来中伤我，以证明我以前所发表的理论之全部破产。"关于杜衡当检查官的事，论者一般都加上"据说"二字，并没有说他已经当了检查官。但是，也应该指出的是，以不确定的内容来作为批评的材料，是不严肃的。

"第三种人"的以后分化，这是另一个问题。就"第三种人"

本身而言，现在治文学史的人，一般不将其当作革命文学的敌人，而是可以争取和团结的力量。中共的统一战线工作，主要的内容之一，也就是团结"第三种人"。《读书》1993年第10期发表了萧乾的《想当初，胡乔木》一文，谈到了"理论权威"胡乔木对"第三种人"的看法，颇有意思。萧乾说："说来令人难以相信，但这是一位画家亲自告诉我的。一天，胡乔木忽然翩然来到他在三里河的寓所。谈起30年代对第三种人的斗争，他忽然说：'国民党是一小撮，共产党就全国而言，也是少数。真正的大多数是第三种人哩。'"胡乔木对"第三种人"尚且有这样开明的见解，今天我们似乎也不宜苛责"第三种人"了——变化了的"第三种人"，当然已不属于"第三种人"了。

注释

（1）《恩怨录·鲁迅与他的论敌文选》选载，今日中国出版社1996年11月版。

（2）发表在《现代》第1卷第6期，《恩怨录·鲁迅与他的论敌文选》选载，今日中国出版社1996年11月版。

（3）发表在《现代》第1卷第6期。

（4）发表在《现代》第2卷第1期。

（5）冯雪峰：《"第三种人"的问题》，1933年1月15

日出版的《世界文化》第 2 期。

（6）《鲁迅全集·南腔北调集》。

（7）（12）《鲁迅研究月刊》1989 年第 2 期。

（8）发表在《现代》第 2 卷第 3 期，《恩怨录·鲁迅与他的论敌文选》选载，今日中国出版社 1996 年 11 月版。

（9）（10）《鲁迅全集·且介亭杂文二集》。

（11）《鲁迅全集·花边文学》。

"左右开弓"的"自由人"

——鲁迅与胡秋原

胡秋原（1910—2004），原名胡曾佑，又名业崇，字石朋，笔名胡冬野、冰禅等。湖北黄陂人。文学理论家。曾任编辑、主编、中学校长、"立委"，是当代中国学术、思想界的重要人物。早在17岁那年，胡秋原就翻译了普列汉诺夫的作品。1929年赴日本，翌年入早稻田大学。1931年回上海，创办《文化评论》，主张团结抗战，提倡文艺自由。他在台湾创办的《中华杂志》，曾经是台湾政论界、思想界的重镇。胡秋原一直强调中国人要团结。1988年他赴祖国大陆访问，成为首位公开前往对岸的"民意代表"，返台后遭国民党开除党籍，轰动一时。胡秋原生前曾表示，他估计自己"至少写过两千万字"，著有《唯物史观艺术论》、《民族文学论》、《一百年来中国思想史纲》等。

1931 年 12 月，胡秋原创办《文化评论》，这刊物除了主张抗日外，提出"自由人"和"自由知识阶级"理论，认为知识分子不是阶级和政党的工具，而应该站在自由独立的立场。他在《文化评论》创刊号发表了《阿狗文艺论》(1)一文，左右开弓，一方面批评"民族主义文学"，一方面则对当时左联领导的革命文学运动进行攻击，认为"艺术虽然不是'至上'，然而决不是'至下'的东西。将艺术堕落到一种政治的留声机，那是艺术的叛徒"。"艺术家虽然不是神圣，然而也绝不是叭儿狗。以不三不四的理论，来强奸文学，是对艺术尊严不可恕的冒渎"。其后，他又连续发表了《勿侵略文艺》(2)等文章，诽谤当时的革命文学运动。在《勿侵略文艺》一文中，他说："我并不主张只准某种艺术存在而排斥其他艺术……无论中国新文学运动以来的自然主义文学，浪漫主义文学，革命文学，普罗文学，小资产阶级文学，民族文学以及最近民主文学，我觉得都不妨让他存在，但也不主张只准某种文学把持文坛。"胡秋原自己也承认，"民族主义文艺理论在此文中只是一个配脚"，实际上重点转向了对左联的攻击。洛阳（冯学峰）在《文艺新闻》第 58 期（1932年 6 月 6 日）上发表了《致文艺新闻的信》，指出胡秋原的目的"是进攻整个普罗革命文学运动"，揭露了胡秋原在"自由人"假面具掩盖下的"反动实质"。

冯雪峰、瞿秋白、周扬、胡风、鲁迅等人都先后参加了这场被称为是"文艺自由论辩"的论争。左翼理论家严肃指出：胡秋原由于将创作自由与无产阶级文学党性原则置于根本对立的地位，因而使自己的理论陷入了"虚伪的客观主义"、"变相的艺术至上论"、"资产阶级的自由主义"的泥沼。在这场争论中，某些左翼理论家也缺乏根据地给胡秋原扣上了一系列政治帽子，如"托洛斯基派"、"社会民主主义派"，乃至于"汉奸"，粗暴断言他是比民族主义文艺鹰犬更其危险的敌人。

1932 年 11 月 1 日上海《现代》第 2 卷第 1 期发表了鲁迅的《论"第三种人"》。(3) 显然，鲁迅的主要笔锋是指向"第三种人"杜衡，但在文章的开头，对"自由人"胡秋原，采用了一戳透底的手法，揭露了他是"在指挥刀的保护之下，挂着'左翼'的招牌，在马克思主义里发见了文艺自由论，列宁主义里找到了杀尽共匪说的论客的'理论'"。胡秋原曾经也是左翼文坛一员，主编过中共的刊物，鲁迅指出了胡秋原"左翼"的本质，实际上他是以"左"攻"左"，以毒攻毒，在右派的另一个侧面攻击左联。

即使这样，鲁迅仍然坚持文明的批评，反对用辱骂和恐吓的办法来批判胡秋原。我在关于鲁迅与"四条汉子"一文中，提到了左联机关杂志《文学月报》第 4 期所载芸生《汉奸的供状》一诗所表现出的错误。这首诗就是骂胡秋原的，政治上不能算错，但鲁迅认为它采用的是"辱骂"和"恐吓"的方法，是在污秽自己，吓跑旁观者与"同路人"。然而鲁迅的意见，在当时并未得到全体左翼作家的理解，以致首甲等为此联名发表公开信，指责鲁迅的文章具有"戴手套革命论的谬误"，"是极危险的右倾的文化运动中和平主义的说法"。（4）但这种指责却恰好从反面证明了鲁迅对革命、对革命队伍的理解，比起一般人来要深刻而正确得多。

鲁迅已经认清或判明了胡秋原的真实面目，因而对他攻击左联的各点，没有一一理睬——这还有两种可能，一是鲁迅不屑理睬胡秋原的理论，胡秋原的观点是不值得一驳的；二是鲁迅对胡秋原抨击左翼文坛的观点有某种程度的认同，过了一段时间，鲁迅晚年甚至比胡秋原更加猛烈地抨击了"奴隶总管"们——但是，无论怎样，鲁迅反对对胡秋原采取辱骂和恐吓的手段。鲁迅认清了胡秋原的本质，但仍要讲文明的批评；讲文明的批评，并不影响对胡秋原的本质的认识。两者是不矛盾的。

鲁迅是左翼文坛的盟主，但鲁迅并不完全赞成他们的做法。我们应该摘掉那些左翼理论家给胡秋原扣的帽子。

胡秋原是"托派"吗？历史已经回答：不是。胡秋原说："鲁迅并没有说我是托派，我也未曾单独加入托派。当然，我认识许多托派的人，亦如我认识许多斯大林派的人。我不仅与托派组织无关系，在思想上亦未受过其影响。"（5）

那么，胡秋原是"汉奸"？历史也已回答：不是。尽管他的有些主张与共产党相左，但他坚持国家利益高于一切的原则是难能可贵的。他是这样一个人：当中共主张全民抗日时，他为中共主编报刊；当中共实行苏联式的"左"倾路线时，他反对；当中共提出和平统一祖国主张时，他以实际行动推动……当蒋介石消极抗日，他毅然参加了反蒋的"福建事变"；当蒋介石同意抗日时，他立即归国共赴国难；当有人主张"全盘西化"时，他旗帜鲜明地反对，并提出了"超越论"；当岛内"台独"与"独台"甚嚣尘上时，他左右开弓痛斥歪理邪说……邓颖超生前曾称赞他"是一位爱国主义者，具有民族自尊心的学者"。

注释

　　（1）发表在 1931 年 12 月 25 日《文化评论》创刊号，1996 年 11 月由今日中国出版社出版的《恩怨录·鲁迅和他的论敌文选》有选载。

　　（2）发表在 1932 年 4 月 20 日《文化评论》第 4 期，署名 H.C.Y.，1996 年 11 月由今日中国出版社出版的《恩怨录·鲁迅和他的论敌文选》选载。

　　（3）《鲁迅全集·南腔北调集》。

　　（4）首甲：《对鲁迅先生的〈辱骂和恐吓决不是战斗〉

有言》，发表在 1933 年 2 月《现代文化》第 1 卷第 2 期，1996 年 11 月由今日中国出版社出版的《恩怨录·鲁迅和他的论敌文选》选载。

（5）古远清：《在台湾访胡秋原》，《书城》杂志 1996 年第 4 期。

大学生"逃难"与"揭露"笔名
——鲁迅与周木斋

周木斋（1910—1941），散文家、杂文家、学者。名周朴，号树瑜，笔名辨微、列御、吉光、犹太、振闻等，江苏常州人。1931年去上海，任大东书局编辑，同时为进步文艺报刊撰稿，经常发表触及时弊的杂文。1934年后在《大晚报》任职，并为该报编文艺副刊《火炬》。1936年参加中国文艺家协会。抗日战争期间参加上海文艺界救亡协会。所作杂文内容坚实，文笔精炼，说理性强。主要著作有：《郑成功》（传记）、《消长集》（杂文集）、《民主政治论》、《中国近代政治发展史》等。

鲁迅"骂"周木斋有两条，一条是大学生逃难问题，一条是"揭露"何家干即鲁迅问题。

一

1933 年 1 月 21 日，周木斋在《涛声》第 2 卷第 4 期发表《骂人与自骂》一文，其中说："最近日军侵占榆关，北平的大学生竟至要求提前放假，所愿未遂，于是纷纷自动离校。敌人未到，闻风远逸，这是绝顶离奇的了……论理日军侵榆……即使不能赴难，最低最低的限度也不应逃难。"又说："写到这里，陡然的想起五四运动时期北京学生的锋芒，转眼之间，学风民气，两俱不变，我要疑心是'北京'改为'北平'的应验了。"对此，鲁迅在《逃的辩护》、《论"赴难"和"逃难"》、《乘凉：两误一不同》等多篇文章中予以批评。

鲁迅说，他看了周木斋的文章，是"如骨鲠在喉，不能不说几句话"，指出自己"和周先生的主张正相反，以为'倘不能赴难，就应该逃难'，属于'逃难党'的"。（1）接着，鲁迅对周木斋要求大学生"赴难"问题进行了分析。

第一，鲁迅认为，周木斋是言行不一的人。"木斋先生……身居上海，而责北平的学生应该赴难，至少是不逃难之类"，（2）是欠妥当的。中国徒作豪言壮语者多，身体力行者少。当年周木斋也是年轻人，他要求大学生不应该逃难，要去抗战，这本意是好的，那周木斋自己是不是也应该奔赴抗战前线呢？事实却不是这样，而是留在孤岛。自己做不到，或者自己不去做，却要求别人去做，而且，要求别人做的，近乎是送死的事，对这样的人，鲁迅是不以为然的。

第二，大学生"平日所学的又是债权论，土耳其文学史，最小公倍数之类。去打日本，一定打不过的"。(3)鲁迅认为，如果"打不过"，不能硬打，更不能叫学生去硬拼。他接着说："我们虽然也看见过许多慷慨激昂的诗，什么用死尸堵住敌人的炮口呀，用热血胶住倭奴的刀枪呀，但是，先生，这是'诗'呵！事实并不这样的，死得比蚂蚁还不如，炮口也堵不住，刀枪也胶不住。孔子曰：'以不教民战，是谓弃之。'我并不全拜服孔老夫子，不过觉得这话是对的，我也正是反对大学生'赴难'的一个。"(4)看来，从孔子到鲁迅，都是反对以不教之民战，反对无视生命地"用死尸堵住敌人的炮口"，"用热血胶住倭奴的刀枪"，用血肉来筑成所谓的长城的。

大学生如果不"逃难"，假使敌人到了，该怎么办呢？鲁迅分析道：

大学生们将赤手空拳，骂贼而死呢，还是躲在屋里，以图幸免呢？我想，还是前一着堂皇些，将来也可以有一本烈士传。不过于大局依然无补，无论是一个或十万个，至多，也只能又向"国联"报告一声罢了。去年十九路军的某某英雄怎样杀敌，大家说得眉飞色舞，因此忘却了全线退出一百里的大事情，可是中国其实还是输了的。而况大学生们连武器也没有。(5)

鲁迅是个清醒的理性主义者，不是徒作大言的蛊惑人心的宣传家。道理，鲁迅已经说得很明白了，连武器也没有的大学生，至多是"骂贼而死"，也许因此成了烈士，成了当局的"宣传材料"，到处演讲，但"于大局依然无补"。

　　第三，鲁迅认为，和日本人打仗，这主要应该是军人的事。"大学生们曾经和中国的兵警打过架，但是'自行失足落水'了，现在中国的兵警尚且不抵抗，大学生能抵抗么？"鲁迅的意思是，大学生尚且不是中国"兵警"的对手，如何能对付得了如狼似虎的日本兵？养兵千日，用在一时。中国"兵警"对付学生很在行，屠杀了学生，却能开动宣传机器，说是"自行失足落水"了。可是，兵警在日本人面前，一般说来，是难以有所作为的。如果要责怪，周木斋应该责怪中国军人的不抗战，而对大学生则不应该如此苛责。

　　第四，鲁迅认为，对中国大学生要有实际的估计。鲁迅先是对中国教育进行了反思，他说：

　　　　施以狮虎式的教育，他们就能用爪牙，施以牛羊式的教育，他们到万分危急时还会用一对可怜的角。然而我们所施的是什么式的教育呢，连小小的角也不能有，则大难临头，惟有兔子似的逃跑而已。（6）

　　大学生是中国教育的长期接受者，中国教育基本上是奴化教育，开口闭口，教的都是怎样忠君，如何服从。谁，或是哪一个集团窃取了国家政权，都声称是人民的选择，而且绝对不允许人民的再次选择，他的政府就是国家，服从这个政府就是服从国家，忠于这个政府就是忠于这个国家。你要当爱国者吗？首先你得懂得爱专制统治者和统治集团……这样的教育培养出来的大学生，在鲁迅看来和兔子差不多，不跑，只有任人宰杀。所以，鲁迅说："我们不可看得大学生太高，也不可责备他们太重，中国是不能专靠大学生的；大学生逃了之后，却应该想想此后怎样才可以不至于单是逃，脱出诗境，踏上实地去。"（7）鲁迅希望大学生能"踏上实地去"，经过"逃难"历程，能够有所历练，成为有韧性战斗精神的人。

二

鲁迅与周木斋的另一个"过节"，是所谓"揭露"问题。

1933 年 4 月，周木斋在《涛声》第 2 卷第 14 期上，发表《第四种人》一文，对鲁迅以"何家干"的笔名发表的《文人无文》提出自己的看法。

周木斋是针对鲁迅的观点，"不近人情"的并不是"文人无行"，而是"文人无文"。这里要指出的是，鲁迅并不完全否认张若谷在《恶癖》一文中列举的"文人无行"之种种，鲁迅在《文人无文》中有这样一句话："但中国文人的'恶癖'，其实并不在这些。"鲁迅只不过由"这些"——问题的一方面——引出了问题的另一方面，即"文人无文"（关于鲁迅与张若谷的关系，我要另文评说，这里就不多说什么了）。关于"文人无文"，鲁迅是这样描述的：

> 拾些琐事，做本随笔的是有的；改首古文，算是自作是有的。进一通昏话，称为评论；编几张期刊，暗捧自己的是有的。收罗猥谈，写成下作；聚集旧文，印作评传的是有的。甚至于翻些外国文坛消息，就成为世界文学史家；凑一本文学家辞典，连自己也塞在里面，就成为世界的文人的也有。然而，现在到底也都是中国的金字招牌的"文人"。(8)

与鲁迅批评左联的"左而不作"一样，鲁迅是强调文人需要创作，作品是最为重要的。所以，鲁迅说，"除了……一部《子夜》而外，别的大作都没有出现"。我看不出鲁迅的话有什么不妥，鲁迅所抨击的文坛"恶癖"，即便今天也不过时。然而，周木斋却用挖苦的笔调，用鲁迅的话"这实在是对透了的"等等，对鲁迅加以嘲讽，把鲁迅称为是"第四种人"（什么是"第四种人"呢？为什么这类人是"第四种人"呢？周木斋对他提出的这一概念也没有进行规范，读者对此也只能含含糊糊）。他的《第四种人》一文，有实际内容的，是这样一段话：

> 中国文坛的充实而又空虚，无可讳言也不必讳言。不过在矮子中间找长人，比较还是有的。我们企望先进比企图谁某总要深切些，正因熟田比荒地总要容易收获些。以鲁迅先生的素养及过去的造就，总还不失为中国的金钢钻招牌的文人吧。但近年来又是怎样？单就他个人的发展而言，却中画了，现在不下一道罪己诏，顶倒置身事外，说些风凉话，这是"第四种人"了。名的成人！

虽然比较含蓄，但从周木斋这些半通不通的文字中可以看出，你鲁迅批评别人"无文"，你本人又做了什么呢？你也没有《子夜》一样的大作，自然也不怎么样。你不下"罪己诏"，还在说"风凉话"，你这"第四种人"是什么意思？对此，鲁迅在《两误一不同》一文中回答说：

> 第一是关于"文"的界说。我的这篇杂感，是由《大晚报》副刊上的《恶癖》而来的，而那篇中所举的文人，都是小说作者。这事木斋先生明明知道，现在混而言之者，大约因为作文要紧，顾不及这些了罢，《第四种人》这题目，也实在时新得很。

第二是要我下"罪己诏"。我现在作一个无聊的声明：何家干诚然就是鲁迅，但并没有做皇帝。不过好在这样误解的人们也并不多。

这里，鲁迅指出，他的文章是针对小说作者的，而周木斋却"混而言之"；至于下"罪己诏"，这显然是周木斋未必妥当的比喻，词不达意而已，所以鲁迅也只是作了一下调侃，"何家干诚然就是鲁迅，但并没有做皇帝"——只有皇帝，才有所谓下"罪己诏"的问题。

在周木斋眼里，鲁迅也是属于"文人无文"一类。鲁迅说他是针对小说而言，可是，便是不只针对小说吧，鲁迅小说之外的"文"算不算"文"呢？再退一步说，就算鲁迅也"无文"吧，"无文"的人为什么就不能批评文坛"无文"的现象？食客当然可以批评厨师，而厨师却不能说，你自己不会煮，你煮的还不如我，你怎么能批评我？

在《第四种人》的最后，周木斋虽然只是点到一笔，但应该说文章有所深化，引出了另外一层意思：

"不近人情"的固是"文人无文"，最要紧的还是"文人不行"（"行"为动词）。"进，吾往也！"

这里的"行"，我理解的是"作为"，文人不作为。从"文人无行"，鲁迅引出了"文人无文"的问题，周木斋再从"文人无文"提出了文人的不作为。这里，我感受到了智慧的愉悦，张若谷、鲁迅和周木斋的思辨，给人峰回路转之感。

周木斋特别强调，他的"行"用作动词，是行动的"行"。细细思之，周木斋的观点与鲁迅并不矛盾。鲁迅不仅反对文人无文，也反对"文人无行"（周木斋表述的作为动词的"行"）。鲁迅在《青年必读书》中写道：

> 少看中国书，其结果不过不能作文而已。但现在的青年最要紧的是"行"，不是"言"。只要是活人，不能作文算什么大不了的事。

鲁迅强调了"行"的意义，而没有把不会作文太当一回事。这是鲁迅一贯的思想。

其实，以上也只是思辨问题，在我看来，无关宏旨。最让鲁迅不满的是周木斋说的"听说'何家干'就是鲁迅先生的笔名"，认为是一种"揭露"行为。鲁迅在《伪自由书·前记》中说："……这回是王平陵先生告发于前，周木斋先生揭露于后……"并且将其与当年陈源的行为联系起来考察，陈源当年指出"鲁迅即教育部佥事周树人"，暗示当局，对鲁迅要有所处置（有类似劣行的还有梁实秋，他说鲁迅领了俄国人的卢布，暗示当局应予处罚）。鲁迅似乎是想把周木斋和陈源捆在一起，把他们看作是一种类型的人。

我们不妨考察一下鲁迅的笔名。鲁迅一生用笔名之多，被称为"文史上第一人"。鲁迅为什么要用这么多笔名呢？原因有多条，但其中一条是为了战斗的需要，这是没有疑义的。当然，也为了发表文章的方便。有一段时间，鲁迅的文章是被禁止发表的，很多文章就是靠着不断变换笔名，才得以公开发表在当时的报刊上。鲁迅众多的笔名，使得当年那些负责宣传工作的"专靠嗅觉"的狗，疑神疑鬼，"呜呜不已"。

被周木斋"揭露"的鲁迅笔名"何家干"，在鲁迅众多笔名中有其特殊的意义。"何家干"首次用于杂文《逃的辩护》（这篇文章是针对周木斋的，也许因为这，才引起了周木斋的强烈关注？），鲁迅以"何家干"为署名，发表了二十四篇文章，《逃的辩护》除外，还有：《观斗》、《崇实》、《电的利弊》、《航空救国三愿》、《不通两种》、《战略关系》、《颂萧》、《对于战争的祈祷》、《从讽刺到幽默》、《从幽默到正经》、《文学上的折扣》、《"光明所到……"》、《止哭文学》、《"人话"》、《文人无文》、《现代史》、《推背图》、《〈杀错了人〉异议》、《中国人的生命圈》、《"以夷制夷"》、《言论自由的界限》、《文章与题目》、《不负责任的坦克车》。此外，瞿秋白作，后由鲁迅收入《伪自由书》的《王道诗话》等七篇文章，发表时亦借署此名，均刊登在《申报》副刊《自由谈》上。这些文章，集中揭露并猛烈抨击了当局的"攘外必先安内"的政策。鲁迅在《伪自由书·前记》中还说：他的这些杂文，其特点在于"论时事不留面子，砭锢弊常取类型"。这几十篇文章，在鲁迅作品中属于最富战斗性的一类，是投枪匕首式的短评。这类文章是为兼具特务功能的宣传当局最为头痛也最为痛恨的。

据曹聚仁说，鲁迅以为周木斋是他某论敌的化名，所以反应比较强烈。当知道是周木斋本人时，鲁迅平和了许多。对于这段小不愉快，曹聚仁追忆说："鲁迅的确有点误会，认为周木斋乃是某君的'化名'，意在讽刺鲁迅。后来，我告诉鲁迅，周木斋另有其人，并非'化名'；那段杂文，只是主张一个作家着重在'作'，并无讽刺之意。过了一些日子，鲁迅在我家中吃饭，周木斋也在座，相见倾谈，彼此释然了。"(9)此后，鲁迅还多次赞扬过周木斋的杂文。

三

1945年5月26日《西安正报》发表《〈大晚报〉发行人不受威胁》的文章，其中有一段介绍了抗战期间周木斋在孤岛的作为：

> 大晚报原为时事新报之姊妹报，同属于时事新报股份有限公司，当时事新报停刊时，大晚报主持人为供给

孤岛上人士精神食粮起见，故忍辱负重，继续出版，但被迫将一切稿件送往南京路哈同大楼日寇所设之新闻检查所检查。该报编辑周木斋等因反对此事提出辞职，其向馆方辞职理由，即为"势不与敌人妥协"，此为沪市记者第一次正气之表现，周君嗣即加入导报，担任副刊编辑，后因乃父关系而脱离报界，未几逝世，识者惜之。

这段史料表明，周木斋反日的倾向是十分明确的，不仅有言论，而且切实地付诸行动，这实践了他自己所言："不近人情"的固是"文人无文"，最要紧的还是"文人不行"（"行"为动词）。"进，吾往也！"他"行"了，他为抗日做出了自己所能做的贡献。

注释

(1) (3) (4) (5) (6) (7)《鲁迅全集·南腔北调集·论"赴难"和"逃难"》。

(2)《鲁迅全集·伪自由书·两误一不同》。

(8)《鲁迅全集·伪自由书·文人无文》。

(9) 曹聚仁：《文坛五十年续集·史料述评》。

"休士风波"与"爱的哲学"

——鲁迅与傅东华

　　傅东华（1893—1971），文学翻译家，文字学家。姓黄，因过继外祖父家，改姓傅，名则黄。笔名伍实、约斋、陆若水、独活、郭定一、诸声、黄彝等。浙江金华人。1912 年于上海南洋公学毕业后入中华书局任编译员，开始翻译文学作品。1916 年后在浙江东阳县立中学、北京高等师范学校、中国大学任英文教员。1924 年后在商务印书馆任职，曾编写出版中学国文教科书，颇有影响，并曾在中国公学、上海大学兼任教职。1928—1932 年任复旦大学中文系教授。1933—1935 年主编《文学》月刊。1935 年任暨南大学教授。1936 年与茅盾、叶圣陶等发起成立中国文艺家协会。抗日战争爆发后参加上海文化界救亡协会，任该会主办的《救亡日报》编委，并编印《孤岛闲书》。1943 年后主要从事文学翻译和语言文学研究，屡有著述。除翻译大量外国文学作品和理论著作外，还出版了中国古典文学研究著作、文艺理论通俗读物以及散文集。新中国成立后任中国文字改革委员会研究员和中华书局辞海编辑所编审。

傅东华是个多面手，搞过出版，写过散文等等。我以为，傅东华最大的成就在文学翻译方面。他翻译的《飘》，在与多种版本对比之后，我认为是最传神，最有文学性的。此外，他还翻译了《堂吉诃德》等。

傅东华与鲁迅的交往本也平平，他没有像高长虹那样，曾经与鲁迅非常热乎过，后来又各自东西，"冷"到从此不来往的程度。他热爱鲁迅，有意无意地伤害过鲁迅，最终，在他的努力下，在鲁迅的爱的感召下，他们又重归于平和。不过，他在伤害鲁迅后，不论鲁迅对他怎样"冷处理"，他始终不渝地崇敬他心目中的鲁迅。这一点，比起那些被鲁迅说一两句不中听的话，就念兹在兹的人，傅东华要单纯要纯粹许多。

说起傅东华，还应该从《文学》月刊谈起。《文学》1933 年 7 月 1 日创刊于上海。由郑振铎、傅东华、王统照等先后主编，鲁迅、茅盾、陈望道、郁达夫、叶绍钧等均曾参加编辑委员会。全国许多进步作家曾在该刊发表作品和理论文章，是《小说月报》停刊后影响最大的文学刊物之一。

1937 年 10 月，因上海沦为"孤岛"而停刊，共出 52 期。《文学》在上海"一·二八"事变之后，文坛一片寂寥的形势下，横空出世，迅速恢复了文学界的士气，团结了一切可以团结的各派作家，发表了许多传世的名作。在《文学》中既有"铜琶铁板，豪放激越"的作品，也有"娟娟群松，下有漪流"式的文字，真算得上是一本有一定档次而又好看的文学期刊。

傅东华 1933 年起任《文学》月刊编辑，曾在该刊第 1 卷第 2 期化名"伍实"发表《休士在中国》一文，攻击鲁迅。事情的经过是这样的：

1933 年 2 月，英国戏剧家萧伯纳来沪，鲁迅应邀参与了接待。傅东华把萧伯纳与休士作对比，文章一开头，就对休士来上海招待不及萧伯纳的隆重、热闹，而大为不平。傅东华在文中说："美国黑人作家兰斯吞休士（Langston Hughes）于 7 月初经由苏俄到中国，比之不久以前萧翁来华的声势，真所谓'不可同日而语'；不但码头上没有女士们的欢迎，就是日报上也不见他的名字。这里面的道理自然很简单：萧翁是名流，自配我们的名流招待，且唯其是名流招待名流，这才使鲁迅先生和梅兰芳博士有千载一时的机会得聚首于一堂。休士呢，不但不是我们的名流心目中的那种名流，且还加上一层肤色上的顾忌！"休士是美国黑人作家，1933 年 7 月访苏返美途经上海时，上海的文学社、现代杂志社、中外新闻社等曾联合为他举行招待会。

对于傅东华的文章，鲁迅流露了不加掩饰的反感，甚至还有点厌恶。鲁迅为此作《给文学社信》(1)给予驳斥，并宣布退出文学社。

在《给文学社信》中，鲁迅首先澄清事实。见萧伯纳，"是招待者邀我去的。这回的招待休士，我并未接到通知，时间地址，全不知道，怎么能到？即使邀而不到，也许有别种的原因，当口诛笔伐之前，似乎也须略加考察。现在并未相告，就责我不到，因这不到，就断定我看不起黑种。作者是相信的罢，读者不明事实，大概也可以相信的，但我自己还不相信我竟是这样一个势利卑劣的人！"从这段行文看，在愤怒的同时，鲁迅有点委屈，傅东华不了解情况，就给鲁迅乱扣帽子，从他的文字描述看，鲁迅几乎成了小人。无怪乎鲁迅质问：我竟是这样一个势利卑劣的人吗？

傅东华可谓在最根本的问题上误解了鲁迅，从而伤害了鲁迅。了解鲁迅的人都知道，鲁迅对劳苦大众，对被欺凌被损害的人，总之，对一切弱者，都怀有他深切的同情。休士较之于萧伯纳，名气要小，又是黑人，自然是相对的"弱者"，鲁迅见了萧伯纳而不见休士，傅东华便送给鲁迅一顶"势利"的帽子。这里，我想作这样的假设，倘若鲁迅在同一天被邀请见萧伯纳和休士，鲁迅必须做出选择，那么鲁迅会选择谁呢？从鲁迅的一贯思想和为人处世的风格看，我认为鲁迅只会选择见休士。

有一件事可以帮助我们理解鲁迅的性情。1922 年，俄国盲诗人爱罗先珂来北京，曾写文章对北京学生演剧有所批评。当时的北大学生魏建功写了《不敢盲从》一文反驳。此文语多轻薄，甚至在"看"、"观"、"盲从"这类字眼上对作为盲人同时是弱者的爱罗先珂作人身攻击式的暗示。这让鲁迅强烈反感，写了《看了魏建功君的〈不敢盲从〉以后的几点声明》。鲁迅尖锐地抨击、嘲讽了魏建功，指其为"生长在旧的道德和新的不道德里，借了新艺术的名而发挥其本来的旧的不道德的少年"。（2）魏建功的轻薄让鲁迅反感。为什么反感呢？就因为他拿盲人的弱点开刀，认为爱罗先珂既是盲人，你怎么"看"、如何"观"？所以爱罗先珂的观点是不足信的，人们不应该"盲从"。这样为文，能不让鲁迅生气乃至讨厌吗？鲁迅就是这样一个人。如此为人的鲁迅，又怎么可能如傅东华所描述的那样，是一个势利的人呢？

傅东华的文章让鲁迅讨厌的第二个原因，是因为来自同人的攻击。鲁迅是《文学》的编委，他对同人刊物的攻击格外伤心。傅东华此时的作为与逼迫鲁迅"横站"的田汉的作为，在性质上是一样的。来自自己人的攻击，鲁迅是最为痛恨的。他在《给文学社信》中说："给我以诬蔑和侮辱，是平常的事；我也并不为奇：惯了。但那是小报，是敌人。略具识见的，一看就明白。而《文学》是挂着冠冕堂皇的招牌的，我又是同人之一，为什么无端虚构事迹，大加奚落，至于到这地步呢？莫非缺一个势利卑劣的老人，也在文学戏台上跳舞一下，以给观众开心，且催呕吐么？我自信还不至于是这样的脚色，我还能够从此跳下这可怕的戏台。那时就无论怎样诬辱嘲骂，彼此都没有矛盾了。"后来提到此事时，他说："宁可与敌人明打，不欲受同仁的暗笑也。"

鲁迅也许还讨厌傅东华把他与梅兰芳摆在一起，把他称为"名流"，而且同其他中国名流一样，有种族歧视的倾向！鲁迅对正人君子之类的"名流"多有攻击，对"名流"向无好感。此外，把鲁迅与梅兰芳排在一起，这是鲁迅所不情愿的。我们都知道，鲁迅在气质上讨厌梅兰芳"女扮男妆"的艺术，这我在本书有关鲁迅与梅兰芳的文章中已有阐述，这里就不重复了。

接着，鲁迅写道："我看伍实先生其实是化名，他一定也是名流，就是招待休士，非名流也未必能够入座。不过他如果和上流的所谓文坛上的那些狐鼠有别，则当施行人身攻击之际，似乎应该略负一点责任，宣布出和他本身相关联的姓名，给我看看真实的嘴脸。"鲁迅认为那化名"伍实"的也许是熟人，见面或许还要点头寒暄的，这已经暗指傅东华了。

编辑同人都大大非难傅东华的莽撞，所以他也写了一封信给编辑同人，承认"伍实"就是他的化名，并解释说他的化名不是故意放冷箭，为的是文章拙劣，借以掩饰的。他把"名流"、"鲁迅"、"梅兰芳"连在一起并不是有意奚落鲁迅，而是当时心情不安词不达意地写成那样的。文学社的编辑同人也写了一封道歉的信给鲁迅，并把傅东华的信附上。《文学》第 3 号同期刊出鲁迅、伍实的来函，以及编委会的复函。在编委会的复函中公开了傅东华的名字，傅东华在信中也作了解释，希望取得谅解。

从傅东华的一贯为人看，我觉得，傅东华倒不是心存恶意。我更倾向于把"休士风波"理解成他一时兴起，一时激愤，觉得有文章可做，就写下了这样一篇文章。只顾文章能自圆其说，而不管文章的客观效果，这是文人常犯的毛病，不足为奇。

鲁迅对傅东华的解释未必满意，所以《文学》第 3 期以后就不再有鲁迅的文章了。加上青年作家对傅的不满（如周文的小说被删而惹起的风波），《文学》的销路也受了影响。为了挽回同鲁迅的关系，"文学社"请了一次客，好容易才把鲁迅请来，但鲁迅却避免同傅东华谈话。傅东华想"请教"他的事情多得很，最主要的还是下一期能有鲁迅的文章。鲁迅坐在席间，同陈望道等谈着闲天，傅东华绕了一个圈子，绕到了陈望道的旁边坐下，正想乘机插嘴，鲁迅把脸转开，同茅盾等闲谈；傅东华又绕了一个大圈子，好容易才有机会在茅盾的旁边坐下，正想乘机插嘴，鲁迅却又转移了阵地同郑振铎等谈起来了。如是者数次，鲁迅终于看出了傅东华的真正"诚意"，才让他有了一个说话的机会，这才算恢复了友情。这件事，我们可以看出傅东华的真诚与谦恭，更可以看出鲁迅的率真与"孩子气"。这让我想起 1929 年 5 月钱玄同见鲁迅，钱玄同问鲁迅，你现在又用三个字的名字了？鲁迅只说了一句："我从来不用四个字的名字。"钱玄同登时神色仓皇，溜之大吉。"五四"那一代人，身上都有着如此单纯的傻气。如果是今天，鲁迅和傅东华虽然有过节，但在酒桌上，也许还会亲密无间哩；钱玄同又何须一言不合立即离去呢？不是还可以扯一些"今天天气哈哈哈……"之类的吗？鲁迅和傅东华都是傻气十足、憨态可掬之人。我们再想想看，傅东华挨到左边，鲁迅把头转到右边，傅东华凑到右边，鲁迅又把头转到左边，这不是"孩子气"是什么？一个老人而有"孩子气"，正说明他有赤子之心，正说明有最单纯的灵魂、最率真的性情附丽在他的躯体上。反之，那应付一切，天衣无缝，诸如薛宝钗一派人物，乍看上去，和蔼可亲到了没有脾气的程度，但这类人的肚子里能有什么好东西呢？完全可能是一肚子坏水！

虽经傅东华口头上和书信上的多次请求，鲁迅还是没有给他稿子。有一欢，傅东华在预告上登出下一次会有鲁迅的稿子了，但"题未定"。鲁迅终于被傅东华的战术所击破，软了心肠，就以"题未定草"为题写了几则杂文交卷了。文中提到，那预告把他吓了一跳，因为他知道下一期要有他的文章了，是什么呢？叫"题未定"，情同绑票，不得不写。鲁迅把编者刺了一下，但傅东华也只得忍痛登出。一年后，《文学》受当局压迫，鲁迅复为该刊写稿表示支持。

鲁迅逝世后，最先刊出悼念文章的杂志是《中流》，时间是 10 月 20 日，其中有一篇傅东华的《悼鲁迅先生》，（3）非常动容动情地用一件私事来表达对鲁迅人格的敬慕，尤令人感觉出怀念之情是何等真挚，鲁迅的人格魅力是何等的感动人心。傅东华在文章中说："鲁迅先生对于我本人，我自己明白，是憎的成分居多，或许只有憎也说不定；然而事实已经证明，他决不能憎我而连带憎及我的儿子；相反的，鲁迅先生之爱我的儿子，实比我自己爱他更甚。因为他的爱他是有主义的，是作为时代的儿子之一而爱的；我的爱他则只出于私情，只作为我自己的儿子而爱。"

事情的原委是怎样的呢？傅东华说："去年秋初，秋老虎正在肆威的时候，儿子浩进学校才一星期，突然被送回家来。是病了，热度已过四十，沉迷时甚至谵语，请了几个医生看过都不得要领，最后才断定是伤寒，非送医院不可的。当时有人提起北四川路的福民医院，当去托鲁迅介绍（因晓得他和福民的院长认识），鲁迅先生表示非常关切，立即在烈日灼晒下亲自步行到医院接洽一切，并且亲自陪同院中的医生远道到我家来先行诊视。进院之后，他老先生又亲自到院中去探问过数次，并且时时给以医药上和看护上必要的指导。"此事，鲁迅日记也有记载：1935年9月10日，"下午傅东华待于内山书店门外，托河清来商延医视其子养浩病，即同赴福民医院请小山博士往诊，仍与河清送之回医院。"

傅东华的儿子转危为安，傅东华非常感激鲁迅的帮助，他沉痛地说："现在，我的儿子依然健昂昂地在学校读书，而他老先生的溘然长逝却不曾带去我们一丝一毫的忧虑和关切！他老先生以那么大的年纪，那么忙的写作生活，又在那么大热的天气，竟肯为了一个和他并无密切关系的十七岁的青年操那么大的心，出那么大的力，而他自己的死耗却要等隔了十小时以后的晚报才带给我们。这是多么使我们难堪的情景啊！——我们的心是将永远沉重下去了。"傅东华为未能在鲁迅病重期间去探望过一次而沉痛而悔恨，他说："留着这一点沉重永远作我自己的惩罚吧！"这些话出自于一个与鲁迅发生过激烈矛盾的人之口，反衬出鲁迅的人格力量。鲁迅的观点不可能得到一切人的赞同，但鲁迅的人格却赢得了绝大多数人的尊敬。

鲁迅事实上已经原谅了傅东华。此一是非，彼一是非，假设傅东华没有获得鲁迅的原谅，换言之，假设是陈西滢的孩子病了，只要可能，鲁迅是不会不伸出援手的。人力车夫脚崴了，鲁迅不是还亲自为其治疗吗？就像开水壶之外冷内热，鲁迅激愤的外表里，却有着热心肠，有宽厚和博爱。傅东华说："谁要说鲁迅先生的精神成分里只有'恨'而没有爱，我就和他拼命！谁要把鲁迅先生的哲学解释成唯恨哲学，我就永远痛恨那个人！"（4）鲁迅哲学不是"唯恨哲学"，那自然就包含有"爱的哲学"。这是不证自明的道理。鲁迅的哲学不只是刻毒的哲学。"爱的哲学"是另外一个命题了，这里略去不谈。

注释

（1）《鲁迅全集·南腔北调集》。

（2）《鲁迅全集·集外集拾遗》。

（3）原载 1936 年 11 月 1 日《文学》月刊第 7 卷第 5 期，另见《鲁迅回忆录》，北京出版社 1999 年 1 月版。

（4）《人民日报》1990 年 10 月 19 日第 8 版。

《译文》风波："资本家及其帮闲们的原形"
——鲁迅与邹韬奋

　　邹韬奋（1895—1944），记者、出版家、政论家、散文家。原名邹恩润，笔名云霄、孤峰、秋月、笑世等。江西余江人。主要著作有《韬奋漫笔》、《萍踪寄语》、《萍踪忆语》、《经历》等。1921 年在上海圣约翰大学毕业后，曾任英文秘书、英文教员、编辑等职。1926 年，任《生活》周刊主编。"九一八事变"后，曾撰文抨击国民党的不抵抗政策，声援东北义勇军的抗敌斗争。1932 年创建生活书店。1933 年初参加中国民权保障同盟并任执行委员。不久，被迫流亡国外，曾周游欧美、苏联。1935 年回国，投身抗日救亡运动，在上海、香港创办《大众生活》、《生活日报》等报刊，参加上海各界救国会和全国各界救国联合会的领导工作。1936 年与沈钧儒等六人遭国民党政府逮捕，时称"七君子"，"七七事变"后获释。出狱后，他大力宣传抗战。翌年，应聘国民参政员。1941年，因受国民党迫害出走香港。翌年初，从日军铁蹄下秘密潜渡到东江根据地，再辗转进入华中新四军军部。1943年因病情恶化赴上海治疗。1944年7月病逝，中共中央追认他为共产党员。

在中国近现代文化界，享有盛誉的三联书店（生活·新知·读书）是与其主办者邹韬奋的名字紧紧联系在一起的。1926年，他在上海接手一个叫《生活》的小刊物，这个刊物连他自己在内只有两个半职员（三人中有一个还在外面兼职），其销量不过2000份。因付稿费太低难以对外约稿，主要由邹韬奋轮换用六七个笔名撰文。邹韬奋上任后创新编辑方法，避免使用贵族文字，"采用'明显畅快'的平民式的文字"。《生活》将报纸和杂志的优长兼顾起来，里面都是一两千字的有趣文章，以小市民、小职员等"小人物"为对象答疑解惑，不到三年其销量便升到4万份。"九一八事变"后，《生活》杂志又以疾呼救国的政论为主，订户扩大到15万份，远销海内外，创造了当时中国杂志发行的最高纪录。

鲁迅与邹韬奋均为中国民权保障同盟会上海分会执行委员。据邹韬奋说，"同盟"的"目的有三：（一）为国内政治犯之释放与非法的拘禁酷刑及杀戮之废除而奋斗……（二）予国内政治犯以法律及其他之援助……（三）协助为结社集会自由，言论自由，出版自由，诸民权努力之一切而奋斗"。
鲁迅和邹韬奋积极参加"同盟"的活动，为实现"同盟"的
宗旨努力工作。杨杏佛（杨铨）被国民党蓝衣社特务暗杀，
鲁迅和邹韬奋均被列入"黑名单"，但是，他们毫不畏惧，
6月20日，冒着生命危险，毅然到万国殡仪馆为杨杏佛送殓，
表示哀诚。邹韬奋说："杨先生为公而死。殊可钦敬。"鲁
迅这一天出门不带钥匙，以示牺牲的决心。

　　鲁迅对邹韬奋的事业是关心和支持的。据《鲁迅日记》
记载，邹韬奋和鲁迅通信共有四次。1933年5月9日，鲁迅
主动致信邹韬奋：

韬奋先生：

　　今天在《生活》周刊广告上，知道先生已做成《高
尔基》，这实在是给中国青年的很好的赠品。

　　我以为如果能有插图，就更加有趣味，我有一本《高
尔基画像集》，从他壮年至老年的像都有，也有漫画。
倘要用，我可奉借制版。制定后，用的是那几张，我可
以将作者的姓名译出来。

　　此上，即请著安。

"做成《高尔基》"，即邹韬奋根据美国康恩所著《高尔
基和他的俄国》改编而成的《革命文豪高尔基》，月上海生

活书店出版。鲁迅如此热情，说明他对邹韬奋的此项编译是倾力支持的，认为这是对中国青年有益的事情。次日，邹韬奋复信借用画像集，并对鲁迅表示感谢；17日，邹韬奋用毕后即归还。鲁迅为插图写了说明，并向青年推荐这本书。7月7日邹韬奋寄赠一本《革命文豪高尔基》给鲁迅。其他几次通信也都是关于这本书的出版事宜。

《革命文豪高尔基》出版后，7月17日《申报·自由谈》发表了署名林翼之的《读〈高尔基〉》一文，指责了邹韬奋编译上的缺点，至于它给读者的益处，却一句也没有说。鲁迅因此在《关于翻译（下）》(1)一文中为韬奋及其编译辩护。鲁迅认为，在没有更好的译本的情况下，"请批评家用吃烂苹果的方法，来救一救急罢"；那种所谓"首饰要'足赤'，人物要'完人'。一有缺点，有时就全部都不要了"的做法，是不足取的。鲁迅说，《高尔基》一书他也"曾经翻过一遍"，"觉得除批评者所指摘的缺点之外，另有许多记载作者（注：即传主）的勇敢的奋斗，胥吏的卑劣的阴谋，是很有益于青年作家的，但也因为有了烂疤，就被抛在筐子外面了。"20世纪30年代左翼文艺、进步文艺、包括翻译作品，往往因为存在某些缺点而被某些批评家说得一无是处，当作"烂苹果"扔掉。所以鲁迅要以《革命文豪高尔基》一书为例，"希望刻苦的批评家来做剜烂苹果的工作，这正如'拾荒'一样，是很辛苦的，但也必要，而且大家有益的"。这里，鲁迅客观上支持了邹韬奋,同时提出了对存在缺陷的作品,应多看其有益读者之处,要持宽容与爱护的态度。

鲁迅对邹韬奋有了恶感,是因为《译文》风波。

大约是在1934年5月间,茅盾到鲁迅家,谈到《文学》连出两期外国文学专号,激发了作家的翻译热情。鲁迅提议:办一个专门登载译文的杂志。茅盾当即表示赞同。6月9日,鲁迅约茅盾和黎烈文在家中便餐,把这个想法告诉了黎烈文,请他一同做发起人。黎烈文欣然同意,并提议用"译文"二字。接着,鲁迅提议,他和茅盾、黎烈文"三个人都不出面,版权页上只署译文社。另外要找一位能跑跑腿的编辑"。茅盾提出找黄源,鲁迅即允诺。

生活书店是由邹韬奋开办的,掌握业务实权的是胡愈之。书店同意出版《译文》,给出的条件却相当苛刻:杂志先试办三期,稿费编辑费一概不拟开支,如销数能超出几千的限额再订合同补算。此外,稿费的算法也很苛刻,"我们要以页计,他们要以字数计,即此一端,就纠纷了十多天,尚无结果"。(2)对此,鲁迅十分不满,"现在的一切书店,比以前更不如,他们除想立刻发财外,什么也不想,即使订了合同,也可以翻脸不算的。"(3)即便如此,为文化事业计,鲁迅还是答应了。关于办《译文》,鲁迅在给翻译家孟十还的信中说:"希望由此引出几个我们所不知道的新的译者来——其实志愿也小得很。"(4)对于生活书店的商人脑子,他从一开始就有清醒的认识，但因此，合作的基础也就非常脆弱。"上海也有原是作家出身的老板，但是比纯粹商人更刻薄，更凶。"在同一封信中，鲁迅还说，"办一个小杂志，就这么麻烦，我不会忍耐，幸而茅先生还能够和他们'折冲樽俎'，所以至今还没有闹开。"(5)孟十还希望书店方面能赠送《译文》杂志，鲁迅说："赠送《译文》的事，当向书店提议。和商人交涉，真是难极了，他们的算盘之紧而凶，真是出人意外。……先生的稿费，还要等一下，但年内是总要弄好的。"(6)在鲁迅眼里，邹韬奋一类的老板和通常意义上的资本家并没有什么区别，都抠门得紧，都是为了最大限度地追求利润。

不久，生活书店经理徐伯昕宴请鲁迅、茅盾、黎烈文三位《译文》发起人。席间，徐说，版权页上编辑人署名"译文社"，恐怕国民党图书杂志审查机关通不过，必须用一个人的名字以示负责。而鲁迅、茅盾是根本不能出面的，黎烈文胆小，最后鲁迅拍板道："编辑人就印上黄源吧，对外用他的名义，实际主编我来做。"同时决定9月份创刊。

8月中旬，鲁迅亲自编好了《译文》创刊号，并约黄源在茅盾家中会面。鲁迅把创刊号的稿子，以及插图的画册本等，一一交给黄源。黄源接过一看，大为感动：鲁迅非但把稿子的次序已经排定，而且每篇题目用几号字体，插图的大小尺寸，也都已一一注明。是年9月16日，《译文》呱呱坠地。创刊号一时洛阳纸贵，竟然接连五次再版。

进展基本顺利。在编辑《译文》的基础上，译文社又拟出版《译文丛书》，经由黄源同生活书店洽谈后，即开始工作。此时，郑振铎从京来沪，筹办《世界文库》，并决定由生活书店出版发行。对此，鲁迅是支持的，还应约亲译了《死魂灵》。但是，自从邹韬奋返国后，情况便起了变化。生活书店通知说因为已经有了《世界文库》，所以不再准备出版《译文丛书》。

1935 年 9 月 15 日，黄源以译文社的名义在南京饭店宴请鲁迅、茅盾、黎烈文及文化生活出版社的巴金与吴朗西。目的只有一个，因生活书店刚从海外归来的邹韬奋等人以已出版《世界文库》为由，拒绝了鲁迅等人欲出的《译文丛书》。征得鲁迅同意，由黄源"跑腿"牵线，巴金、吴朗西主政的文化生活出版社同意出版《译文丛书》。就在这次宴请中，双方达成了出版意向。鲁迅和黄源所采取的措施是正当的，《译文丛书》你不要了，东边不亮西边亮，我找别人出还不行吗？不料，邹韬奋等人在代表生活书店与鲁迅续签《译文》出版合同后，突然要鲁迅、茅盾撤换黄源的《译文》编辑职务，为什么要这么干呢？我想，这与黄源出招找巴金他们有关，《译文丛书》的面世，多少影响《世界文库》的销路。在资本家眼里，我不要你的，别人也不能要你的！这当然遭到鲁迅的断然拒绝，并拂袖而去。鲁迅认为："这是未曾有过的恶例，我不承认，这刊物便只得中止了。"（7）次日，鲁迅在家中当着前来送校稿的黄源面，对茅盾、黎烈文愤怒地说："《译文》第二年的合同，我已签了字，昨天他们出来推翻了。"随之，他拿起业已经他本人签字的合同，将其撕成条条，严正地宣布："生活书店要继续出版《译文》，我提议，与黄源签合同，由黄源签字。"茅盾和黎烈文同声表态：好的。谈话结束后，由茅盾通知了生活书店。对于此事，林贤治评论说："这是鲁迅为保护'小人物'而作的斗争，为捍卫个人尊严的斗争，也是决心对抗由资本构成的霸权势力，而致力于开拓翻译事业的斗争。"（8）

从鲁迅 1935 年 9 月 24 日致黄源的信看，这期间，有"郑先生提议"，"调解《译文》事"，但是，遭到邹韬奋的拒绝，"今天上午沈先生和黎先生同来，拿的是胡先生的信，说此事邹先生不能同意，情愿停刊。那么，这事情结束了。"这里的"胡先生"是胡愈之，"邹先生"是邹韬奋。

我也是出版人，从一定意义上说，我觉得邹韬奋也有可以理解的地方，出版商嘛，又是自己的资本，他不考虑资本回报，那才是不正常的。问题是，鲁迅并没有让他们赔本。鲁迅在另外一个出版商李小峰那里，据说还是让他赚了不少钱的。鲁迅是一个品牌，这个品牌就是不赚钱，也应该是一面旗帜。他们为什么要这么苛刻呢？我百思不得其解。我只能这样想，也许，当年邹韬奋们对鲁迅的价值，并没有估计得太高。

关于这次事件的实质，以及自己前后所取的态度，鲁迅在 1935 年 10 月 4 日致萧军的信中作过很好的表述：

……对于《译文》停刊事，你好像很被激动，我倒不大如此，平生这样的事情遇见的多，麻木了，何况这还是小事情。但是，要战斗下去吗？当然，要战斗下去！无论它对面是什么。

……

至于我的先前受人愚弄呢，那自然；但也不是第一次了，不过在他们还未露出原形，他们做事好像还在于中国有益的时候，我是出力的。这是我历来做事的主意，根柢即在总账问题。即使第一次受骗了，第二次也有被骗的可能，我还在做，因为被人偷过一次，也不能疑心世界上全是偷儿，只好仍旧打杂。但自然，得了真赃实据之后，又是一回事了。

那天晚上，他们开了一个会，也来找我，是对付黄先生的，这时我才看出了资本家及其帮闲们的原形，那专横，卑劣和小气，竟大出于我的意料之外，我自己想，虽然许多人都说我多疑，冷酷，然而我的推测人，实在太倾向于好的方面了，他们自己表现出来时，还要坏得远。

……

我们都好的，我比较的太少闲工夫，因此就有时发
牢骚，至于生活书店事件，那倒没有什么，他们是不足
道的，我们只要干自己的就好。

信中的"资本家"，指的是邹韬奋。同信还说到《译文》
停刊后，社会上传播的此事出于译文社要求加钱不遂，这样
"有益于书店的流言"，但鲁迅不予置评，乃是同样取"由
它去罢"的轻蔑态度。给曹靖华的信则说："生活书店貌作
左倾，一面压迫我辈，故我退开。"（9）在这里，他使用
了"压迫"的字眼。政治家出于政治需要，对于阶级阵线有
特别的划分；而鲁迅出于实际斗争的体验，也有适合于他的
阶级论。至于资本家的"帮闲"，当是指胡愈之、郑振铎、傅
东华，甚至包括茅盾。胡愈之是"局内人"不说，关于郑振
铎从中所起的作用，鲁迅在两封信里说过"有下石之嫌疑"
和"颇有人疑他从中作怪"的话；至于傅东华，貌似旁观者，
实际上是参与其事的。茅盾与郑振铎私交甚笃，在与生活书
店往来中，一直扮演似乎骑墙的角色，但是，作为译文社中
人，在关键时刻并没有明确的表态。鲁迅后来在信中说到茅
盾和郑振铎时，曾说到"往日之给我的伤"，就是指的《译文》
事件。（10）这种挫折，好像鲁迅并不太在意，在一封信里还
说是"小事"，大约正如他所说，是因为经历过了的缘故。
然而，《译文》杂志一直是鲁迅所萦怀的，经过种种努力，

1936 年 3 月复刊，改由上海杂志公司发行。鲁迅写了《〈译文〉复刊词》，对于《译文》的停刊，仍不免耿耿："我们也不断的希望复刊。但那时风传的关于终刊的原因：是折本。出版家虽然大抵是'传播文化'的，而'折本'却是'传播文化'的致命伤，所以荏苒半年，简直死得无药可救。直到今年，折本说这才起了动摇，得到再造的运会，再和大家相见了。"（11）《译文》第一版就重印五次，何言"折本"？如果这样还折本，也只能怪书店方面经营不善。商人就是这样，某件事因为无大利或别的什么原因，不想干了，还要找一个冠冕堂皇的理由，将责任推给别人。文化如果"折本"，只能放弃文化。当然了，折本说还是"动摇"了。

和郭沫若等人一样，仿佛生前与鲁迅没有任何"过节"，没有任何恩怨，鲁迅去世以后，邹韬奋也成了宣传鲁迅的一个积极分子。1936 年 10 月 22 日下午 4 点半，邹韬奋和宋庆龄、蔡元培、沈钧儒、巴金、内山完造等人，同上海近万名悲痛的市民一起，洒泪把鲁迅先生的灵柩恭送到了虹桥万国公墓。在墓前的公祭大会上，邹韬奋最后一个讲话的时候，已经是暮色苍茫了，他只说了一句话纪念鲁迅，他说："有的人是不战而屈，鲁迅先生是战而不屈。"这句话热情地赞颂了鲁迅先生不屈不挠的斗争精神。25 日，邹韬奋又在自己主办的《生活星期刊》上发表了《伟大的斗士》一文，称赞"鲁迅先生不仅是一个文学家，并且是一个思想家"，是"中国民族革命的伟大斗士"，"鲁迅先生留给我们的最可宝贵的遗产，是他那样不懈的积极的斗争精神"。11 月 1 日，邹韬奋又写了《从心坎里》，文章说："鲁迅先生是民众从心坎里所公认的一个伟大的领袖。"并说："我们永远不能忘记这位民族解放伟大斗士；更须不能忘记他的刚毅不屈的伟大人格。"在鲁迅逝世一周年的时候，邹韬奋又作《鲁迅先生周年纪念》一文，呼吁"纪念鲁迅先生，不要忘却先生始终英勇战斗的精神，奋发努力于民族解放的工作，不怕艰苦，不许妥协"。"伟大领袖"曾经为了一点小事，被乱送桂冠的人"压迫"。对历史事实，应该宜粗不宜细。离开了琐碎的出版业务和经济纠缠——《译文》在他们眼里不是一项文化事业，而只是一株能够结果的果树，这树能结果，是它存在的理由，不结果，结得少了，它都应该去死——鲁迅在邹韬奋眼里成了一个纯粹的人，一个伟大的人！当然了，更深层次的原因是，鲁迅一死，邹韬奋已经从一个商人转变成了无产阶级的革命战士。

注释

(1)《鲁迅全集·准风月谈》。

(2)(6)《鲁迅全集·书信·341204 致孟十还》。

(3)(4)(5)《鲁迅全集·书信·341206 致孟十还》。

(7)《鲁迅全集·书信·351022 致曹靖华》。

(8) 林贤治：《鲁迅的最后十年》第 154 页，中国社会科学出版社 2003 年 4 月版。

(9)《鲁迅全集·书信·351219 致曹靖华》。

(10) 这段史实，主要来源于林贤治《鲁迅的最后十年》
第六章《知识分子的内战》。

(11)《鲁迅全集·且介亭杂文末编》。

由鸡鸭倒提而论及"买办"问题
——鲁迅与廖沫沙

廖沫沙（1907—1991），杂文家、报刊编辑家。原名廖家权，笔名林默、野容、达伍、熊飞、易庸、怀湘、繁星等。湖南省长沙人。1922年入长沙师范学校学习，毕业后在上海艺术大学文学系旁听。1930年加入中国共产党。1933年任《远东日报》编辑，不久，加入左联。1938年至抗战胜利前先后历任湖南《抗战日报》编辑主任、桂林《救亡日报》编辑、重庆《新华日报》编辑主任。新中国成立后历任北京市委宣传部副部长、教育部部长、市政协副主席。长期从事新闻宣传工作。1961年《人民日报》曾为他和夏衍等人开《长短录》杂文专栏；中共北京市委机关刊物《前线》半月刊杂志曾为他和邓拓、吴晗开辟《三家村札记》杂文专栏。1966年5月他和邓、吴三人被错定为"三家村反党集团"，遭到残酷迫害，直至 1979 年 2 月才得以平反昭雪。代表作有《分阴集》、《余烬集》、《纸上谈兵录》等。1986 年出版《廖沫沙文集》四卷。廖沫沙是"三家村"成员中，唯一逃过文化大革命死亡劫难的幸存者。1991 年 12 月 27 日因病逝世。

1934 年 7 月，鲁迅以"公汗"为笔名，发表了一篇杂感叫《倒提》，文章七百余字。为了不致产生理解上的歧异，我照抄如下：

西洋的慈善家是怕看虐待动物的，倒提着鸡鸭走过租界就要办。所谓办，虽然也不过是罚钱，只要舍得出钱，也还可以倒提一下，然而究竟是办了。于是有几位华人便大鸣不平，以为西洋人优待动物，虐待华人，至于比不上鸡鸭。

这其实是误解了西洋人。他们鄙夷我们，是的确的，但并未放在动物之下。自然，鸡鸭这东西，无论如何，总不过送进厨房，做成大菜而已，即顺提也何补于归根结蒂的运命。然而它不能言语，不会抵抗，又何必加以无益的虐待呢？西洋人是什么都讲有益的。我们的古人，人民的"倒悬"之苦是想到的了，而且也实在形容得切帖，不过还没有察出鸡鸭的倒提之灾来，然而对于什么"生刲驴肉"、"活烤鹅掌"这些无聊的残虐，却早经在文章里加以攻击了。这种心思，是东西之所同具的。

　　但对于人的心思，却似乎有些不同。人能组织，能反抗，能为奴，也能为主，不肯努力，固然可以永沦为舆台，自由解放，便能够获得彼此的平等，那运命是并不一定终于送进厨房，做成大菜的。愈下劣者，愈得主人的爱怜，所以西崽打叭儿，则西崽被斥，平人忤西崽，则平人获咎，租界上并无禁止苛待华人的规律，正因为我们该自有力量，自有本领，和鸡鸭绝不相同的缘故。

　　然而我们从古典里，听熟了仁人义士，来解倒悬的胡说了，直到现在，还不免总在想从天上或什么高处远处掉下一点恩典来，其甚者竟以为"莫作乱离人，宁为太平犬"，不妨变狗，而合群改革是不肯的。自叹不如租界的鸡鸭者，也正有这气味。

　　这类的人物一多，倒是大家要被倒悬的，而且虽在送往厨房的时候，也无人暂时解救。这就因为我们究竟是人，然而是没出息的人的缘故。（1）

　　我理解，鲁迅表达了这样几层意思：一、外国人未必把中国人看得不如鸡鸭。二、鸡鸭只有一种命运，那就是"无论如何，总不过送进厨房，做成大菜而已"。人则不同，人既可能沦为奴隶，任人宰割，也可能经过抗争，"便能够获得彼此的平等"。三、中国的某些人，宁愿忍受动物的境遇，把自己看作动物或不如动物的人，"其甚者竟以为'莫作乱离人，宁为太平犬'，不妨变狗，而合群改革是不肯的。自叹不如租界的鸡鸭者，也正有这气味"。四、要摆脱"倒悬"的命运，不能等"仁人义士"来解"倒悬"，不能"总在想从天上或什么高处远处掉下一点恩典来"，而要靠自己解救自己，不能把自己当作动物或动物不如的东西，比如"太平犬"之类，否则，那倒真的有了动物一样被宰杀的结局。

鲁迅从动物的命运而谈及中国人的命运，暴露了国民中的奴性心态，再度批判传统的恩赐观点，要中国人自强自立，以平等的姿态立于世界民族之林。

我自以为我以上的理解是符合原文的意思的，因为原文说得明明白白。

鲁迅的文章一发表就遭到廖沫沙（他发表文章时署名"林默"）的误解。

林默的文章叫《论"花边文学"》，（2）发表在攻击鲁迅最烈的《大晚报》上。虽然廖沫沙自己也是个典型的"杂感家"，但他在文中还顺势否定所有杂感，认为"颇尽了八股的能事的"，"虽然不痛不痒，却往往渗有毒汁，散布了妖言。"他把这种文章名之曰"花边文学"的杰作。"花边文学家的嘴和笔怎能蒙混过去呢？"廖沫沙预言，"花边体"的文章，"相去不远，就将有人来唾弃他的"，"花边文学"不论形式或内容，这类"走入鸟道以后的小品文变种"，"有流传不下去的一天罢"！

廖沫沙是这样理解鲁迅的文章的：

> 这意思极明白，第一是西洋人并未把华人放在鸡鸭之下，自叹不如鸡鸭的人，是误解了西洋人。第二是受了西洋人这种优待，不应该再鸣不平。第三是他虽也正面的承认人是能反抗的，叫人反抗，但他实在是说明西洋人为尊重华人起见，这虐待倒不可少，而且大可进一步。第四，倘有人要不平，他能从"古典"来证明这是华人没有出息。

廖沫沙不是没有阅读能力的人，我不知道他是怎么读的，怎么会读出这样的结论来！若不是出于别的什么动机，我只能说他当年在阅读这篇文章时，一时产生了智障。也许，他写这篇文章时正在发高烧？也未可知。从这种他自以为是的结论出发，接着，他便用恶毒的腔调攻击鲁迅：

> 上海的洋行，有一种帮洋人经营生意的华人，通称叫"买办"，他们和同胞做起生意来，除开夸说洋货如何比国货好，外国人如何讲礼节信用，国人是猪猡，该被淘汰以外，还有一个特点，是口称洋人曰："我们的东家"。我想这一篇《倒提》的杰作，看他的口气，大

抵不出于这般人为他们的东家而作的手笔。因为第一，这般人是常以了解西洋人自夸的，西洋人待他很客气；第二，他们往往赞成西洋人（也就是他们的东家）统治中国，虐待华人，因为中国人是猪猡；第三，他们最反对中国人怀恨西洋人。抱不平，从他们看来，更是危险思想。

文章下结论说，《倒提》代西洋人辩护，作者当然是"买办"了！在廖沫沙的眼里，鲁迅成了称国人为"猪猡"的"买办"了，成了洋人的走狗了。

廖沫沙对鲁迅的原文根本就没有读懂，他闭了右眼，鼓着左眼，只凭着革命的意气，愤怒声讨他的"假想敌"。也许鲁迅觉得不值一驳？对廖沫沙的叫骂，虽然"百感交集"，但没有直接答复，只是在两周后，写作《玩笑只当它玩笑》时，署名为"康伯度"，即英语"买办"，作为一种回敬。文章本意在表明关于中国语法里要加些欧化的主张，不料又引出一个叫"文公直"的公开信，给他加上出卖民族，"为西人侵略张目的急先锋（汉奸）"的罪名。在编这一年的杂文集时，鲁迅移用廖沫沙所赠的恶谥，就命名为《花边文学》。在《序言》中，他把"林默"和"文公直"称之为"鬼鬼祟祟，躲躲闪闪的攻击"。鲁迅说："这一个名称，是和我在同一营垒里的青年战友，换掉姓名挂在暗箭上射给我的。那立意非常巧妙：一，因为这类短评，在报上登出来的时候往往围绕一圈花边以示重要，使我的战友看得头疼；二，因为'花边'也是银元的别名，以见我的这些文章是为了稿费，其实并无足取。至于我们的意见不同之处，是我以为我们无须希望外国人待我们比鸡鸭优，他却以为应该待我们比鸡鸭优，我在替西洋人辩护，所以是'买办'。"1935年2月7日，在致曹靖华的信中，鲁迅又提到了这件事："去年春天，有人在《大晚报》上作文，说我的短评是买办意识，后来知道这文章其实是朋友做的，经许多人的质问，他答说已寄信给我解释，但这信我至今没有收到。"1936年1月7日，在致徐懋庸的信中，鲁迅说："年底编旧杂文，重读野容、田汉的两篇化名文章，真有些'百感交集'。""野容"即廖沫沙。鲁迅多次把绍伯（田汉）和林默的名字挂在一起。1934年12月18日，他写信给杨霁云说："叭儿之类，是不足惧的，最可怕的确是口是心非的所谓'战友'，因为防不胜防。例如绍伯之流，我至今还不明白他是什么意思。为了防后方，我就得横站，不能正对敌人，而且瞻前顾后，格外费力。"

对"买办"诸问题，廖沫沙也有解释。1985年《新文学史料》载文《廖沫沙的风雨岁月》，廖说"误伤"鲁迅是当时历史环境造成，自己不知所伤者是鲁迅，他并没有把他尊敬的鲁迅当敌人，只是把鲁迅的文章当"敌人"，文章发表后即由党组织派去做秘密工作，后又离开上海，直到1938年看到《鲁迅全集》才知真相。

这种说法，与鲁迅1935年2月7日致曹靖华的信有矛盾。从鲁迅的信看，鲁迅知道"这文章其实是朋友做的"，而这个"朋友"也知道"公汗"是鲁迅，"经许多人的质问，他答说已寄信给我解释"，只是鲁迅没有收到这封信而已。如果廖沫沙不知道是鲁迅，就没有写信给鲁迅解释之说。他到底知道不知道"公汗"即鲁迅？他有没有写信向鲁迅解释？这里，我无法判断廖沫沙是否诚实。

如果廖沫沙认为自己的观点是对的，是不是鲁迅，又有什么关系呢？如果廖沫沙的观点不对，那么，他对自己的恶意攻击，哪怕攻击的不是鲁迅，而是真实存在的一般作者"公汗"，是不是也应该有所说明？

廖沫沙的名字为中国读者所熟悉，这要归因于文化大革命。"四人帮"绝对不是"误伤"廖沫沙，这是大是大非问题，已经有历史结论了。听说廖沫沙只是"误伤"鲁迅，我还是看不到是非，也许他认为他的观点还是对的，只是抨击的对象错了？也未可知。这，真也让我"百感交集"了。

注释

(1)《花边文学·倒提》，《鲁迅全集》第5卷，第490页。

(2) 发表于1934年7月3日《大晚报》，作为附录收入《鲁迅全集》第5卷。本文所引廖沫沙言论，除特别指明外，均出此文。

"转向"与"胡风问题"
——鲁迅与穆木天

  穆木天（1900—1971），诗人、文学翻译家。著有诗集《旅心》、《流亡者之歌》等。原名穆敬熙。吉林伊通人。1918年赴日本留学，入东京第一高等学校预科。1920年开始诗歌创作。1921年加入创造社。1923年入东京帝国大学攻读法国文学。其间在创造社刊物上发表诗作数十首，后大都收入诗集《旅心》中，这些作品抒发对乡土的眷恋，情调忧伤，受法国现代诗作影响较深。他被誉为"中国象征派诗歌理论的奠基者"。1926年回国，先后在中山大学等高校任教。1931年抵上海，加入左翼作家联盟。同年9月与蒲风、杨骚、任钧等组织中国诗歌会，提倡现实主义的大众化的诗歌运动。抗战爆发后去武汉，加入中华全国文艺界抗敌协会，任理事，并主编诗刊《时调》和《五月》。穆木天从 20 年代到 50 年代，翻译外国文学作品达 120 种。

关于翻译问题，20 世纪 30 年代鲁迅与穆木天有过论争。这些文章分别是鲁迅的《为翻译辩护》、《关于翻译（上）》、《论重译》、《再论重译》，穆木天的从《为翻译辩护》谈到楼译《二十世纪之欧洲文学》、《各尽所能》、《论重译及其他（下）》。我通读了这些文章，认为彼此间的态度是理性的平和的，探讨的是翻译的技术问题，有的是学术问题。这时的鲁迅对穆木天说不上好感，也无恶感。

1932 年 1 月 28 日日寇开始进攻上海。穆木天这时撰写了不少民间小调和歌谣，油印些墙头诗，在市内散发，鼓励军民积极投身抗战。由于穆木天全身心投入抗日活动，使得妻子麦德广有时很难找到他。这种情景，鲁迅在 1932 年 3 月 31 日写的《赠蓬子》（1）一诗中，有如下记述：

蓦地飞仙降碧空，云车双辆挈灵童。

可怜蓬子非天子，逃去逃来吸北风。

穆木天的夫人麦德广带着他们的儿子穆如意乘人力车去姚蓬子家寻穆木天，可惜姚蓬子并不是穆木天。这里鲁迅戏称穆木天为穆天子，盖由中国古代的周穆王（穆天子）而来。这样害得穆木天的夫人只好离开姚家边寻夫边逃难，"逃去逃来吸北风"了。这首诗有点风趣,主要表现了鲁迅对穆木天夫妇颠沛流离生活的关切,似也可见鲁迅与穆木天的距离不是太远。

鲁迅对穆木天有了反感,是缘于他在与"四条汉子"争论中牵涉到的所谓"转向"与"胡风问题"。

1934年7月穆木天在上海被国民党当局逮捕,同年9月出狱前夕,他写了一份改变自己政治、文艺主张的材料,这份材料没有经穆木天许可——在当时的情况下,当局也用不着经他许可——发表在1934年9月26日《申报》,全文如下:

> 文艺是社会的表演。现在中国需要什么样的文艺,以及什么能在中国产生出来的问题,是可以由现在中国社会基础所决定的。中国是一个产业落后的国家,自海禁大开,帝国主义如怒潮似地到了中国,节节进攻,以致使中国成为了次殖民地。帝国主义与中国的封建势力严紧地结合起来,因之帝国主义的铁蹄的压迫,日益变本加厉。在这种情形之下,什么是中国民族的出路呢?中国民族革命,应当取怎样的路线呢?简单地说,就是中国全民族,互相结合起来,以民族统一战线,向帝国主义和封建残余发动前(进?)攻,以争取民族解放,而达到民族复兴的目的。在现阶段的中国,因民族资本主义不发达之故,实无尖锐的阶级对立之可言,更谈不到有阶级斗争。鼓吹阶级斗争,适足以破坏民族的解放

运动之统一战线。现在中国社会情形是如此，那么中国文艺的正确的动向应该如何，可以知道了。现在中国所需要的、可能产生的，可以说，不是普罗文学，而是供民族统一战线坚固的民族文学，在现在中国作家，是必须理解正确的三民主义的人生观世界观，而透过这种人生观世界观去观察社会现象，更用最精巧的技巧，把客观的理实，制作为最高级的艺术品，用艺术的力量把民族的统一战线坚固起来，这是每一个前途（进？）的民族作家的责任，而同时作家更须对民族主义的诸种文学形态相斗争，但为的建立民族文学，艺术上的技术研究，更是必要的。中国是文化落后的国家，除了一方面整理中国的旧有文学作品，而又一方介绍翻译西方文学名著，不是以汹汹地建立起来新的科学的表现技术，这样说，在中国现在应当大批的具体地介绍西方的古典作品，而同时把中国的古典文学科学整理起来，现在是必什么都为必要的，现在一切作家，都应当向着民族文艺之建设而努力，都应朝着这个最正确的目标各尽所能地发展自己的个性与天才。只有努力建设民族文艺，是领导中国民族走向自由平等之路的。（2）

应该指出的是，此文不是作为单独的一篇文章发表，而是由国民党有关当局策划，即所谓的穆木天、江汉雯、刘智民的《左联三盟员发表脱离宣言》，其中引用了穆木天的文章。

关于穆木天的问题，他的女儿穆立立发表了《穆木天冤案始末》一文，作了详尽的介绍。我基本上赞成这篇文章的观点，也对穆木天在新中国成立后的遭遇深表同情。但是，对所谓"转向"问题，却有一些想法。

穆立立说："实际情况是：我父亲穆木天 1934 年夏在上海被捕后，根本没有承认自己是左联成员。只是在他出狱时，为应付反动当局，以一个普通文化人的身份，写过一篇有关文艺观点的东西，其中既没有说自己是左联成员，更没有要脱离左联。从当时的时代背景和他在敌人面前摆出的作为一个普通文化人的身份来看，这篇东西说不上有什么问题。"

穆木天的文章是在出狱前而不是出狱后写的，不是他主动给报纸投稿，而是国民党当局的一种安排，是在他出狱的同时报纸予以发表。如果没有考虑以上因素，这篇文章确实可以看作是一篇普通文化人的一般性的文章。此其一。第二，文中的观点已经客观上与左联的宗旨背道而驰。"在现阶段的中国，因民族资本主义不发达之故，实无尖锐的阶级对立之可言，更谈不到有阶级斗争，适足以破坏民族的解放运动之统一战线……现在中国所需要的，可能产生的，可以说，不是普罗文学，而供民族统一战线坚固的民族文学"——穆木天有了这样的思想，作为一个曾经的左联成员，在当时国共对立的特定历史条件下，不赞成阶级斗争，否认普罗文学，鼓吹"三民主义",依我看来,已经客观上宣布了自己的"转向",也足够国民党将其释放的条件了。第三,穆木天有没有承认自己是左联成员,这我们无从知道,说他没有承认,穆立立也拿不出过硬的证据。当年,左联还不完全是地下党,左联成立的消息是登在报刊上的,左联成员也是公开发表文章。也不是说,一旦是左联成员了,就必定要抓起来。穆木天可以不说自己是左联成员,也可以不必发表"退出左联"这样直白的声明,但是,穆木天毕竟是"转向"了。说穆木天"转向",我至今仍然认为并不为过。穆木天悔过,与杨邨人发表"公开信"、瞿秋白说"多余的话"一样,这是他的自由。他值得肯定的地方是,没有出卖同志和朋友,正如穆立立所说"穆木天的被捕,没有给左联和党造成任何组织上的损失"。因此,认定他为"转向"者,而不是叛徒,应该是可以成立的。"转向",属于思想观念范畴;"叛徒",则是政治上的出卖。

穆木天获释后散布了胡风是南京派来的内奸的谣言。其根据是,在狱中主审官审问他时,什么人都问了,就是没提到胡风。同时,穆木天还向左联党团报告此谣言。在当时无法查证的情况下,左联一些领导人对胡风产生了怀疑。

穆木天捕风捉影的谣言被与胡风同在中山教育馆工作的韩侍桁听到。韩原为左联中人,后加入了"第三种人",为鲁迅所鄙视。胡风曾与韩侍桁笔墨相讥,两人很有些积怨。

因此韩幸灾乐祸，在馆内四处传播，并当众对胡风说："你老兄不错，又拿共产党的钱，又拿国民党的钱。"此言经传播后，有人干脆就称"胡风拿国民党的钱，为共产党办事"。

胡风在中山文化教育馆难以为继，不得不辞去此职。

对穆木天的谗言以及韩侍桁的恶意讽刺，胡风非常气愤，他专门找到周扬，要求澄清穆木天的谗言。胡风当时任左联行政书记，这样的要求也是正当的，否则他无法工作。但周扬并没有否定穆木天的谗言，也不作任何安抚性的表示，只告诉胡风，因为工作关系，他要搬家了，而且也没有告知新的地址。这无疑意味着对胡风的不信任。周扬的态度刺伤了胡风的自尊心，他很快便宣布辞去左联行政书记，将工作移交给了田汉。以后胡风专门跑到鲁迅家中报告了事情的经过。鲁迅沉默半晌后说："只好不管它，做自己本分的事，多用用笔……"

鲁迅对穆木天的被捕表示过关切，1934年8月5日致郑振铎信中说："穆木天被捕，不知何故，或谓与希图反日有关云。"看了穆木天的材料以后，鲁迅对他的看法不佳。1935年1月8日，在致郑振铎的信中，鲁迅颇发了一通感慨："青年好游戏，请游戏罢。其实中国何尝有真正的党徒，随风转舵，二十余年矣，可曾见有人为他的首领拼命？……穆公木天也反正了，他与另三人作一献上之报告，毁左翼唯恐不至，和先前之激昂慷慨，判若两人，但我深怕他有一天又会激烈起来，判我辈之印古董以重罪也。（穆公们之献文，是登在秘密刊物里的，不知怎的为日本人所得，译载在《支那研究资料》上了，遂使我们局外人亦得欣赏。他说：某翼中有两个太上皇，亦即傀儡，乃我与仲方。其实这种意见，他大约蓄之已久，不过不到时候，没有说出来。然则尚未显出原形之所谓'朋友'也者，岂不可怕？）"

了解了穆木天"转向"，以及他在狱中的收获——知道了胡风是"内奸"这一事实，我们就可以来谈谈所谓"胡风问题"了。

在鲁迅与周扬等"四条汉子"的关系中，有"四条汉子"在内山书店向鲁迅汇报工作这一幕。当时，田汉很率直地、无所顾忌地对鲁迅说："胡风这个人靠不住，政治上有问题。请先生不要太相信这种人。"我们知道，鲁迅对胡风深为信任，"政治上有问题？你是听谁说的？"鲁迅闻此很不高兴，脸色非常严肃。

"听穆木天说的。"田汉回答。

"穆木天是转向者。转向者的话你们相信，我不相信。"鲁迅显然对田汉的话已很反感了。瞬间，空气仿佛有些凝固。田汉见此亦不再多言。

后来，鲁迅在《答徐懋庸并关于抗日统一战线问题》（3）一文中是这样记载这件事的：

　　　　胡风我先前并不熟识，去年的有一天，一位名人约我谈话了，到得那里，却见驶来了一辆汽车，从中跳出四条汉子：田汉，周起应，还有另两个，一律洋服，态度轩昂，说是特来通知我：胡风乃是内奸，官方派来的。我问凭据，则说是得自转向以后的穆木天口中。转向者的言谈，到左联就奉为圣旨，这真使我口呆目瞪。再经几度问答之后，我的回答是：证据薄弱之极，我不相信！当时自然不欢而散，但后来也不再听人说胡风是"内奸"了。

胡风到底有什么问题呢？这是我们应该搞清楚的。胡风从日本回国后不久，即在中山文化教育馆供职。文化教育馆是个非官方的民间文化教育机构，由孙中山的长子孙科主办。它搜罗了一批懂外文的人才，翻译世界各国的政治、经济资料，登载在自办的《时事类编》杂志上。当时左联盟员韩起的朋友杨幸之是《时事类编》负责人陈和的秘书。正是通过韩起、杨幸之，胡风才进入中山文化教育馆从事编译工作，这样每月可有100元的收入。胡风曾将此情况专门向左联党团书记周扬以及茅盾等人汇报过。他们均同意胡风兼那边的工作。当时与胡风同在文化教育馆工作的同事中，有一些是中共党员和国民党"左"倾人士，如张仲实、潘蕙田、沈兹九、罗又玄等。胡风的这段经历本来并不保密，也没引起什么异议，但后来却因穆木天的缘故而使问题复杂化了。

鲁迅虽然不是党务工作者，但凭直觉，凭他对胡风为人的了解，坚持认为胡风没有问题。有了以上分析，我们应不难理解鲁迅当时听到田汉对胡风的指责后，所表现出的态度了。当然，田汉也并非为了个人恩怨而怀疑胡风。他只是出于一个地下工作者的警惕性，并且为鲁迅担心。但是，田汉的话事实上是对胡风极不负责任的，而且造成的伤害也是很大的。幸好鲁迅并没有因此受到影响，他始终保持着对胡风的信任。

最后，我不得不指出的事实是，韩侍桁也罢，田汉也罢，一切根源皆出于自己"转向"了，却无根据地说别人是"内奸"的穆木天。

早在 1930 年，鲁迅在《对于左翼作家联盟的意见》一文中，就断言"'左翼'作家是很容易成为'右翼'作家的"。穆木天本来是"左翼"作家，"转向"后发表了"中左偏右"的文章，接着，再转向，很有"左倾"派头地攻击别人是"内奸"。终于成了鲁迅所经常说的"多变"的人，也许还可以算一个典型。

1936 年秋，在鲁迅去世前半个月左右，穆木天和郑伯奇、日本友人鹿地亘一起去看望病中的鲁迅。穆木天于 1939 年在昆明写的纪念鲁迅先生的政治抒情诗《秋风里的悲愤》中，曾这样记述了他们的这次会面：

在我们最后的会见中，

你拿着新出的《海上述林》，

欢喜地给我看。

我记得，在那时，

在伯奇，

好像还有鹿地。

你告诉我们说：

健康恢复了。

我问你：什么病？

你说：是二十年的肺结核。

我惊讶：你为什么不告诉人！

你说：只有抵抗，说又有什么用！

　　蔡宗隽说："从这一历史论述中，我们可以看到鲁迅先生对郑伯奇、穆木天、鹿地亘能如此亲切的予以接待，自然表明了他对穆木天的误会已经消解，因为鲁迅先生是从不搞虚假应酬的人。"（4）但是，我还是为没有看到鲁迅为这次与穆木天等人的见面以及与他尽释前嫌的文字记录而遗憾。

　　不久，鲁迅先生就辞别了人世。

　　穆木天得知鲁迅逝世的消息，心情十分沉痛，在这首诗中他这样写道：

可是，不到半个月，

你的凶耗就传来了。

虽然我在病中，

没能参加你的葬列，

可是，我在你的坟头，

很凄凉地，

真不知徘徊有多少次！

鲁迅逝世后，在几首怀念鲁迅的诗中，穆木天认为鲁迅精神是中华民族的巨大财富，鲁迅不愧为中华民族的"民族魂"。他在诗中说，每想到鲁迅，"总是想象到我们的新生的祖国！／鲁迅老人！／你确是我们新中国的象征！"穆木天由衷地热爱鲁迅先生的作品，抗战时期，他购买了一本北新书局出版的大32开、毛边本的《呐喊》，这是他长期从事教学工作的用书，书页上布满了他用毛笔和钢笔作的眉批和圈圈点点。在抗日战争时期，穆木天先后在广州、昆明、桂林、湖南等地的大学执教，全家过着颠沛流离的生活，"自己的著作大部分都丢失了，但这本《呐喊》，爸爸却在风雨中一直带着。带着它，作为自己的战斗武器，带着它，作为把青年渡往革命一边的'桥'。"（5）

穆木天1967年底被关进"牛棚"，1970年出"牛棚"。1971年10月的一天，他倒在自己独居的房间里，数日后才被人发现。1975年7月，当时的"中央专案组"对穆木天的问题作了"是叛徒，属敌我矛盾"的结论。1979 年北京师范大学开始对穆木天的问题进行复查。1981 年 4 月，中共北师大委员会把复查意见报北京市委审批。1981 年 7 月，中共北京市委组织部对中共北师大委员会作了批复，同意"撤销 1975 年 7 月 8 日原中央专案审查小组给穆木天同志所作的结论，予以平反、恢复名誉"。1981 年 11 月 17 日，在北京八宝山革命公墓礼堂举行了穆木天与他的妻子彭慧的追悼会。

注释

（1）《鲁迅全集·集外集拾遗》。

（2）转引自穆立立《穆木天冤案始末》，此文文理不通之处甚多，为何如此，待考；另，原文全是顿号，一顿到底，现在的标点符号为我所加。

（3）《鲁迅全集·且介亭杂文末编》。

（4）蔡宗隽：《鲁迅与穆木天》，《吉林师范学院学报》1996 年第 9、10 期。

（5）穆立立：《穆木天冤案始末》，《新文学史料》1999 年第 4 期。

参考文献

（1）蔡宗隽：《鲁迅与穆木天》，《吉林师范学院学报》1996 年第 9、10 期。

（2）穆立立：《穆木天冤案始末》，《新文学史料》1999 年第 4 期。

"骂别人不革命，便是革命者"
——鲁迅与张春桥

张春桥即狄克（1917—2005），山东巨野人，20世纪30年代曾参加左联活动，写过一些评论文章。70年代成为"四人帮"极"左"集团主要成员之一。

1968年4月12日，进入"文革"动乱第三年的上海，一夜之间，街头巷尾贴出了许多炮打张春桥的大标语。"狄克就是张春桥，打倒张春桥！"这就是著名的"四·一二上海炮打张春桥事件"。

"狄克"是怎么回事？其实，这根本不是什么秘密，20世纪30年代和张春桥有来往的一些青年作家乃至1949年后上海文化人的圈子里，许多人都知道"狄克"就是张春桥。张春桥自己在给组织写的自传里，也几次说明过。并不像后来一些传记文学中所说的"连张春桥的档案上也无此记载"，张春桥"也从未向人透露过这一'机密'"。

据周楞枷晚年的回忆（1）：1936年3月初的一天下午，他和周昭俭正在房内看书，王梦野、张春桥走了进来。看到桌上放着萧军的《八月的乡村》和萧红的《生死场》，大家便以东北作家为话题聊起来。

周楞枷认为，东北作家除了李辉英的文学表达能力稍差外，其余几位作家都写得很好，尤其是《八月的乡村》最为出色，所以很畅销。

张春桥一脸妒意地摇摇头说："我看有些地方不真实。"

周问："何处不真实？"

张春桥似乎早有准备，翻开一页，指着一段描写人民革命军攻克一个村庄的文字说："这就写得不真实。"

周楞枷不以为然地反问："你没有这种生活经验，怎么知道他写得不真实？……"

这时，王梦野突然插嘴说："他就是不该早早从东北回来，要不然可以写得更好一点！"

谈话结束了，约十天后的3月15日，张春桥根据这次谈论中他和王梦野的观点，以"狄克"为笔名在《大晚报》副刊《火炬》上发表了一篇批评《八月的乡村》的文章，题为《我们要执行自我批判》（2），含糊不清地对田军（萧军）著《八月的乡村》及鲁迅为它所做的序进行攻击。他把鲁迅对《八月的乡村》的肯定视为"无异是把一个良好的作者送进坟墓里去"。鲁迅当即作《三月的租界》（3）一文，予以批驳。

张春桥主要是因为以下这段话而遭到鲁迅的批驳的：

> 《八月的乡村》整个地说，他是一首史诗，可是里面有些还不真实，像人民革命军进攻了一个乡村以后的情况就不够真实。有人这样对我说："田军不该早早地从东北回来"，就是由于他感觉到田军还需要长时间的学习，如果再丰富了自己以后，这部作品当更好。技巧上、内容上，都有许多问题在，为什么没有人指出呢？

应该说，张春桥肯定了"他（它）是一首史诗"，有了这个前提，还是有一点公正的。以下的批评，是带有美中不足的缺憾，似乎不好说是恶意的攻击。当然，这段话也暴露了极"左"评论家天生的可憎面目，他们指手画脚，要作家要这样不要那样，要这么写不要那么写。这类所谓的批评家，自己不搞创作，也不懂创作规律，除了有一套"左"的框框以外，什么也没有，实在讨人嫌。早在1924年6月21日，鲁迅在致郑振铎的信中，就对张春桥之类的人，有了某种体验。他说："骂别人不革命，便是革命者，则自己不做事，而骂别人的事做得不好，自然便是更做事者。"张春桥就是这样"更做事"的"革命者"。

其实，在我看来，鲁迅根本没有必要去理睬这样无聊的东西，然而鲁迅还是动气了——也许是出于对萧军的爱护？

《三月的租界》题目就颇有讽刺意味，评论家躲在三月的租界里，叽咕着"田军不该早早地从东北回来"！革命家若都是这样，自己躲在租界里，要求别人到敌占区去，那么，这样的革命家是多么虚伪呀！况且，并非离开了敌占区就不能写反映抗日生活的作品，就好像要描写妓女，未必要去嫖娼一样。鲁迅是这样推论的："假如'有人'说，高尔基不该早早不做码头脚夫，否则，他的作品当更好；吉须不该早早逃亡外国，如果坐在希忒拉（按：通译希特勒）的集中营里，他将来的报告文学当更有希望。"由此可见，张春桥的要求萧军不要离开东北，是多少荒唐！接着，鲁迅进一步指出，你狄克也等不及"丰富了自己以后"，再来作"正确的批评"，这位"有人"先生和狄克先生大约就留在租界上，"并未比田军回来得晚"。自己溜之大吉，躲在租界，又怎么要求别人应该这样不应该那样呢？

张春桥还说："我相信现在有人在写，或豫备写比《八月的乡村》更好的作品，因为读者需要！"这是标准的废话，把将来要出现的好作品来比较，进而否定已经存在的作品，这是一种虚无的假设。是的，将来可能有比《红楼梦》更伟大的作品，那么，这之前的作品都在应否认之列吗？鲁迅认为："到这里，就是坦克车正要来，或将要来了，不妨先折断了投枪。"显然，这是替"他们"缴械。所以，鲁迅认为"我们有投枪就用投枪，正不必等候刚在制造或将要制造的坦克车和烧夷弹"。

在张天翼家里，张春桥见到过胡风，曾经托他代为转达对鲁迅的敬意，希望能拜见一面。不久，"两个口号"的争论激化，张春桥坚决站在提出"国防文学"口号的周扬一方，和胡风不再来往。周扬当年是左联的领导者之一，张春桥追随周扬，与以后的搞"四人帮"集团，没什么必然的联系。周扬搞左联，搞"国防文学"，是遵共产国际之命，张春桥追随周扬，若不说是革命，至少也是进步的表现。他要萧军留在东北，与以后毛泽东的《在延安文艺座谈会上的讲话》，关于"深入生活"之类的内容，不说一致，也并不矛盾。况且，鲁迅也认为狄克"要执行自我批判"是"好心"，因为"那些作家是我们底"的缘故。显然，鲁迅并没有把张春桥推到"我们"之外的"他们"中去。揭批"四人帮"时，把张春桥描述成天生的反革命。其实早在20世纪30年代他就被鲁迅痛斥过了，这是当时历史条件所局限，因而给我们留下了一点可供茶余饭后闲谈的滑稽。

鲁迅的《三月的租界》发表以后，张春桥十分惶恐地急忙写了一封信，（4）托内山书店转交鲁迅，进行辩解。这篇1977年揭批"四人帮"时才影印公开的信稿说：

敬爱的先生：

头几天，偶然地到新钟书店去，看到《夜莺》第 3 期的稿件，里面有先生底那篇《三月的租界》，是关于我的。这使我心中不安了好几天了；经过几天的思索，我才写这封信给先生。

关于我那篇文章，所以要写它，是由于当时读到《新文化》以及其他刊物上对于某些作品的忽略或批评的不够，先生知道的，是一片"好心"。我希望我们底批评家多一些工作，对于读者作者都有益的。

固然在这连投枪也很少见的现在，对于《八月的乡村》这样的作品，是应当给以最高的评价的。然而，敬爱的先生，我们是不是有了投枪就不去制造坦克车呢？就是不制造坦克车的话，在投枪制出以后我们是不是要经过大家底研究和改进呢？如果说要的话，我底意见便在这里。我希望这投枪更加尖锐，雄壮，绝没想把它折断。对于田军，像对于每个进步的作家一样，我是具着爱护心的。写那篇文章也似乎是由于太热爱了些——以致有些话说得过火。但是，先生，对于"田军不该早回来"这句话我并不是盲从，是有理由的，现在却不必说了，因为他和肖红已经回来了，从那血腥的世界跑到这个血腥的世界里来了，而又献给了人们《八月的乡村》这部书，我还说什么呢？说出来，只能使我们当中有了误会和隔膜。我认为现在还没有什么误会太大的地方。

我所要说的话，似乎就是这些。总括一句就是希望先生能够明了我底原意，虽然《三月的租界》这题目很伤大家底感情我也不想说什么了。只希望先生能够给我一个信，使我安安心。同时，我还有许多意见告诉田军，也想在下次信里说。

信，请寄《大晚报·火炬·星期文坛》编辑部转我吧！

祝福你的健康！

狄 克

4月28日，鲁迅在日记记载："午后……得狄克信。"也许，鲁迅终于感到了理睬狄克的无聊吧，"若与此辈理论，可以被牵连到白费唇舌，一事无成"，并未复一字。两天后，鲁迅仍然写了《〈出关〉的"关"》，对狄克不留情面地继续予以抨击。

5月4日，鲁迅在致王冶秋的信中，又一次提及"狄克"："四月十一日的信，早收到了。年年想休息一下，而公事、私事、闲气之类，有增无减，不遑安息，不遑看书，弄得信也没功夫写。病总算是好了，但总是没气力，或者气力不够应付杂事；记性也坏起来。英雄们却不绝的来打击。近日这里在开作家协会，喊国防文学，我鉴于前车，没有加入，而英雄们即认此为破坏国家大计，甚至在集会上宣布我的罪状。我其实也真的可以什么也不做了，不做倒无罪。然而中国究竟也不是他们的，我也要住住，所以近来已作二文反击，他们是空壳，大约不久就要消声匿迹的：这一流人，先前已经出了不少。"鲁迅所说的"作二文反击"，这"二文"便是《三月的租界》和《〈出关〉的"关"》。可见，鲁迅对于"不绝的来打击"的"狄克""这一流人"是何等的愤慨和轻蔑。他们是"空壳"，与以后鲁迅斥责的"呆鸟"理论家一样，是很快就会销声匿迹的。我不得不佩服鲁迅的判断。不过，有一点也许鲁迅没有弄明白，张春桥、周扬他们，从来就不是纯粹的批评家，他们是以批评为武器从事反对当时政府的革命活动，是职业革命家。文艺在他们那里，是工具而不是目的。

有一段轶闻，似乎应该留下，为读者增加一些阅读的愉悦。1987年12月19日香港《文汇报》曾在"旧闻新编"栏目内，发表《萧军怒打张春桥》一文。文中写道：

> 鲁迅逝世后，正在日本的萧红立刻赶回上海，当天就和萧军到鲁迅先生的墓前拜祭。他们在墓前焚烧了先生生前倾注大量心血编辑的几本刊物和萧红在东京为先生买的画册，寄托哀思。这次祭扫，不知怎么竟让狄克得知，他便又在《大晚报》上攻击二萧是"鲁门家将"、"鲁迅的孝子贤孙"、"烧刊物是传播迷信"等等。萧军原是粗人，他找到《大晚报》社址，冲进编辑室，对

狄克和他的走卒马吉峰说："我没功夫和你们拌嘴，就是要揍你们。你们能打过我，以后悉听尊便。如果打不过，你们再出这样文章，我是见面就揍你们三通！"

某日，双方按约而来。萧军一对二。狄克用拳护住脸，学着西方拳击的样子，两脚上下摆动就打来一拳，萧军轻轻一挡，顺势一个扫堂腿，狄克跌了个仰面朝天。高个子马吉峰忙护着狄克，把他抱到一边大树下去喘气。回头朝萧军一拳打来。这小子虽有点功夫，焉是萧军的对手，三拳两脚，就趴下告饶啦！

"萧先生！我服输，以后再也不敢了！"

"那么，文章呢？"萧军问。

"再写那样文章剁手指，本来也是他（指狄克）叫我写的。"

这场文坛武斗传为美谈，后人写有打油诗一首，以为赞美：

萧军怒打张春桥，狄克三魂吓出壳。

狗头军师结"四帮"，老萧为此险遭刀。

注释

(1)《鲁迅〈三月的租界〉发表内情》，《中国档案报·档案大观》2004 年 6 月 16 日。

（2）《恩怨录·鲁迅和他的论敌文选》，今日中国出版社
1996 年 11 月版。

（3）《鲁迅全集·且介亭杂文末编》。

（4）原件存北京鲁迅博物馆，引自《恩怨录·鲁迅和他
的论敌文选》，今日中国出版社 1996 年 11 月版。

"同一营垒"："旗手"与"战友"的纷争
——鲁迅与"四条汉子"

一

中国人对"四条汉子"这一词目并不陌生，它有两层含义：一是鲁迅的本意，它既表现了对"四条汉子"的不满，同时也是鲁迅语言风格的一种展示，是一种调侃，也是一种幽默；一是"四人帮"以鲁迅对"四条汉子"的批评为借口，无限上纲，对"四条汉子"进行政治迫害，它成了某一历史时期若干人政治命运的象征，成了一条政治术语。

我之所以把鲁迅本来意义上的"四条汉子"捆在一起写，是因为鲁迅"骂"他们的重要部分，是针对他们几位的；还因为他们中有的人，除了被鲁迅捆在一起"骂"了几句外，与鲁迅并没有太多的关系，不好独立成章。

我们照例应该介绍一下被"骂"者的生平简况。

周扬（1908—1989），原名周起应，笔名周筅、绮影、谷扬等。湖南益阳人。文艺理论家、翻译家。有《周扬文集》《安娜·卡列尼娜》等著译行世。新中国成立前曾任中共上海中央局文委书记、中共左联党团书记、《文学月报》主编等职。新中国成立后历任文化部副部长、全国文联副主席、中宣部副部长、中国社会科学院副院长等职。

田汉（1898—1968），字寿昌，笔名汉儿倚声、伯鸿、绍伯、叔常等。湖南长沙人。剧作家，诗人。五四运动后，参加少年中国学会，并和郭沫若、成仿吾、郁达夫等组织创造社。1930年参加中国自由运动大同盟、左翼作家联盟等。积极参与组织左翼戏剧家联盟，担任左翼戏剧家联盟党团书记、中共上海局文委委员。其间与音乐家聂耳、冼星海、张曙等合作，写了大量革命歌曲，其中《义勇军进行曲》影响最大，新中国成立后被采用为国歌。

夏衍（1900—1995），原名沈乃熙，字端轩，笔名沈端先、蔡叔声等。浙江杭州人。剧作家、散文家、翻译家。著有《包身工》、《赛金花》、《上海屋檐下》等。参与筹建左翼作家联盟，并被选为执行委员，负责同国际左翼文艺团体的联系工作。随后又与田汉等发起组织左翼剧联，并为主要领导者之一。

阳翰笙（1902—1993），原名欧阳本义，字继修，笔名华汉、寒生等。四川高县人。小说家、剧作家。参与发起组织左翼作家联盟，先后任左联党团书记、文总党团书记和上海局文委书记。

"四条汉子"典出由冯雪峰起草、鲁迅修改定稿的鲁迅名文——《答徐懋庸并关于抗日统一战线问题》（1）。

鲁迅是这样描述的：

> 去年的有一天，一位名人（按：指沈端先，即夏衍）约我谈话了，到得那里，却见驶来了一辆汽车，从中跳出四条汉子：田汉、周起应，还有另外两人（按：即夏衍和阳翰笙），一律洋服，态度轩昂……

这里，就像鲁迅在《答杨邨人先生公开信的公开信》中把杨邨人比喻为"革命场中的一位小贩，却并不是奸商"一样，有讽刺，有挖苦，亦有调侃，亦有幽默，却绝无政治上一棍子把人打死的恶毒用意。况且，鲁迅只是一个文人，手中绝无"中央文革小组"成员那样以言治罪，甚至置人于死地的大权。大约，鲁迅也绝对想不到，他的讽刺与幽默，日后竟然成了"四人帮"整"四条汉子"的工具。

"四条汉子"之一的夏衍，在过了近半个世纪以后的1979年，对鲁迅仍然耿耿于怀，愤愤不平。他在《一些早该

忘却而未能忘却的往事》(2)（以下简称《往事》）一文中写道:

> 鲁迅给徐懋庸的信是 1936 年 8 月写的，那么，信中所说"去年的有一天，一位名人约我谈话了"一语的"去年"应该是 1935 年，而 1935 年秋天，阳翰笙、田汉早已被捕，被押到南京去了，怎么会有"四条汉子"去看鲁迅呢？这分明是错的。又如"却见驶来了一辆汽车，从中跳出四条汉子……一律洋服，态度轩昂"。到过旧上海的人知道，内山书店所在地北四川路底，是所谓"越界筑路"区域，那里既有工部局巡捕，又有国民党警探。在当时那种政治情况下，我们四个人在内山书店门口下车，会引人注意，所以我们的车子过了横浜桥，在日本小学前停下来，然后四人分头步行到内山书店，而其时鲁迅是在书店门市部里间等着我们，不可能"却见驶来了一辆汽车，从中跳出……"的。"一律洋服"也不是事实，其他三人穿什么我记不起来了，而我自己却穿着一件深灰色骆驼绒袍子。因为一进内山的日本式会客室，在席子上坐很不方便，就把袍子脱了，所以我还能记得。至于"态度轩昂"，那时我们都是三十上下的人，年纪最大的田汉 36 岁，身体也没病，所以"轩昂"了一点可能是真的。这是干部向领导人汇报工作，是战友间的会见，既不是觐见，也不是拜谒，那么不自觉地"轩昂"

了一点，也不致犯了什么不敬罪吧。

　　夏衍把鲁迅批驳得体无完肤了，鲁迅关于"四条汉子"那段话，没有一句是准确的，是对的。读罢，我觉得是一个严谨而不领风趣的人，在一本正经地批驳一个幽默的人（不知缘何，此时我想起了顾颉刚的"骂"鲁迅）。鲁迅是一个作家，而且是一个幽默的作家，他采用的是形象的模糊的思维。夏衍在这里，有一点像一个科学家，逐字逐句进行推敲。鲁迅说，今天好冷啊！夏衍跑到气象台取了资料以后说，不冷，鲁迅说错了，今天是 12 度，12 度怎么算冷呢？

　　当年，我读了夏衍的这篇大作后，曾惊奇夏衍的"气"郁积于胸中四十多年而居然未转为瘤！现在想来，其实夏衍原本是无气的，他也知道，"鲁迅写到他不满的人的时候，常常会信笔写来，加以艺术夸张"。（《往事》）我以为，他的"气"是因为"四人帮"借"四条汉子"这一帽子迫害他们而生的。他以上这段话，与其说是对鲁迅的批驳，不如说是对"四人帮"的愤恨——"四条汉子"的帽子，整得他够苦，今天不得不把话说清楚。

二

　　1927 年 11 月 23 日的《鲁迅日记》记载："晚得田汉信，

夜复。"鲁迅与田汉早有往来，大约因了田汉也是早期创造社一员的缘故吧。鲁迅与田汉的第一次见面，是 1930 年 2 月 13 日，他们分别出席在上海汉口路"圣公会"秘密举行的"中国自由运动大同盟"成立大会。15 日又在《中国自由运动大同盟宣言》上签写了各自的名字。

鲁迅对于田汉的印象似乎特别不好。

早在 1921 年 8 月 29 日，鲁迅在致周作人的信中就说："我近来大看不起郭沫若田汉之流。"为什么看不起呢？信中没说，还有待考证。不过，多少也有一点文人意气，这在本书有关郭沫若的章节里，我已有介绍。夏衍也说："加了一个田汉，我当时就感到有点意外，因为在这之前，我曾不止一次地听到过鲁迅对田汉有不好的印象。"（《往事》）

田汉与创造社诸人一样，颇有才子气。才子好冲动，多少有点飘。这与深沉、冷峻的思想家鲁迅反差很大。对田汉放达张扬的表现，鲁迅自然难以接受。据夏衍说，一次，内山完造在一家闽菜馆设宴欢迎日本左翼作家、日本无产者艺术联盟委员长藤森成吉，鲁迅、茅盾、田汉、夏衍等应邀作陪。酒过三巡，田汉酒酣耳热，便开始了高谈阔论。因为席间客人是日本朋友，便引出了他大谈日本唯美主义和恶魔主义作者谷崎的话题。田汉很带感情地讲起与谷崎的交游，以及对谷崎作品的分析，并且介绍自己刚刚译完的谷崎的小说《人与神之间》等。田汉有些情不自禁，口若悬河，手舞足蹈。

藤森成吉虽对谷崎没有田汉那样的兴趣，但出于礼貌，只有频频点头。而一旁鲁迅的脸色却早已不好看了。夏衍察言观色，有些为田汉着急，但兴头上的田汉依然谈兴不减。"看来又要唱戏了。"鲁迅低声对夏衍说。夏衍明显意识到了鲁迅对田汉的这种反感。鲁迅说完此话即起身告辞。在座宾主的难堪可想而知。

鲁迅甚至对田汉的为人方式、作风，也是颇有微词的。萧军曾因帮友人索过一个剧本的稿子，向鲁迅打听田汉的联系地址。鲁迅于 1934 年 12 月 20 日回信说："田的直接通信处，我不知道。但如外面的信封上，写'本埠河南路三〇三号、中华日报馆，《戏》周刊编辑部收'，里面再用一个信封，写'陈瑜先生启'，他该可以收到的。不过我想，他即使收到，也未必有回信，剧本稿子是否还在，也是一个问题。试写一信，去问问他也可以，但恐怕百分之九十九是没有结果的。此公是有名的模模糊糊。"鲁迅的言谈，似乎有点绝对化，何来"模模糊糊"的印象，我也模模糊糊，不得而知。

鲁迅与田汉的冲突，诉诸报刊，大约初始于《且介亭杂文》中《答曹聚仁先生信》。此信谈的是"关于大众语的问题"，又是如鲁迅所说"原是我们的私人通信"，这本来与田汉无涉。可是，这封信"不料竟在《社会月报》上登出来了，这一登可是祸事非小，我就成为'替杨邨人氏打开场锣鼓，谁说鲁迅先生器量窄小呢'了"。(3)田汉先抨击起鲁迅来了。

田汉关于鲁迅"替杨邨人氏打开场锣鼓"的文章，是指以绍伯的笔名发表在 1935 年 8 月 31 日《大晚报》副刊《火炬》上的《调和》。文章的中心意思，是指鲁迅和自己"嘘"过的变节者杨邨人"调和"了。

田汉的文章由远而近，采取了类比的方式，下笔是非常之狠的。他说："'中国人是善于调和的民族'——这话我从前还不大相信，因为那时我年纪还轻，阅历不到，我自己是不大肯调和的，我就以为别人也和我一样的不肯调和。"接下来，他说他的"观念也稍稍改正了"。他举了军阀混战的历史："……我有一个亲戚，在我故乡两个军阀的政权争夺战中做了牺牲，我那时对于某军阀虽无好感，却因亲戚之故也感着一种同仇敌忾，及至后来两军阀到了上海又很快的调和了。彼此过从颇密，我不觉为之呆然，觉得我们亲戚假使仅仅是为着他的'政友'而死，他真是白死了。"田汉进一步渲染道："后来又听得广东 A 君告诉我在两广战争后，战士们白骨在野碧血还腥的时候，两军主持的太太在香港寓楼时常一道打牌，亲昵逾常，这更使我大彻大悟。"应该说，以上的激愤，是颇有批判力量的，出手不凡，"头重"。接下来，田汉笔锋逐渐逼向鲁迅，逐渐给人"脚轻"之感。田汉说："最近这几年，青年们追随着思想界的领袖们之后做了许多惨淡的努力，有的为着这还牺牲了宝贵的生命。个人的生命……牺牲了而真理昭然于天下，这死是值得的，就是不可以太打浑了水，把人家弄得不明不白。"怎样的"不明不白"呢？田汉举了鲁迅的例子，他点了发表《答曹聚仁先生信》这一期《社会月报》"大众语特辑"后说："读者试念念这一期的目录罢，第一位打开场锣鼓的是鲁迅先生（关于大众语的意见），而'压轴子'的是《赤区归来记》作者杨邨人氏。就是健忘的读者想也记得鲁迅先生和杨邨人氏有过不小的一点'原则上'的争执罢。鲁迅先生似乎还'嘘'过杨邨人氏，然而他却可以替杨邨人氏打开场锣鼓，谁说鲁迅先生器量窄小呢？"读到这里，我感到莫名其妙，鲁迅与杨邨人，与军阀之间有什么可比的地方？田汉的意思似乎是说：鲁迅"嘘"过杨邨人，这像军阀混战；现在又同出现在一个刊物上，这像军阀间的和好如初。这样下笔，怎能说不"狠"呢？好在这种类比不伦不类，本身不足以让人心服，因而也无所谓力量。鲁迅和杨邨人的名字同时出现在一本刊物上，就可以证明他们"调和"了，是战友了？显然，这样推论是荒谬的。事实上，鲁迅还不知道，这一期将同时刊登杨邨人的文章呢。即使知道，又能说明什么？陈独秀和辜鸿铭同出现于北大讲坛，人们不会说蔡元培搞新旧势力的调和，而只会称赞他的兼容并包。至于"谁说鲁迅先生器量窄小呢"，这是反语，挖苦鲁迅，在田汉这样的"战友"眼里，鲁迅终于还是"气量窄小"。

　　田汉是乱打一通，可恼！

实际上，田汉在攻击了鲁迅与杨邨人的所谓"调和"以后，又说了鲁迅文章与杨邨人文章观点上的对立，这只能说田汉在写这篇文章时的自我矛盾了。

> 苦的只是读者，读了鲁迅先生的信，我们知道"汉字和大众不两立"，我们知道应把"交通繁盛言语混杂的地方"的"'大众语'的雏形，它的字汇和语法输进穷乡僻壤去"。我们知道"先躯者的任务"是在给大众许多话"发表更明确的意思"，同时"明白更精确的意义"；我们知道现在所能实行的是以"进步的"思想写"向大众语去的作品"。但读了最后杨邨人氏的文章，才知道向大众去根本是一条死路，那里在水灾与敌人围攻之下，破产无余……"维持已经困难，建设更不要空谈。"还是"归"到都会里"来"扬起小资产阶级文字之旗更靠得住。
>
> 于是，我们所得的知识前后相销，昏昏沉沉，莫名其妙。

就像把军阀由混战而调和来类比鲁迅与杨邨人的"调和"是不伦不类一样，说鲁迅与杨邨人观点的对立相销，也未必准确。鲁迅谈的是语言问题，杨邨人谈的是社会问题。社会的落后状态与大众语的推行，并不是不能克服和超越的矛盾。

鲁迅对杨邨人脱离共产党，并从"左联"变成"第三种人"非常鄙视，其《答杨邨人先生公开信的公开信》，对杨邨人的批驳可谓淋漓尽致。杨邨人是变节分子，说鲁迅与杨邨人"调和"，那鲁迅也成了多变的人了。鲁迅抨击的"流氓＋才子"，就在于才子的多变，终于是流氓。如果真如田汉所言，鲁迅与自己抨击过的杨邨人"调和"了，那鲁迅不也成了"流氓"了吗？鲁迅是战斗的，不妥协的，不调和的，直至要死了，仍然是"一个也不宽恕"。田汉轻飘飘的言语，是对鲁迅本质性格的否定，这能不让鲁迅生气乃至愤怒？

　　鲁迅在《且介亭杂文·附记》中说："关于这一案，我到十一月《答〈戏〉周刊编者信》里，这才回答了几句。"鲁迅又说："《答〈戏〉周刊编者信》的末尾，是对于绍伯先生那篇《调和》的答复。听说当时我们有一位姓沈的'战友'看了就呵呵大笑道：'这老头子又发牢骚了！'''头子'而'老'，'牢骚'而'又'，恐怕真也滑稽得很。然而我自己，是认真的。""姓沈的'战友'"指沈端先，即夏衍。

　　鲁迅在《答〈戏〉周刊编者信》中是这样说："一位绍伯先生就在《火炬》上说我已经和杨邨人先生调和，并且深深的感慨了一番中国人之富于调和性……如果我被绍伯先生的判决所震慑，这回是应该不敢再写什么的，但我想，也不必如此。只是在这里要顺便声明：我并无此种权力，可以禁止别人将我的信件在刊物上发表，而且另外还有谁的文章，更无从豫先知道，所以对于同一刊物上的任何作者，都没有表示调和与否的意思；但倘有同一营垒中人，化了装从背后给我一刀，则我的对于他的憎恶和鄙视，是在明显的敌人之上的。"鲁迅又说："这倒并非个人的事情，因为现在又到了绍伯先生可以施展手段的时候，我若不声明，则我所说过各节，纵非买办意识，也是调和论了，还有什么意思呢？"（4）

这里，鲁迅承认田汉是"同一营垒中人"，但正由于是"同一营垒"的，却"化了装从背后给我一刀"，所以鲁迅格外愤怒。在此前后，鲁迅多次在私人通信中谈到他的这一感慨。应该说，这些通信或是直接或是间接地针对田汉的。1935 年 4 月 23 日，在致萧军、萧红的信中，鲁迅发了一番感慨："敌人不足惧，最令人寒心而且灰心的，是友军中的从背后来的暗箭；受伤之后，同一营垒中的快意的笑脸。因此，倘受了伤，就得躲入森林，自己舐干，扎好，给谁也不知道。我以为这境遇，是可怕的。我倒没有什么灰心，大抵休息一会，就仍然站起来，然而好像终竟也有影响，不但显于文章上，连自己也觉得近来还是'冷'的时候多了。"1934 年 12 月 18 日鲁迅在致杨霁云的信中说："叭儿之类，是不足惧的，最可怕的确是口是心非的所谓'战友'，因为防不胜防。例如绍伯之流，我至今还不明白他是什么意思。为了防后方，我就得横站，不能正对敌人，而且瞻前顾后，格外费力。身体不好，倒是年龄关系，和他们不相干，不过我有时确也愤慨，觉得枉费许多气力，用在正经事上，成绩可以好得多。"1935 年 1 月 15 日，鲁迅在致曹靖华的信中说："……最奇的是竟有同人而匿名加以攻击者，子弹从背后来，真足令人悲愤……"1936 年 1 月 7 日，在致徐懋庸的信中说："年底编旧杂文，重读野容，田汉的两篇化名文章，真有些'百感交集'。"前面作战，又要防着后面的子弹，鲁迅是敌人的敌人，却同时是"战友"的异类。鲁迅是绝望的孤独者。让鲁迅"横站"的田汉算是被鲁迅"咬"住了。不过，应该说，鲁迅对他并没有"穷追猛打"，只是私下说说。毕竟，鲁迅还念及是"同一营垒"的。

田汉在鲁迅发表的《答〈戏〉周刊编者的信》之后，于 1935 年 1 月 29 日致函鲁迅说："《调和》虽与我有关，但既非开玩笑，也非恶意中伤，而是有意'冤枉'先生，便于先生起来提出抗议。"好一个有意"冤枉"，颇有一点钱玄同演"双簧信"的味道。对此，1935 年 2 月 7 日，鲁迅在致曹靖华的信中说："到秋天，有人把我的一封信，在《社会月报》上发表了，同报上又登有杨邨人的文章，于是又有一个朋友（即田君，兄见过的），化名绍伯，说我已与杨邨人合作，是调和派。被人诘问，他说这文章不是他做的。但经我公开的诘责时，他只得承认是自己所作。不过他说：这篇文章，是故意冤枉我的，为的是想我愤怒起来，去攻击杨邨人，不料竟回转来攻击他，真出于意料之外云云。这种战法，我真是想不到。他从背后打我一鞭,是要我生气,去打别人一鞭,现在我竟夺取了他的鞭子,他就'出于意料之外'了。从去年下半年来,我总觉有几个人倒和'第三种人'一气,恶意的在拿我做玩具。"鲁迅又说:"……我实在憎恶那暗地里中伤我的人,我不如休息休息,看看他们的非买办的战斗。"鲁迅最生气的是,表面上是同人,是战友,背地里却把鲁迅"做玩具"。我觉得,田汉并非事先设计好这一切,然后再写《调和》,以引出鲁迅来叫骂——"抗议"的,这只是田汉事后的一种辩护之词。接着,田汉写道:"……我与先生不但是多年文化上的战友,而且无论在什么意义上也没有丝毫矛盾的地方,我有什么中伤同志特别是中伤您的必要?既然无此必要,却会把友人当敌人,那除非发了疯。1935年我们的阵线需要更整齐而坚强,同志间任何意义的误会都于整个工作有害。为着说明那一文章的经过与意义,我写这封信给您,希望您也不要怀疑您的战友。无论什么时候,我是敬爱同志特别是先生的。"应该说,田汉此时的态度是真诚的,但鲁迅对田汉的误会和成见并未因此而释然。

在鲁迅与田汉的关系中,还有一个关于胡风的问题。(5)据夏衍在《往事》中回忆,1934年秋天,周扬等向鲁迅"汇报一下工作,并听取他的意见"的那次会面,"田汉提出了胡风的问题"。田汉说,请鲁迅先生当心,不要太相信胡风,这个人政治上有问题。据称,鲁迅听后很不高兴,说:"你从哪儿听来的？"田汉答："那是穆木天讲的。"鲁迅很生气，说："穆木天是转向者。转向者的话你们相信，我不相信。"当时，气氛是"很紧张"的，"幸亏阳翰笙巧妙地把话题转开，才缓和下来"。夏衍谈及的这件事，在鲁迅的《答徐懋庸并关于抗日统一战线问题》一文中也得到印证。当然，语境和夏衍所说，是有很大区别的。鲁迅写道："……说是特来通知我：胡风乃是内奸，官方派来的。我问凭据，则说是得自转向以后的穆木天口中。转向者的言谈，到左联就奉为圣旨，这真使我口呆目瞪。再经几度问答之后，我的回答是：证据薄弱之极，我不相信！当时自然不欢而散，但后来也不再听人说胡风是'内奸'了。"田汉当时有没有讲胡风是"内奸"呢？我们不得而知。不论说胡风"政治上有问题"，还是说他是"内奸"，有一点是明确的，"四条汉子"怀疑胡风，而鲁迅认为证据不足，不相信。鲁迅不仅不认为胡风"有问题"，反而有好感，认为胡风"鲠直，易于招怨，是可接近的，而对于周起应之类，轻易诬人的青年，反而怀疑以至憎恶起来"。胡风在新中国成立以后的厄运，与"四条汉子"尤其与周扬和夏衍不无关系。好在这一历史公案已画上句号，在此就略去不表了。

田汉、华汉（阳翰笙）于 1935 年 2 月被国民党当局逮捕。同年秋，经营救保释。1935 年 8 月 24 日，鲁迅在致胡风的信中，谈了对他们获释的看法："田、华两公之自由，该是确的。

电影杂志上，已有他们对于郑正秋的挽联等（铜板真迹），但我希望他们此后少说话，不要像杨邨人。"鲁迅似乎以为田汉、华汉也和杨邨人一样是变节分子，所以希望他们不要像杨邨人一样变节后，还要喋喋不休。其实，鲁迅未必知道，田汉、华汉写了自白书之类，乃是中共的安排，也是斗争策略的一种表现。鲁迅是以文学家、思想家的身份与"四条汉子"打交道的，而"四条汉子"首先是接受了党的任务，是为了政治的目的而从事文学活动的。文学批评或文学创作，在"四条汉子"那里，至少在某一特定的历史时期，只是政治斗争的一种工具。

三

鲁迅的批评周扬，为人们所熟知的一是在《南腔北调集》中的《辱骂和恐吓决不是战斗》，一是在《且介亭杂文末编》中《答徐懋庸并关于抗日统一战线问题》，后者牵涉到 20 世纪 30 年代解散左联和"两个口号"的争论，我将在下一节介绍。

1932 年，当时周扬主编《文学月报》。1932 年 11 月第 1 卷第 4 期的《文学月报》上登有芸生（原名邱九——作者注）的诗《汉奸的供状》，意在讽刺自称"自由人"的胡秋原的"反动言论"，但文笔拙劣，多有辱骂和恐吓。鲁迅拜读以后，写了《辱骂和恐吓决不是战斗》一文，对芸生的诗提出了具体批评。

　　鲁迅首先肯定了《文学月报》"提出了几位新的作家来，是极好的"。认为在"新的作者要没有发表作品的机会了"的当时，"扫去一些沉闷，所以我以为是一种好事情"。紧接着，鲁迅说："我对芸生先生的一篇诗，却非常失望。"

　　诗开头是："现在我来写汉奸的供状。据说他也姓胡，可不叫立夫。"胡立夫是 1932 年"一·二八"日军侵占上海闸北时著名的汉奸。"对于姓的开玩笑"，鲁迅批评道，"一个作者自取的别名，自然可以窥见他的思想，譬如'铁血'，'病鹃'之类，固不妨由此开一点小玩笑。但姓氏籍贯，却不能决定本人的功罪，因为这是从上代传下来的，不能由他自主。我说这话还在四年之前，当时曾有人评我为'封建余孽'，其实是捧住了这样的题材，欣欣然自以为得计者，倒是十分'封建'的。不过这种风气，近几年颇少见了，不料现在竟又复活起来，这确不能不说是一个退步。"接着，鲁迅指出了诗的结尾的辱骂，让人尤其不堪。鲁迅尖锐指出："现在有些作品，往往并非必要而偏在对话里写上许多骂语去，好像以为非此便不是无产者作品，骂詈愈多，就愈是无产者作品似的。其实好的工农之中，并不随口骂人的多得很，作者不应该将上海流氓的行为，涂在他们身上的。"芸生的诗中，还有这样的句子："当心，你的脑袋一下就要变做剖开的西瓜！"鲁迅认为，这是恐吓，是"极不对的"。鲁迅觉得："无产者的革命，乃是为了自己的解放和消灭阶级，并非因为要杀人，即使是正面的敌人，倘不死于战场，就有大众的裁判，决不是一个诗人所能提笔判定生死的。"鲁迅眼里的革命是温和的，文明的，"并没有乱杀人"。鲁迅反对"将革命的工农用笔涂成一个吓人的鬼脸"。鲁迅最后指出：

> 战斗的作者应该注重于"论争"；倘在诗人，则因为情不可遏而愤怒，而笑骂，自然也无不可。但必须止于嘲笑，止于热骂，而且要"喜笑怒骂，皆成文章"，使敌人因此受伤或致死，而自己并无卑劣的行为，观者也不以为污秽，这才是战斗的作者的本领。

"辱骂和恐吓决不是战斗"，这对"左派"作家来说，在相当长的一个历史时期内，都是特别有现实意义的命题。芸生之流，在中国文坛并不绝迹，到了"文化大革命"，"四人帮"一伙，把"辱骂和恐吓"的战术，简直发挥到登峰造极的程度。

公允地说，一本刊物的主编，并不能为所有的文章负责，换言之，作者的观点，并不完全代表编者的观点，尤其在20世纪30年代的中国文坛。鲁迅的信是写给周扬的，但不等于只是批评周扬，鲁迅的矛头是很明确的，是针对芸生《汉奸的供状》一诗的。当然，周扬选用了这首诗，在刊物采用什么稿的问题上，他应该是有教训可吸取的。鲁迅的文章也很快发表在《文学月报》上，这是否可以理解为周扬接受了鲁迅的批评呢？晚年周扬，在答《鲁迅研究资料》编者问时，也认识到"这首诗充满谩骂，确实不好"。

这时鲁迅对周扬的印象总的还是好的，但不久则渐渐变坏。原因是其间发生了一件令鲁迅特别不愉快的事。

当时左联有一份内部刊物《文学生活》，每期都要寄给鲁迅、茅盾等左联领导人。其中有一期未寄，鲁迅托人找来这期刊物，发现这一期内容是总结 1934 年工作的，对左联工作中的缺点提得比较尖锐。令鲁迅吃惊的是，总结左联全年工作的报告，他竟然一点都不知道。出了这样一本刊物，又瞒着鲁迅，难怪茅盾对此也愤愤不平："左联一年工作的报告，却事先不同左联的'盟主'鲁迅商量，甚至连一个招呼也没有打（当然，也没有同我商量），这就太不尊重鲁迅了。即使是党内的工作总结，也应该向党外人士的鲁迅请教，听取他的意见，因为左联究竟还是个群众团体。"当时左联的党团书记是周扬，应该说，在左联的一些事务中他对鲁迅不够尊重，这就难怪此后鲁迅渐渐对周扬不满了。这是后话，容后再叙。

周扬提了"国防文学"的口号，不久，冯雪峰、胡风和鲁迅共同提了"民族革命战争的大众文学"的口号。两个口号激烈争论达数月之久。这是鲁迅们与周扬们的直接"冲突"。

那么，"两个口号"是怎么提出来的呢?

早在1934年和1935年，周扬与周立波就相继写了两篇谈"国防文学"的短文，主要是介绍苏联的"国防文学"。20世纪80年代初，周扬在与中宣部有关人员座谈总结30年代上海左翼文艺运动的经验与得失时，作了这样的诠释:

> ……那时，我们都是受苏联的影响，看苏联的文艺动向，苏联怎样提，我们就跟着做。1935年春，上海地下党组织遭到严重破坏。地下文委阳翰笙、田汉等被捕了，只剩下我和夏衍两个人，不久，夏衍也一度离开上海。有段时期，几乎只剩下我一个人孤军作战，跟中央完全失去了联系，处境要说有多困难就有多困难。苏灵扬（周扬夫人）从一个德国人开的"时代精神"书店里，买到一本共产国际的机关刊物《国际通讯》，我从这本刊物上读到季米特洛夫在共产国际大会上的报告。随后又在这个书店里买到了一份《救国时报》，上面刊有党的《八一宣言》，读到真是兴奋得不得了。知道党在号召建立广大的反法西斯统一战线，觉得上海文艺界也应当开展抗日民族统一战线的工作，于是就正式提出"国防文学"的口号。

周扬还进一步诠释道："在那样的处境下，当然不可能在党内充分酝酿讨论，加上我们当时对鲁迅不够尊重，也没有去向他请教。"（6）

"国防文学"的口号就是这么提出来的。那么，与之相对应的"民族革命战争的大众文学"又是怎么面世的呢？

1936年4月27日，冯雪峰自陕北抵达上海的第三天，住进鲁迅家的次日，冯雪峰后来这样回顾道：

> 我当时在三楼，是鲁迅先生上三楼来对我说："有张谷非这么一个人，想要见你，你看怎样？"我说："好，我同他本来熟识。"我即下去引他上三楼谈话。胡风谈了不少当时文艺界情况，谈到周扬等的更多。他当时是同周扬对立得很厉害的。于是谈到"国防文学"口号，胡风说，很多人不赞成，鲁迅也反对。我说，鲁迅反对，我已知道，这个口号没阶级立场，可以再提一个有明白立场的左翼文学的口号。胡风说，"一·二八"时瞿秋白和你都写过文章，提过民族革命战争文学，可否就提"民族革命战争文学"。我说，无需从"一·二八"时找根据，那时写的文章都有错误。现在应该根据毛主席提出的抗日民族统一战线政策的精神来提。接着，我又说，"民族革命战争"这名词已经有阶级立场，如果再加"大众文学"，则立场就更加鲜明；这可以作为左翼

作家的创作口号提出。胡风表示同意，却认为字句太长一点。我和他当即到二楼同鲁迅商量，鲁迅认为新提出一个左翼作家的口号是应该的，并说，"大众"两字很必要，作为口号也不算太长，长一点也没什么。（7）

从上述文字中，我们可以看到这样一个基本事实：周扬提出的"国防文学"，没有与鲁迅他们商量；胡风和冯雪峰提出的"民族革命战争的大众文学"征求了鲁迅的意见，但也没有和周扬他们商量。因为没有商量，各行其是，所以互不买账，都坚持认为自己是正确的。

"两个口号"的争论，从根本上看，是共产党人之间的争论。鲁迅一生从没有独立地提出过任何口号，从气质上讲，鲁迅不属于那种动辄就提口号的人；鲁迅也不会相信，人们可以在口号的指挥下去创作符合口号精神的作品。因为冯雪峰住在鲁迅家里，胡风也在，他们问鲁迅的意见，鲁迅就像与朋友聊天一样作了回答，表明了一种倾向。我要说明的是，作为个体的鲁迅，如果独自去提一个什么口号，那是不可思议的，那就不是鲁迅了。随着争论的日趋激烈，又有徐懋庸骂上门来为引子，鲁迅自然要为自己肯定过的口号辩护。鲁迅对"国防文学"不满的内涵是十分丰富的，既有对口号本身的不满，更有长期郁积的对"四条汉子"们言行的各种不满，借着口号之争，一并一吐为快。

关于"两个口号"的争论和左联解散等问题，下文还要进一步探究。

<h1 style="text-align:center">四</h1>

"四条汉子"与鲁迅之间，有"大是非"与"小不满"的问题。所谓"大是非"，就是关于"两个口号"的争论和左联解散等问题；而"小不满"也不"小"，相对于公诸于众的台面上的争论，只是一些见之于书信中的后面议论。

关于"两个口号"的争论，应该先从夏衍说起。因为鲁迅说的"一位名人约我谈话了"，这"名人"就是夏衍。

鲁迅对于夏衍的翻译，是有所肯定的。1934 年 1 月鲁迅作《引玉集》后记、1934 年 7 月作《〈母亲〉木刻十四幅》序，都肯定了夏衍所译高尔基的《母亲》，认为是一项有意义的工作。但此外，鲁迅似乎对夏衍也没有什么好感了。我们以上在谈及田汉时，关于"老头子又发牢骚了"一段，便可证明。鲁迅对夏衍的剧本《赛金花》被作为"国防文学"的代表作而进行过讽刺："作文已经有了'最中心的主题'：连义和拳时代和德国统帅瓦德西睡了一些时候的赛金花，也早已封为九天护国娘娘了。"（8）何满子认为，"可能是这一讽刺深深地刺伤了夏衍，使他在'两个口号'争论和'四条汉子'的问题上特别敏感，简直是反常态的过敏和难以理

解的冲动。"（9）

夏衍对鲁迅的不满，还由于鲁迅想幽默一下，为他扣了一顶"四条汉子"的帽子（这上文已介绍，这里就不重复了），还有"两个口号"的争论和左联解散等问题。

关于"一位名人约我谈话了"这一段往事，在"四人帮"时期曾有诸多渲染，甚至被描绘成"鲁迅怒斥'四条汉子'"。实际的情况怎样呢？我们不妨看看当事人之一的夏衍在《往事》中的回忆：

> 大约在1934年秋，一次周扬找我，说好久没有向鲁迅汇报工作了，他跟阳翰笙想找鲁迅，约个时间，向他汇报一下工作，并听取他的意见，要我去和鲁迅约定时间。第二天，我到内山书店跟鲁迅约好了时间，他当时是非常高兴的……于是我们就在内山书店右侧的内山会客室坐下来谈。一开头，阳翰笙汇报了一下文委的工作情况，主要是说，经过了几年的白色恐怖之后，我们的工作有了一些转变，我们已经开始在《东方杂志》、《申报月刊》等中间性的杂志上，以及在一些和国民党有关的报纸上发表文章，等等。其内容就是，我们正在开始克服那种狭隘的关门主义。鲁迅听了，没有不同意见，而且点头称是。接着周扬谈了一些"左联"的情况。我现在能记起来的，主要是谈了当时的沪西、美亚丝绸厂

工人文艺运动的一些情况……此后，又谈了一些别人的事情。临分手的时候，我记得很清楚，鲁迅先生还从口袋里掏出一张一百元的支票交给周扬，说："过去花钱可以捐官、捐差，捐个差事做做。现在我身体坏，什么事情也不能做了，只能捐点钱，作为一个'捐班作家'吧。"说了这句话，就哈哈地笑了起来。

　　除了以上已介绍的田汉关于胡风问题的插话有一点紧张外，从这里的描述看，鲁迅的情绪还是很好的，甚至在严肃的"左派"理论家面前，仍然以捐钱的方式，表现了自身的风趣与幽默。所谓"怒斥"之类，显然是杜撰的，子虚乌有的。当然，夏衍所忆，与鲁迅所叙，有不尽吻合的地方。时间久远，斯人已逝，谁精确，谁粗疏，死无对证，好在无关宏旨，无须赘言。

　　夏衍对鲁迅一直是耿耿于怀的，但苦于自己是党内的人，又碍于鲁迅的巨大存在。而且党的领袖对鲁迅有过极为高度的评价，他能说、他敢说什么呢？他不满鲁迅，但不满的是一个伟大的人物，要说点什么，还让他颇犯踌躇哩。他想痛痛快快地对鲁迅发泄一通，又不得不有所顾忌，于是，他把无名火往冯雪峰身上发了。他自觉不自觉地采用了古老中国的一个传统战法，即：指桑骂槐。新中国成立后，他有权时，借了好名义，参与了整冯雪峰的运动。他没权或是说权力不是那么大时，他借着自己的名望，参与了损冯雪峰的活动。他的整冯雪峰和损冯雪峰的终极目的，都是为了出一口恶气，为了证明当年鲁迅是不对的。当然了，鲁迅的"不对"，是由于他被冯雪峰这样的人给蒙蔽了。

黎辛在 1998 年第 12 期《纵横》杂志上发表文章《我所了解的丁玲、冯雪峰、陈企霞案件始末》，介绍了夏衍们当年对冯雪峰的批斗。

1955 年，中宣部召开多次会议，批判冯雪峰。据说，会议的大部分时间是揭发冯雪峰与党的关系：冯雪峰从瓦窑堡党中央到上海，"违反党的指示而撇开周扬和夏衍"，先去找非党员；特别是冯雪峰挑拨鲁迅与党的关系。

8 月 14 日中宣部第 17 次会议批判冯雪峰，夏衍作了激烈的长篇发言。这是最紧张的一次会议。夏衍发言时，有人喊："冯雪峰站起来！"夏衍说："1936 年雪峰同志从瓦窑堡到上海，据我们所知，中央是要他来和周扬同志和我接上关系的。雪峰到了上海，不找我们，先找了鲁迅先生……你一直不找渴望着和中央接上关系的党组织，而去找了胡风，不听一听周扬同志和其他党员同志的意见，就授意胡风提出了'民族革命战争的大众文学'这个口号，引起了两个口号的论争，这是什么缘故？"夏衍说，"我们一直认为《答徐懋庸并关于抗日统一战线问题》一文是鲁迅的手笔，现在冯雪峰承认了这篇文章是他起草的，请在座的同志们重新读一读这篇文章……我只说其中有关所谓'内奸'问题的一段。"

所谓"内奸"一段，就是鲁迅认为"证据薄弱之极"的胡风是内奸说。当时，胡风已经倒霉，成了"反革命集团"的首恶。夏衍提示人们读一读这段，一是表明"四条汉子"有先见之明，二是认为鲁迅不相信他们的说法是不听党的招呼。

周扬也插话，他站起来质问冯雪峰，是不是对他们进行"政治陷害"。

关于冯雪峰去上海，在《张闻天传》（10）里有翔实叙述："上海地下党是经过几次大破坏以后留下来的，情况复杂，同党中央又长期失去联系。派冯雪峰去，首先是因为他在上海活动时间长，同鲁迅、茅盾、胡愈之等熟识，可以通过鲁迅等摸清情况，然后开展工作。临行前，张闻天叮嘱雪峰，到上海后，务必先找鲁迅、茅盾等，了解一下情况后再找党员和地下组织。"冯雪峰去上海的工作任务是同南京方面联络，促进联合抗日；同上海各界救亡团体及领袖联系；恢复同地下党的联系，开展上海党的工作，最后附带管管文艺工作。周恩来还亲自交给冯雪峰"建立一个电台"的任务。冯按中央指示紧张而又有效地进行工作。7月下旬政治局会议"肯定冯雪峰去上海以后，上海的工作'正常开展'，是有进步的"。

夏衍埋怨冯雪峰不先找他们，而找"非党"的鲁迅，可见，他们对鲁迅还是分里外的，鲁迅只是他们可利用的一面旗帜。鲁迅是一个巨大的存在，如果不是这样，夏衍们也会像对待胡风、冯雪峰一样，根本不把其放在眼里。冯雪峰重任在身，只不过夏衍们不知道冯雪峰这次去上海的任务而已。

1955 年的往事，对我们理解夏衍的积怨，应该不会没有帮助吧？

离发表《往事》又过了将近十年，20 世纪 80 年代后期，"一些早该忘却"的往事，还是无法让夏衍"忘却"。夏衍在他新出版的《懒寻旧梦录》(11)中，对"两个口号之争"和"左联解散"等问题，根据他的"亲身经历过的、耳闻目睹过的"作了"记述"。

《懒寻旧梦录》共 33 万字，其中"左翼十年"（上、下）是第四、五两大部分，占全书字数的将近一半，可见是重点，作者自己也说，"写这本书难度最大的是第四章'左翼十年'。"李何林认为，在"左翼十年"部分，"对作者比较棘手的问题我看是'解散左联'和'两个口号之争'。至于'革命文学论战'，因为夏衍同志没有参加，还比较容易'客观地'介绍"。（12）

在"两个口号"问题上，夏衍主要是揪住冯雪峰。他觉得鲁迅的《答徐懋庸并关于抗日统一战线问题》一文是冯雪峰起草的，冯雪峰会不会塞进了"私货"？他完全无视鲁迅手稿所提供的基本史实：这篇文章虽然是冯雪峰起草的，但鲁迅却作了大段大段的修改，补充进了大量的内容。

我以为，冯雪峰和鲁迅在"两个口号"问题上有共同的见解，这才是问题的根本。他们之所以持共同的看法，是有其自身的思想基础的。他们首先不满于"国防文学"的含含糊糊和放弃无产阶级的领导权。冯雪峰是劳苦家庭出身的，又是作家中唯一参加过长征的人。革命革了老长一段时间，结果却要放弃（至少冯雪峰在某一段时间的印象中是这样）无产阶级领导权，作为不是政治家的冯雪峰，一时是不容易"脑筋急转弯"的。

周健强整理的胡愈之回忆录《我所知道的冯雪峰》，（13）记下了冯雪峰"七七"事变前后的一件事：

> 有一天晚上雪峰突然到我家来了。我高兴地问他："好久不见了，你到哪里去了？"
>
> 他气色很不好，赌气似的说："我到南京（也可能是杭州）去了，现在不干了，他们要投降，我不投降。我再也不干了，我要回家乡去。"

胡愈之说："原来他随中央代表团（雪峰不是代表）同国民党谈判第二次国共合作的问题，与博古吵翻了，气得跑回来的。那时为联蒋抗日，共产党要的条件是很低的，如取消苏维埃政权，改编红军等等，这对于这个农民的儿子，血气方刚的雪峰也确实不容易接受。"是的，冯雪峰"不容易接受"，他不像某些躲在租界里的政治家，说变就变。冯雪峰的这一举动虽然不符合当时的政策，却符合他的秉性，是他的性格发展的必然。也正是因为有这样的背景，他自然要支持鲁迅提出的"民族革命战争的大众文学"。

冯雪峰脾气倔，后来，他真的跑回义乌老家去写关于红军长征的长篇小说去了。夏衍说，也正是因为这个原因，新中国成立后，冯雪峰有老红军的资格，却只当了人民文学出版社的社长。真实的情况是不是这样呢？还有待进一步的考证。夏衍对冯雪峰只当了人民文学出版社社长的评论，真是把夏衍与冯雪峰的性格都突出出来了。我觉得，冯雪峰不像夏衍他们那样富有弹性，可"左"可右，让鲁迅也目不暇接，感叹极"左"是很可能走向反面极右的。夏衍他们当时至少是四分之三个职业革命家，他们领会上头的精神、捕捉上头的意图的能力，既在冯雪峰之上，更在鲁迅之上——鲁迅如果"上"在三楼，夏衍他们则高在三十楼。

鲁迅与冯雪峰一样不满"国防文学"这个口号。鲁迅为什么要不满"国防文学"呢？作为《新青年》时代的老同人，作为五四新文化运动的同路人，我觉得，陈独秀还是理解或者说了解鲁迅的，鲁迅去世不久，他对鲁迅与当年"左"派青年的关系，谈了这样的看法：

鲁迅先生的短篇幽默文章，在中国有空前的天才，思想也是前进的。在民国十六七年，他还没有接近政党以前，党中一班无知妄人，把他骂得一文不值，那时我曾为他大抱不平。后来他接近了政党，同是那一班无知妄人，忽然把他抬到三十三层天以上，仿佛鲁迅先生从前是个狗，后来是个神。我却以为真实的鲁迅并不是神，也不是狗，而是个人，有文学天才的人。（14）

当年的陈独秀毕竟已不在党，他不了解或者已经忘记了共产党的组织纪律以及党的活动的操作过程。夏衍则是这一切的参与者之一，夏衍的不平，就在于他忠实地执行了共产国际的指令，他认为"国防文学"符合党的统一战线的政策，可鲁迅为什么要与之有不同意见呢？听共产国际的，还是听鲁迅的？共产国际对，还是鲁迅对？这是一大矛盾，这一矛盾甚至困扰着夏衍终生，即便到了暮年，死之将至，他仍然百思不得其解，因而仍然耿耿于怀。

夏衍为什么那么痛恨冯雪峰呢？我以为，夏衍对冯雪峰的看法有其双重性，他的痛恨冯雪峰，一方面是对鲁迅当年的批评积怨在心，郁积成恨。夏衍恨鲁迅，但又无奈，所以，老是在冯雪峰身上找碴，他的痛骂冯雪峰，实际上是骂鲁迅，项庄舞剑，意在沛公。另一方面，他确实有痛恨冯雪峰的一面，换言之，就是纯粹地痛恨冯雪峰，而不是通过骂冯达到骂鲁的目的。他似乎是这样想的，鲁迅是个大人物，是个自由思想家，也就罢了，你冯雪峰是党内人，为什么不和党保持一致呢？——在他的心目中，周扬和他等"四条汉子"就是党。从这一意义上看，他的痛恨冯雪峰又不是因了鲁迅，而纯粹就是痛恨冯雪峰了。这就是他对冯雪峰看法的双重性。

对于"两个口号"的争论，陈独秀是这样理解的："鲁迅对于他所接近的政党之联合战线政策，并不根本反对，他所反对的乃是对于土豪劣绅政客奸商都一概联合，以此怀恨而终。在现时全国军人血战中，竟有上海的商人接济敌人以食粮和秘密推销大批日货来认购救国公债的怪现象，由此看来，鲁迅先生的意见，未必全无理由吧！在这一点，这位老文学家终于还保持着一点独立思想的精神，不肯轻于随声附和，是值得我们钦佩的。"（15）是的，鲁迅所"反对"的"乃是对于土豪劣绅政客奸商都一概联合"，正是这一点，与冯雪峰的跑回义乌有共同点，是鲁迅、冯雪峰不满于"国防文学"的基本的出发点。林贤治也谈了自己的看法："左联是曾经战斗过来的，因为它的存在，盟员们献出了他们的鲜血和生命。现在要解散，要同'新月派''第三种人'联合到一起，要一切通过'国防'，这是他所不愿意的。解散左联，意味着他要抹杀血的记忆，放弃先前的战斗的原则。"（16）陈独秀和林贤治的理解比较接近鲁迅的本意，这有他与冯雪峰的谈话为证。鲁迅对冯雪峰说："要一下子将压迫忘得干干净净，是到底做不到的。以为压迫会轻起来，那也是做梦！""我确是不容易改变。就算记住敌人的仇也是一种错误罢，也就只好错误了。……不念旧恶，什么话！"(17)"国防文学"口号提出后，鲁迅看到"国防文学""这名词里左的不正确的意见"(《答徐懋庸并关于抗日统一战线问题》)，经与冯雪峰等商议后，由胡风在1936年6月1日发表《人民大众向文学要求什么？》一文，提出"民族革命战争的大众文学"的口号。但胡风的文章没有说明新口号与已为广大群众所接受了的"国防文学"口号的关系，而"国防文学"的倡导者，从宗派主义立场出发，不能容忍新口号的提出，他们想用一个口号一统文艺界，所以爆发了论战。因为胡风似乎不够"权威"，他的文章也有"解释得不清楚"的地方，鲁迅先后发表了《论现在我们的文学运动》、《答徐懋庸并关于抗日统一战线问题》等文，对"民族革命战争的大众文学"做出阐述，鲁迅认为这个口号比"国防文学"的口号"意义更明确，更深刻，更有内容"。同时指出，新口号的提出，"决非停止了历来的反对法西斯主义，反对一切反动者的血的斗争，而是将这斗争更深入，更扩大，更实际，更细微曲折，将斗争具体化到抗日反汉奸的斗争，将一切斗争汇合到抗日反汉奸斗争这总流里去。决非革命文学要放弃它的阶级的领导的责任，而是将它的责任更加重，更放大，重到和大到要使全民族，不分阶级和党派，一致去对外。这个民族的立场，才真是阶级的立场"。鲁迅认为，"国防文学"这一口号"即使曾被不正确的解释，它本身含义上有缺陷，它仍应当存在，因为存在对于抗日运动有利益"，"两个口号"可以"并存"。

自鲁迅的公开信发表后，"两个口号"的论战一时沉寂了下来，许多人都认为应当顾全大局而休止。既然可以"并存"，也就没有了争论的必要。到了 10 月份，鲁迅、郭沫若、茅盾、巴金、谢冰心、周瘦鹃、林语堂等文艺界有代表性的各方人物，联合发表了《文艺界同人为团结御侮与言论自由宣言》，号召文艺界为抗日救国而联合起来，这标志着"两个口号"的争论趋于结束，新形势下建立文艺界统一战线的条件已经成熟。

相隔 42 年后，周扬在接受赵浩生提问时的回答，重现了当年那一幕。周扬说："……不过我们当时确实不知道这篇文章（指《人民大众向文学要求什么？》）是鲁迅让他写的。胡风原来是'左联'的一个领导成员，不过他不是共产党员……所以他的文章一发表，地下党里一些搞文艺工作的同志很不满意。大家觉得我们提出'国防文学'很受欢迎。因为要救国，所有抗战救国的口号都引起很强烈的欢迎，我说过'国防文学'不管它有多少缺点，但在当时的气氛下受欢迎的。你记得吧，那时候有一种'马占山牌香烟'，在上海风行一时，那时人民的心理就是要打日本。我们觉得我们提出'国防文学'，他又另外再提出一个口号，就分散了力量，所以就跟胡风展开论战。大家本来对他就有意见，这里面当然也有宗派情绪……这个争论展开的时候我也在内。错误在我不应该跟他争论。他提出'大众文学'，即使我们不知道是鲁迅叫他提的，也不应该跟他争论，应该欢迎，对不对？就错在宗派主义，因为是胡风提的，所以就要跟他争论。拿我来说，主要的错误在什么地方呢？一个是在解释'国防文学'的文章里面确实是有右的东西。因为我那时负责嘛，不管文章是我写的也好别人写的也好，我都有责任。同时呢，这些文章中也有'左'的东西，'左'的倾向并没有克服。"

再一个就是左联解散问题。鲁迅原先对解散左联是有不同看法的，作为个人，鲁迅对左联中的某些人（比如周扬和田汉）十分不喜欢，甚至于厌恶，但他又反对解散作为整体的左联。（18）

《懒寻旧梦录》的《萧三的来信》一节是说明"解散左联"的原因和经过，也是为提倡"国防文学"辩护的。夏衍说："萧三是'左联'驻苏代表，他的信，不论从哪方面看，都可以看出并不是他个人的意见。主要的一点，就是'解散左联'的目的，是为了'扩大文艺界联合战线'，这和共产国际第七次代表大会的决议和《八一宣言》的宗旨是一致的。"又说："从这封信的内容和口气，谁都可以看出，这不是萧三个人的意见，而是中共驻共产国际代表团对'左联'的指示。而这一指示，又和国际七大决议和《八一宣言》是一致的；这时，我们和中央失去组织关系已经9个月了，一旦接到这一指示，我们就毫不迟疑地决定了解散'左联'和'文委'

所属各联，另行组织更广泛的文化、文艺团体。"这就是"解散左联"和提出"国防文学"运动的重要理由，也就是在"扩大文艺界联合战线"共产党不要领导权的原因和根据。因此，你鲁迅开始不赞成"解散左联"，是不符合共产国际七大决议精神和中共驻共产国际代表团对左联的指示的。

夏衍说："鲁迅接到萧三来信是在 11 月中旬，不久就由茅盾转给了周扬。""大约在 12 月中旬，周扬在他家里召开了一次'文委'的扩大会……在这次会上，主要讨论了两个问题，一是中国文艺家协会应该争取哪些人来参加，二是解散'左联'的问题一定要取得鲁迅和茅盾的同意，以及由谁去和鲁迅联系的问题。"这就是说周扬、夏衍等已经决定"解散左联"然后才去征求鲁迅的意见的，并没有和左联的"旗手"鲁迅一块讨论解散左联的问题。是因为鲁迅、茅盾不是党员吗？但作为群众团体的左联，像这样关系存亡的重大问题，为什么不能开包括党外人士的讨论会呢？

不过鲁迅不同意解散主要还不是因为没有开会和他商量，主要还是要左联作文艺界统一战线的核心，没有这个核心，他怕被别人"统过去"。他自然不赞成取消左联。以后鲁迅勉强同意了，要求发表一个宣言，善始善终，周扬、夏衍等也没有发。

那么，萧三又是怎么说的呢？

当年，萧三在莫斯科，是左联驻"国际革命作家联盟"

的代表。1935 年 8 月，共产国际第七次代表大会在莫斯科召开，第三国际负责人季米特洛夫作了长篇报告，提出要建立工人阶级的反法西斯主义的统一战线。

这年 9 月间，王明找萧三谈话。王明认为左联太"左"，搞关门主义，对萧三说："你写封信回上海，叫把'左联'解散。"萧三说："我当时不赞成，没有听他的话。"

过了一些时候，大约是 11 月间，王明又问萧三："你写信回国没有？"萧三说："没有写。"王明问："你不赞成统一战线吗？"萧三说："赞成。"王又说："那为什么不写？是不是因为你是'左联'的代表，解散了，你就当不成代表了？你不写，我找别人写！"态度凶得很。于是萧三又去找当时驻第三国际的另一位代表康生。当时的康生也认为左联太"左"，关门主义，照抄党的决议作为自己的宣言，只提武装保卫苏联而不提反帝，并列举了国内搞统一战线工作的成绩。他虽没有明说要解散左联，但意思是很明显的，给了解散左联以理论的根据。于是，在王明的催促之下，萧三把康生的理论加以发挥，并根据他提供的有关国内情况的材料，写了一封信回上海，以苏联解散"拉普"为例，提出解散左联。信封上写"上海北四川路司各脱路内山书店转周豫才先生"。当时萧三跟左联联系，都是通过鲁迅的。

这里，萧三似乎想说明，关于解散左联，是王明的意见，而不是中共中央的意见。

萧三回国后，在延安整风期间，曾将此事向毛泽东汇报，毛泽东发表了他的看法。1943 年 10 月 31 日萧三在日记中写道："下午两点后去枣园晋谒毛主席……我告以解散左联是王明的主张，他两次逼我写信回上海……主席这才知道，并说：'这有点像解散共产党。''反帝而去掉无产阶级立场，那就反帝也不会有了。'又笑说'那就是和'右联'、'中联'一道搞了'。"（19）如此看来，毛泽东对解散左联也是持批评态度的。

晚年夏衍，在我的印象中，既有糊涂偏颇的一面，又有固执可爱的一面。例如，关于"两个口号"之争，在过了半个多世纪，学术界已经多有公论的情况下，他还提出"那个口号"（"民族革命战争的大众文学"）"究竟是谁提出来的，是一个疑团，到现在还是个难解之谜"。这怎么是个"难解之谜"呢？这不已经是一目了然的事了吗？我有一个感觉，夏衍可能是不读文学史的，也许他觉得他自己是文学史的对象，所以没有读文学史的必要。他误入了身在庐山不识庐山真面目的误区了。否则，我们又怎么解释他把一般存在的历史事实当成了"难解之谜"呢？又如，当周健强对夏衍说："不是他（指冯雪峰）的交代在《新文学史料》上发表以后，周扬还很感动，在他生病住院时，周扬还去医院探望，向他表示道歉了么？"夏衍答说："周扬还要我一起去看他，我不去。"周健强问："为什么呢？"夏衍说："我这个人就是这样，说不去，就是不去。"周扬晚年对许多事情有了新的见解，有了反思与忏悔。在对鲁迅和冯雪峰等问题上，周扬没有夏衍那么固执，没有夏衍那样坚定。周扬的忏悔也许是真诚的，夏衍的固执也可能是发自他的内心。一句"我这个人就是这样"，让人看出夏衍是不坏的人，他虽然弄过政治，但依然是文学家的本性。

他这个人就是这样，一些早该忘却的往事，他却终生不忘。

1981年版《鲁迅全集》中，在《答徐懋庸并关于抗日统一战线问题》一文的注释（1）上关于"两个口号"的争论，是这样评价的：

> 鲁迅当时在病中，本文由冯雪峰根据鲁迅的意见拟稿，经鲁迅补充、修改而成。
>
> 1935年后半年，中国共产党确定了建立抗日民族统一战线的政策，得到全国人民的热烈拥护，促进了抗日高潮的到来。当时上海左翼文化运动的党内领导者（以周扬、夏衍为主）受到中共驻共产国际代表团一些人委托萧三写信建议的影响，认识到左翼作家联盟工作中确实存在着"左"的关门主义和宗派主义倾向，认为"左联"这个组织已不能适应新形势，在这年年底决定"左联"自动解散，并筹备成立以抗日救亡为宗旨的"文艺

家协会"。"左联"的解散曾经由茅盾征求过鲁迅的意见，鲁迅曾表示同意，但是对于决定和实行这一重要步骤的方式比较简单，不够郑重，他是不满意的。其后周扬等提出"国防文学"的口号，号召各阶层、各派别的作家参加抗日民族统一战线，努力创作抗日救亡的作品。但在"国防文学"口号的宣传中，有的作者片面强调必须以"国防文学"作为共同的创作口号；有的作者忽视了无产阶级在统一战线中的领导作用。鲁迅注意到这些情况，提出了"民族革命战争的大众文学"的口号，作为对于左翼作家的要求和对于其他作家的希望。革命文艺界围绕这两个口号的问题进行了尖锐的争论。

这一注释与以上所阐述的事实，基本上是吻合的。左联解散，"国防文学"的提出，都是为了适应抗日这一新的形势。初时，鲁迅不相信共产党会解散左联，他对茅盾说，我不相信孙悟空会丢掉他的那根金箍棒。夏衍对此评论说："意思很明白，就是说'左联'是我们手里的棍子，打人的棍子，也就是说'奴隶主管的鞭子'吧。"（《往事》）后来，茅盾把具体情况跟鲁迅讲了一下，鲁迅说，解散也可以，但应该发表一个正式宣言，说明我们无产阶级文学革命的任务还没有达成。鲁迅的态度是，要有始有终，不要"自行解散"，这是鲁迅与周扬等人不同的看法之一。

随着左联的解散，周扬提出了"国防文学"的口号。周扬认为，这个口号"号召一切站在民族战线上的作家，不问他们所属的阶层，他们的思想和流派，都来在创造抗敌救国的艺术作品，把文学上反帝反封建的运动集中到抗敌反汉奸的总流"。郭沫若、茅盾等也发表文章，支持这一口号，并发表了一些重要意见。其他许多作家也发表文章，阐述"国防文学"的现实基础与精神实质，并相继出现了"国防戏剧"、"国防诗歌"、"国防音乐"等口号。《文学》、《光明》、《文学界》等刊物上，陆续刊载和推荐了不少"国防文学"作品。

"两个口号之争"的核心问题，是在抗日救亡的新形势下组织成立的文艺界抗日统一战线中，左翼文艺界要不要作为核心和争取领导权？抗战文艺是不是左翼革命战争文艺的发展？左翼文艺要不要"尽它的阶级的领导责任"？"七七抗战"后的八年抗战文艺及其以后的发展，充分说明了文艺所表现的是"民族革命战争"的各个方面，内容和形式是日趋"大众化"了的。"国防文学"这个口号在抗战开始后就被人忘到九霄云外去了。"国防文学"的代表作，夏衍写的《赛金花》之类，也只有文学史家们研究文学史的时候才偶尔提到，那是说，妓女也可以爱国的，诸如此类。

关于"国防文学"，周扬晚年接受采访时曾有反思：

"国防文学"是上海地下党决定的，没有中央的指示。

这是根据当时情势的需要和共产国际的条件，以及当时党的"八一"宣言。当然党的"八一"宣言也是在莫斯科搞的，我们的党没有承认这个"八一"宣言。但是总的纲领是毛主席提出的"抗日民族统一战线"。

党首先提出来"组织国防政府"，1937、1938 年毛主席的文章中提出"国防教育"等等，主张"一切都要适合国防的利益"。"国防文学"提出来以后不是被批评得很厉害吗？我的认识是，并不是"国防文学"不能提，其错误是在对"国防文学"的解释不一致，其中有右的观点。这个右的观点就是王明路线。（20）

在同一篇采访录中，也记下了周扬谈左联"关门主义"的内容。他说：

在当时情况下，"左联"就等于共产党，国民党抓到"左联"的人要枪毙的。在这种情势下，很多人本来是很进步的，但不敢参加"左联"。像巴金、曹禺这些人，都不敢参加。甚至过去参加的人，像郁达夫，后来都不参加了。

我们也感到确实有关门主义，我们感到当时的"左联"成了第二党。为什么叫第二党呢？就是说它实际上跟党是一样的。它本来是个作家团体，可以更广泛一些，更公开一些，更多谈文学，但是后来专门谈政治，甚至游行、示威，这样搞起来，人家就算了。

所谓"左"，就是宗派的教条主义。这个我应该负责任。鲁迅答徐懋庸的信……全篇不是批评我右，而是批评我"左"，批评我"左得可怕"。

人到老年，其言也善，也更尊重客观事实。周扬晚年的这一番话是很有诚意，也很有见解的，只可惜历史不能重新来过一次，倘周扬有现在的见解，又领导着当时的左联，情况又当如何呢？

徐懋庸留有一份毛泽东1938年在延安和他谈"两个口号"问题的记录，这个记录曾请陈云审阅过，证明内容是符合实际的。毛对徐说：你们的口号是革命的，鲁迅的口号也是革命的。总之，是"人民内部矛盾"。"两个口号"的争论，是革命的战略和策略的问题的争论，较少涉及文学艺术问题。(21)既然"两个口号"无非是比赛谁更革命，它必将汇入革命的洪流中，余下的只是白茫茫的一片了。历史已经淡化了争论它的意义。

五

鲁迅对"四条汉子"采取的态度有两面性。在公开的场合，公开发表的文章，都留有余地，顾全大局，总的来说是持理性的态度。这在上面已多有介绍。鲁迅对左联，尤其后期左联，是没有多大好感的。然而，公开场合，他仍是维护左联，甚至反对解散左联。可是，在更能表现自我感情的私下通信中，鲁迅对"四条汉子"们有不满有厌恶也有偏见。

我们不妨来看看鲁迅在私下对"四条汉子"的看法，即在上节开始中提到的，相对于"大是非"的"小不满"。

鲁迅对周扬等人是不满、憎恶和愤慨的。那么，究竟是哪些方面引起鲁迅的不满、不平、憎恶和愤慨呢？周葱秀从鲁迅的文章和信函的片言只语中对其作了归纳。（22）鲁迅多次称周扬等为"元帅"，元帅是发号施令的，"军令如山"，总是要役使隶属于他的人，总是要宣布别人的"罪状"；多次称周扬等人为"英雄"，指他们常常打击别人，打击"不听他们指挥"的人，甚至敢于下手"扼死"这样的人；多次称"自以为是革命的大人物"周扬等人为"工头"，他们"手执皮鞭，乱打苦工的背脊"，有时称他们为"横暴者"或"奴隶总管"，所谓"横暴者"指他们"小不如意，就倚势（！）定人罪名，而且重得可怕"，所谓"奴隶总管"，指他们"自以为出人头地"，"以鸣鞭为唯一业绩"；有时称他们为"四条汉子"，"汉子"者，非形体魁梧之谓也，乃盛气凌人、颐指气使之谓也；有时说他们的脑子是"军阀脑子"；有时把他们的意见称作"圣旨"。综合鲁迅以上的言辞，可见周扬等人引起鲁迅的不满、不平、憎恶和愤慨的是他们的专制。鲁迅虽说过"怀疑过他们是否系敌人所派遣",但鲁迅仍然相信他们是革命者,不过,他们在革命文学团体中却把自己放在"元帅"、"工头"、"奴隶总管"、"军阀"、"皇帝"的位置上,视别人为"奴隶",压制、鞭打、扼杀别人。

1958年5月,胡适以《中国文艺复兴运动》(23)为题,在台北中国文艺协会做了一次演讲。其中他说:

> 到抗战时期前几年,所谓左翼作家同盟组织起来了,那时共产党尽量欢迎这批作家进去,但是共产党又不放心,因为共产党不许文艺作家有创作自由。所以那时候监视他们的人——左翼作家的监视者,就是周起应,现在叫周扬,他就是在上海监视鲁迅这批作家的。诸位如果有机会,我希望有一本书在自由中国可以得到,是值得看看的。这本书在抗战初期出版,是鲁迅死后,他的太太把鲁迅写给各朋友的信搜集起来,叫《鲁迅书简集》;这本书里面有几封信值得看看,特别是他写给胡风的四封信,其中有一封就是鲁迅死之前不到一年写的,是1935年(他是1936年死的),这封信胡风问他三郎(不知是谁,大概是萧军)应该不应该加入党(共产党)。他说:"这个问题我可以毫不迟疑地答复你,不要加入!现在在文艺作家当中,凡是在党外的都还有一点自由,

都还有点创作来，一到了党里去就'酱'在种种小问题争论里面，永远不能创作了，就'酱'死了！""酱"在里面去，这个字用得好极了。底下更值得读了，他说："至于我呢，说来话长，不必说了吧。"他说："我总感觉得我锁在一条链子上，锁在一条铁链上，背后有一个人拿着皮鞭打我，我的工作越努力打的越厉害。"这一段话里，打他的就是现在在大陆搞文艺的周扬——那个时候的周起应。

鲁迅会劝萧军不要加入共产党？我查了一下1935年9月12日致胡风的信，鲁迅的原话是这样的：

> 三郎（按：即萧军）的事情，我几乎可以无须思索，说出我的意见来，是：现在不必进去（按：这不等于说，以后也不要进去）。最初的事，说起来话长了，不论它；就是近几年，我觉得还是在外围的人们里，出几个新作家，有一些新鲜的成绩，一到里面去，即酱在无聊的纠纷中，无声无息。以我自己而论，总觉得缚了一条铁索，有一个工头在背后用鞭子打我，无论我怎样起劲的做，也是打，而我回头去问自己的错处时，他却拱手客气的说，我做得好极了，他和我感情好极了，今天天气哈哈哈……真常常令我手足无措，我不敢对别人说关于我们

的话，对于外国人，我避而不谈，不得已时，就撒谎。
你看这是怎样的苦境？

通观全信，我们可以看到，这里谈的是萧军是否加入左联而不是共产党的事。胡适一向治学严谨，他的这一回谈鲁迅，与其说是用学术的观点看问题，不如说是用政治的观点看问题。政治的偏见，使胡适这样的大学者也闹了一个大笑话。

然而，左联毕竟是共产党策划并领导的一个文艺团体，周扬认为左联当时就等于是共产党，是"第二党"；冯雪峰认为左联是"半政党"。应该说，鲁迅这段话是对20世纪30年代就曾有的极"左"萌芽的一种不满。我以为，这段话可以看出这样几层意思：鲁迅对"四条汉子"领导下的左联是深为不满的，因为有的所谓理论家，摆出"奴隶总管"的架子，"手执皮鞭"，"乱打苦工"，"取了工头的立场"，鲁迅当然"深恶之"。此外，他们"左"而不作，并无创作实绩，搞文艺是手段，搞政治才是目的，而他们的政治，又有不少是"无聊的纠纷"，是"破落户的飘零子弟"，"将败落家族的妇姑勃豀，叔嫂斗法的手段，移到文坛上。喊喊嚓嚓，招是生非，搬弄口舌，决不在大处着眼"。（《答徐懋庸并关于抗日统一战线问题》）"惟以嗡嗡营营为能事"。（1936年9月15日致王冶秋信）总之，"实做的少，监督的太多，个个想做'工头'……"（1936年4月5日致王冶秋信）鲁迅是很瞧不起他们的，说"哗啦哗啦大写口号理论的作家，我却觉得他大抵是呆鸟"（这似也可作为我文前提到的，鲁迅不会去提什么口号的旁证），所以，鲁迅又说："倘使削弱外围的力量，那是真可以什么也没有的。"（1935年9月12日致胡风信）在鲁迅眼里，出了实绩的作家，如萧军、萧红等，多是在左联的"外围"。尽管如此，鲁迅还是把"四条汉子"称为"我们"，仍是"同一阵线"中人，即如毛泽东所云，是人民内部矛盾。因此，鲁迅采取克制的、顾全大局的态度。鲁迅"不敢对别人说关于我们的话"，家丑不外扬，对外国人，是"避而不谈"，或者是"撒谎"。境况苦，心也苦。鲁迅虽非中共党员，此处却颇有中共的组织原则。

鲁迅给"左派"作家敲响了警钟。鲁迅指出："首先应该扫荡的，倒是拉大旗作为虎皮，包着自己，去吓唬别人；小不如意，就倚势（！）定人罪名，而且重得可怕的横暴者。"（《答徐懋庸并关于抗日统一战线问题》）鲁迅对在文艺论争中"锻炼人罪，戏弄威权"的封建专制主义提出了警告。可是，一些"左派"作家"箭在弦上，不得不发"，仍是"左而不作"。到了新中国成立后，手中掌握了比左联时期更实在许多的实权，先是把胡风、冯雪峰等打成反革命、右派，接着，自己也受到了极"左"路线的报应，也成了反革命——"四人帮"整周扬他们，打的也是鲁迅的招牌："四条汉子"。正是:"只左不作"太聪明,"左"倾反被"左"倾害。也正是缘于此,周扬、夏衍等人,晚年都成了反极"左"的激烈分子。

周扬晚年,对自己有过辩白:

> 问:请你谈谈跟鲁迅的关系。
>
> 答:我参加"左联"以后才认识鲁迅,跟他通过信,见过面,但来往不多,这固然由于当时白色恐怖的环境所致,但主要还是由于我在思想是不尊重鲁迅,不认识鲁迅的伟大。鲁迅批评了我们的错误,并在一些文章和书信里确实反映出对我们的不满。我们在对待鲁迅的问题上,不管有什么缺点错误,但从没有搞过什么阴谋。过去有些口口声声喊拥护鲁迅的人,其实并不一定是真正拥护鲁迅的;过去和鲁迅争吵过的人,其中有不少是始终跟鲁迅站在同一战壕中的,这已由历史作了见证。如果说我们对鲁迅进行了攻击,那主要就是两条:一条是说鲁迅不懂统一战线,另一条是说鲁迅偏听胡风的话。我们有错误,但不是阴谋。(24)

没有搞过阴谋,这也许是真实的。也许,在他们的意识里,鲁迅只是可以利用的一面旗帜,用过之后,就可以扔在一边,所以,不存在尊重不尊重的问题。他强调,他虽然与鲁迅有过争吵，但还是同一战壕中人。周扬他只能这么说，因为有毛泽东的"三个伟大"在，他不敢不这么说。可是，鲁迅会不会认同他认为的"奴隶总管"的话，也只有鲁迅自己知道了。俱往矣，不说也罢。

周扬晚年，还对鲁迅有过很高的评价，认为鲁迅是"天才"，是"完人"。1983 年 12 月 26 日，他在纪念毛泽东诞辰 90 周年学术讨论会上作了题为《毛泽东与鲁迅》的讲话。周扬说："我第一次见到史沫特莱时，她非常崇拜鲁迅。她说，鲁迅是一个天才，其他的人只能说是有才能……鲁迅和毛主席称得上天才，其他的人才能、学问、品德，各有各的长处，但不能说是天才。反对'天才论'并不等于说没有天才，反对'人性论'也不等于没有人性。"周扬把鲁迅与毛泽东作了比较："鲁迅、毛主席就是天才。是天才不等于他没有错误，不犯错误。主席如果在"文化大革命"前死了，人们不会再提到他的错误，他也不会犯大错误。鲁迅，多活些时候会不会犯错误？这只是可能的。但现在他没有犯错误，他五十六岁就死了，在这个意义上讲，他是完人。"（25）

对于周扬的"天才论"和"完人论"，袁良骏先生发表了很好的见解："说毛泽东和鲁迅是天才，甚至伟大天才，这是容易理解的，一点也不过分。所谓天才，无非是说先天禀赋远远高于常人，并不神秘，也不唯心，而是人类学中的'自然现象'。有天才正像有白痴一样，是一点也不奇怪的。"

袁良骏从人类学的角度肯定了天才的存在，但同时，他不赞成"完人"说："然而，天才并不等于'完人'。世界上有天才，但并无'完人'。'天才'，是一个能力概念；'完人'，则是一个道德概念。能力可以很强、很高，但道德却很难完善。因此，无论从理论上还是从实际上看，'完人'是不存在的。"（26）

"天才"死得其时，故成"完人"。挨鲁迅痛骂而不痛恨，善哉，"完人"周扬！

六

这里，要留作"备忘录"的是，鲁迅有关"两个口号"论争的三篇重要文章的写作背景。其中《答托洛斯基派的信》作于 1936 年 6 月 9 日，发表于 1936 年 7 月的《文学丛报》月刊第 4 期和《现实文学》月刊第 1 期。《论现在我们的文学运动》作于 1936 年 6 月 10 日，与前文仅隔一天，发表于1936 年 7 月《现实文学》月刊第 1 期和《文学界》月刊第 1卷第 2 号。前文的末尾，附有这样的几个字："这信由先生口授，O.V. 笔写"，后文的题目底下有"——病中答访问者，O.V. 笔录"的副题。O.V.即冯雪峰，当时左联的领导成员之一，据夏衍称，是中共中央特派员。从《中国现代文学词典》上看，冯雪峰是"……鲁迅的挚友、党和鲁迅的联系人"。

我查了鲁迅 1936 年 6 月上旬的日记，6 月 1 日"夜又发热"，此后医生经常来诊并注射。5 月开始病重，日记中断。30 日稍愈，补记如下："自此以后，日渐委顿，终至艰于起坐，遂不复记。其间一时颇虞奄忽，但竟渐愈，稍能坐立诵读，至今则可略作数十字矣。但日记是否以明日始，则近颇懒散，未能定也。6 月 30 日下午大热时志。"鲁迅逝世于 1936 年 10 月 19 日，此际鲁迅，已属风烛残年，坚持数十年的日记，尚且无法记下几字，又如何两日之间，连续口授宏文？倘真是如此，也是文化史上的奇观了。也正是在这两篇宏文中，鲁迅头一回对毛泽东有了直接的评价，对党的时势政策有了高度的了解，并进行了生动的阐述。

　　然而，1993 年第 1 期的《新文学史料》登载了注明是 1984 年 2 月的胡风回忆录《鲁迅先生》，谈了冯雪峰这两篇文章的成文过程。胡风说："当时鲁迅在病中，无力起坐，也无力说话，连和他商量一下都不可能。恰好愚蠢的托派相信谣言，竟以为这是可乘之机，就给鲁迅写了一封'拉拢'的信。鲁迅看了很生气，冯雪峰拿去看了后就拟了这封回信。'国防文学'派放出流言，说'民族革命战争的大众文学'是托派的口号，冯雪峰拟的回信就是为了去解消这一栽诬的。他约我一道拿着拟稿去看鲁迅，把拟稿念给他听了。鲁迅闭着眼睛听了，没有说什么，只简单地点了点头，表示同意。"胡风还谈了另一篇文章："冯雪峰回去后，觉得对口号问题本身也得提出点理论根据来。于是又拟了《论现在我们的文学运动》，又约我一道去念给鲁迅听了。鲁迅显得比昨晚更衰弱一些，更没有力气说什么，只是点了点头，表示了同意，但略略现出了一点不耐烦的神色。一道出来后，雪峰马上对我说：鲁迅还是不行，不如高尔基；高尔基那些政论，都是党派给他的秘书写的，他只是签一个名……"胡风听了冯雪峰的答话感到惊讶："他的声音惊醒了我，觉得有点意外。并不是苏联这种做法使我意外，而是在这种情况下说这种话，而且是用着那样的腔调。鲁迅病得这样沉重，应该尽一切可能抢救他，应该尽最大的努力避免刺激他打扰他。至于口号的理论问题，雪峰早已懂得不应成为问题；当然也应该从理论上解决问题，但这不是马上能得到解决，不必也不该马上求得解决，更不应该用鲁迅的名义匆忙地做出断语。因为，即使分析得完全正确，对方也不会接受，分析得不充分只有加重矛盾而已。其次，鲁迅在思想问题上是非常严正的，要他对没有经过深思熟虑（这时候绝不可能深思熟虑）的思想观点担负责任，那一定要引起他精神上的不安，对病情产生不利的影响。但他对鲁迅的不耐烦的神色，反而用了那样冷淡的口气表示了他自己对鲁迅的不满，不能不使我感到意外。"

胡风的"意外"，表现了他对鲁迅的感情；冯雪峰的不满则表现了他对党的忠诚，冯雪峰希望鲁迅向高尔基学习，成为革命的齿轮和螺丝钉。好在鲁迅不久死了，否则，冯雪峰是否可以继续成为"鲁迅的挚友",我心存疑问。

至于 1936 年 8 月 3 日至 6 日写的《答徐懋庸并关于抗日统一战线问题》，也是由冯雪峰代笔的。当然，此文与前两文大有区别，其中，鲁迅作了许多修改，并亲笔写了 4 页。

三篇文章，均在鲁迅逝世后，由许广平编入《且介亭杂文末编》以及它的"附集"中。这三篇文章，鲁迅既然同意署名，那鲁迅自然是它们的责任者，然而，它们与鲁迅的思想，不会一无距离吧？在胡风的《鲁迅先生》中，胡风还提到："到病情好转，恢复了常态生活和工作的时候，我提了一句：'雪峰模仿周先生的语气倒很像……'鲁迅淡淡地笑了一笑，说：'我看一点也不像。'"

七

阳翰笙就是和周扬他们一起坐了那回车，从车中跳出，成了"四条汉子"，他是"陪骂"的。我观《鲁迅全集》，除了致胡风信中谈到"田、华两公之自由"而外，似乎鲁迅再未提到他了。

注释

(1)《鲁迅全集·且介亭杂文末编》。

（2）《文学评论》1980 年第 1 期。

（3）《鲁迅全集·且介亭杂文·附记》。

（4）《鲁迅全集·且介亭杂文》。

（5）有兴趣的读者请参阅本书《"转向"与"胡风问题"——鲁迅与穆木天》一文。

（6）荣天屿：《锦鸡互赠美丽的羽毛》，《新文学史料》2003 年第 2 期。

（7）冯雪峰：《有关 1936 年周扬等人的行动以及鲁迅提出"民族革命战争的大众文学"口号的经过》，写于 1966 年 8 月 10 日，收入《名人与冤案（二）》，群众出版社 1998 年版。

（8）《鲁迅全集·且介亭杂文末编·这也是生活？……》。

（9）《远年的蔷薇·"两个口号"和"四条汉子"》，湖北人民出版社 2006 年 1 月版。

（10）程中原著，当代中国出版社 2000 年 8 月版。

（11）生活·读书·新知三联书店 2000 年 9 月版。

（12）《关于鲁迅及中国现代文学·为鲁迅冯雪峰答辩》，天津人民出版社 1996 年 4 月版。

（13）《新文学史料》1986 年第 3 期。

（14）（15）《我对于鲁迅之认识》，原载 1937 年 11 月 21 日《宇宙风》（上海）第 52 期，转引自《六十年来鲁迅研究论文选》（上）第 223 页，中国社会科学出版社 1982 年 9 月版。

（16）《鲁迅的最后十年》，中国社会科学出版社 2003 年 4 月版。

（17）冯雪峰：《回忆鲁迅》，《新观察》1952 年半月刊。

（18）关于解散左联，有兴趣的读者可参阅本书《"传话人"与"替罪羊"——徐懋庸夹在鲁迅与"四条汉子"之间》一文，其中有相对详尽的介绍。

（19）以上史实见《访问萧三同志记录》中的"一、关于写信回国问题"，《鲁迅研究资料》第 4 辑，天津人民出版社 1980 年 1 月出版。该刊说明"记录稿经萧三同志四次审阅修改"，1978 年 2 月定稿。

（20）（24）《周扬笑谈历史功过》，《新文学史料》1979 年第 2 期。

（21）有兴趣的读者可参阅本书《"传话人"与"替罪羊"——徐懋庸夹在鲁迅与"四条汉子"之间》一文。

（22）《鲁迅与左联》，《鲁迅研究月刊》1999 年第 2 期。

（23）《胡适哲学思想资料选》，华东师范大学出版社 1981 版。

（25）《鲁迅研究动态》1989 年第 9 期。

（26）《袁良骏学术论争集·毛泽东和鲁迅是天才，但不是"相对完人"》，中国文史出版社 2005 年 10 月版。

"传话人"与"替罪羊"

——徐懋庸夹在鲁迅与"四条汉子"之间

　　徐懋庸（1910—1977），杂文家、文学翻译家。原名徐茂荣，笔名高平、致力、力生、慕蓉等。浙江上虞人，早年曾任小学教员，1926 年参加大革命，在中国共产党领导的上虞县国民党党部宣传部当干事，编辑《南针报》。大革命失败后，逃亡上海，入劳动大学半工半读。1930 年学习结束后，去浙江临海教书，并从事文学翻译。1933 年到上海，次年参加中国左翼作家联盟，并在左联工作。1938 年到延安，同年参加中国共产党。抗战时期从事文化教育工作，主编《华北文化》。解放战争时期任冀察热辽联合大学副校长、第四野战军南下工作团第三分团政治委员。新中国成立后历任中南军政委员会委员，武汉大学党委书记、副校长，中南文化部副部长，中南教育部副部长。1957年后任中国科学院哲学研究所研究员。生平著译甚多。所作杂文涉及面广，知识丰富，揭露时弊尖锐泼辣，讽刺错误严肃热烈。

鲁迅曾热忱地称赞过徐懋庸，并为他的《打杂集》作序，对他的杂文给予很高的评价。鲁迅也曾不留情地批评过徐懋庸，在《答徐懋庸并关于抗日统一战线问题》（1）的公开信中，对徐懋庸写给鲁迅的信逐一进行批驳。

由于鲁迅的称赞，不少人把徐懋庸看成是鲁迅的弟子。因此，鲁迅与徐懋庸的"闹翻"为一些人所幸灾乐祸。比如，杨光政在《鲁迅及其流派》一文中说："……有意模仿鲁迅作风而比较似的，可指者惟有专做骂人文章的杂文家徐懋庸……"又说，徐懋庸"因为争取'国防文学'的口号问题，与鲁迅翻了脸，两相对骂一通，与向培良一样，被鲁党踢出门外"。其实，在我看来，徐懋庸和鲁迅的矛盾是有的，但是，第一，这矛盾很大程度上是由于"两个口号"问题引起的，换一句话说，是由于鲁迅与周扬他们的矛盾引起的；第二，鲁迅《答徐懋庸并关于抗日统一战线问题》的公开信，也不完全是针对徐懋庸的，他骂徐懋庸有骂他的成分，但更多的是通过他骂周扬一伙。与其说是针对徐懋庸的，不如说是针对周扬他们的，至少更大程度上是针对"四条汉子"的。鲁迅将徐懋庸绑在"国防文学"上一起批了。

那么，徐懋庸在鲁迅和周扬他们的左联之间扮演了什么角色呢？我以为，不论徐懋庸本人自觉与否，他实际上是鲁迅和周扬他们之间的通讯员了。徐懋庸在他的回忆录中也说，周扬之所以看重他，也就在于他和鲁迅的关系不错，说得来话。

周扬他们尊鲁迅为左联盟主，但却与鲁迅说不上话，与鲁迅有着这样那样的矛盾，很多重大问题的决定，也是撇开鲁迅的。那么，鲁迅在左联究竟扮演的是什么角色呢？说穿了，是他们利用和借重的工具。周扬他们是不是把鲁迅当作自己的同志？我觉得，他们很大程度上是把鲁迅当作"统战"的对象。这就是他们与鲁迅搞不好关系的根本原因之所在。也正是由于这样的背景，他们需要一个人在鲁迅和左联之间充当"传话人"，所以周扬才重用了徐懋庸这样当时还不是党员的人，在左联充任要职。

为了完整地梳理清楚鲁迅与徐懋庸的关系，对他们交往的历史作一下回顾，也许不是多余的。

1934年1月6日，黎烈文邀请《自由谈》的十来个撰稿者聚餐，其中有鲁迅、郁达夫、曹聚仁、陈子展、周木斋、林语堂……还有徐懋庸。这是徐懋庸第一次同鲁迅见面。林语堂晚到，那时大家已经入席了。他坐下后，就对鲁迅说："周先生又用了新的笔名了吧？"因为当时鲁迅的笔名是经常改变的。鲁迅反问道："何以见得？"林语堂说："我看新近有个'徐懋庸'，也是你。"鲁迅先生哈哈大笑起来，指着徐懋庸说："这回你可没有猜对，徐懋庸的正身就在这里。"说罢，大家都笑了起来。无疑，这条带有笔记色彩的轶闻，给徐懋庸带来了声名，也使得徐懋庸在文学史上与鲁迅联系在了一起。

任白戈的一段话，很能说明鲁迅、徐懋庸之间的交情是深厚的。他说：

> 懋庸很崇敬鲁迅，以鲁迅为师，鲁迅对他很爱护，很器重，并且用心培养。当懋庸开始编《新语林》的时候，鲁迅劝他不要当编辑，以便腾出时间来多读点书。及至徐当了编辑以后，鲁迅又大力支持，并对他多所指教。鲁迅对懋庸说过这样一段话："有不少'左翼'作家，只'左'而很少'作'，这是空头文学家，而你每年至少译一本书，而且文章写得不少。"这显然是对懋庸的一种赞许。
>
> 鲁迅对懋庸的爱护也是无微不至的。当他知道懋庸正患着消化不良时，亲自到药房买过一瓶蓖麻子油送他，说："服了这个，泻一泻就好了，这是起物理作用的药物，没有副作用的。"甚至他的孩子病了，鲁迅都曾亲自给开药方。（2）

可以看出，鲁迅不仅在创作上给徐懋庸帮助和指导，而且在生活上关心徐懋庸。这说明，他们已不只是文坛上的同仁，而且是朋友；这还可以看出，鲁迅的心地是多么单纯，他是一个善良的老头儿。

鲁迅和徐懋庸的矛盾，最主要的就在于左联解散问题和"两个口号"之争。徐懋庸说："总而言之，直到'左联'解散的问题发生为止，我同鲁迅的关系是比较密切的，他关心我、支持我、教导我，我对他是由衷地敬爱的。我的前妻刘蕴文，有一次同我发生口角，她认为我很错误，说：'我要写信到鲁迅先生那里告你一状。'由此可见，她也相信鲁迅是真理所在，而且也知道我是敬服鲁迅的。至于我虽不才，但鲁迅说我对于上海文坛的鬼蜮们，'决非其敌，一定要上当的'，倒也是真话，不但当时如此，即后来的几十年，也还是如此！"（3）应该说，他的叙说是符合事实的。

我在本文的开头就指出，徐懋庸是左联与鲁迅之间的"传话人"。徐懋庸在他的回忆录中谈了他的"传话"经过。他说，关于左联解散问题，他第一次找鲁迅谈事，鲁迅的答复是：

> 组织统一战线团体，我是赞成的，但以为"左联"不宜解散。我们的"左翼作家"，虽说是无产阶级，实际上幼稚得很，同资产阶级作家去讲统一战线，弄得不好，不但不能把他们统过来，反而会被他们统去，这是很危险的。如果"左联"解散了，自己的人们没有一个

可以商量事情的组织，那就更危险。不如"左联"还是
秘密存在。

　　徐懋庸说："我当时是同意这意见的，但并没有领会其
深刻的意义。"不久，左联常委会开会了。代表"文总"来
出席"指导"的却不是周扬，而是徐懋庸第一次见面的胡乔
木。徐懋庸在会上传达了鲁迅的意见，并表示了自己同意鲁
迅的态度。于是胡乔木作了长篇发言，主要的意思是：统一
战线团体是群众团体，左联也是群众团体。在一个群众团体
里面秘密存在另一个群众团体，就会造成宗派主义，这不好，
而且会使左联具有第二党的性质，更不好。
　　徐懋庸当时还不是共产党员，听了胡乔木的"第二党"
的说法，他觉得倒也是个问题，"但关于宗派主义，我认为'左
联'不存在，统一战线组织中还是可以产生宗派的，'左联'
本身之有周扬派和胡风派，即是一例"。但讨论结果，大家
一致同意把左联解散。胡乔木看到徐懋庸对鲁迅的意见还有
点留恋，在会后又同他长谈，打通他的思想，徐懋庸说，"打
通了我，就要我去打通鲁迅"。
　　于是，徐懋庸第二次去见鲁迅，把会议的决议和胡乔木
的一套道理向他汇报。鲁迅听了以后表示：

　　　既然大家主张解散，我也没意见了。但是，我主张

在解散时发表一个宣言，声明"左联"的解散是在新的形势下，组织抗日统一战线文艺团体而使无产阶级领导的革命文艺运动更扩大更深入。倘若不发表这样一个宣言，而无声无息的解散，则会被社会上认为我们禁不起国民党的压迫，自行溃散了，这是很不好的。

徐懋庸又把意见带回给周扬，周扬起初说，这意见很好，等"文总"讨论一下再说。但是，过了几天，周扬对徐懋庸说："文总"讨论过了，认为"文总"所属左翼文化组织很多，都要解散，如果都发表宣言，太轰动了，不好。因此决定左联和其他各"联"都不单独发表宣言，只由"文总"发表一个总的宣言就行了。

于是徐懋庸第三次为这事去见鲁迅，这次鲁迅的答复很简单："那也好。"

然而，又过几天，周扬说："文总"也不发表宣言了，理由是，此时正在筹备组织文化界救国会，不久将成立。如果"文总"发表宣言解散，而救国会成立，就会被国民党把救国会看作"文总"的替身，这对救国会不利。

于是徐懋庸第四次去见鲁迅，说明此事，鲁迅听了，就脸色一沉，一言不发。徐懋庸觉得很窘，别的话也无从谈起了，就告辞而回。

我不能说胡乔木、周扬他们有什么错，他们是职业革命家，一切讲策略讲方法，按革命的操作程序操作，他们的决定对共产党有利，对革命有利。至于鲁迅，本来就只是他们手上舞来舞去的大旗，现在，这面旗要暂时收起来了，所以鲁迅的意见在这种时候就变得无足轻重了，以后有用时再说吧！胡乔木、周扬他们为革命废寝忘食，甚至没有余暇登门亲自向鲁迅说明一下。我也真为鲁迅悲哀，没用的时候，是他们攻击的"双重反革命"，一时可以用一用了，就一定要把鲁迅摆在左联盟主的宝座上，左联解散了，现在鲁迅干什么呢？鲁迅也只好"下岗"了。

鲁迅太过呆气，太过用心，周扬他们对于左联就像一件用过的汗衫给扔了一样，而鲁迅却还在那里对于左联的"解散"和"溃散"的界限"分得极严格"。鲁迅不愿意看到他付出许多心血的左联的"溃散"。它的结局是怎样的呢？鲁迅也不知所终了。1936 年 4 月，日本"改造社"社长山本实彦来华采访鲁迅，问起左联，鲁迅答："我本来也是'左联'的一员，但是这个团体的下落，我现在也不知道了。"

鲁迅答山本等人的说法，当时使徐懋庸感到他不顾事实，所以于 5 月 2 日写了一封信指责鲁迅。徐懋庸说："'左联'解散问题，我是前前后后多次报告了你的。'解散'的对不对，是另一个问题，但你说不知下落，则非事实。"鲁迅即于下午复信，他说：

集团要解散，我是听到了的，此后即无下文，亦无通知，似乎守着秘密。这也有必要。但这是同人所决定，还是别人参加了意见呢？倘是前者，是解散；若是后者，那是溃散。这并不很小的关系，我确是一无所闻。

徐懋庸说："看这信就十分明白了，他的意思，第一，解散而不发表宣言，就是'无下文'；第二，解散而不发表宣言……就是'溃散'，也就是投降。"

这封信末了，鲁迅还说：

我希望这已是我最后的一封信，旧公事全都从此结束了。

从口气上看，充满着决绝，这是一封绝交信。事实上这也是鲁迅给徐懋庸的最后一信——除了那篇《答徐懋庸并关于抗日统一战线问题》文章不算外。这不仅是鲁迅和徐懋庸"旧公事全都从此结束了"，也是鲁迅与周扬他们"旧公事全都从此结束了"。

徐懋庸说：

我素知鲁迅先生的脾气，当他认为一个人可以交的时候，他的关心爱护是无微不至的，而当他憎恶一个人的时候，就拒之于千里之外，决不留情的。我知道他对我已经失去信任，认为我是周扬的人，交谊至少暂时是不能恢复了。我自然非常沉痛，但对他的革命性，他的文章、道德，丝毫没有怀疑，也无怨怼之心。我只有一个想法，关于政策路线问题，总是共产党员比较明白，鲁迅不是党员，而周扬却是的。因此，我要跟党走，总得基本上相信周扬他们所说的。所以，在这个严重的关头，我经过反复考虑，在当时的争论中决定站在周扬的方面，虽然我对周扬的作风有些方面也是不满意的。又因为周扬他们的经常议论，以及根据我自己的观察，我以为胡风不是好人，鲁迅是受了胡风的蒙蔽，"浮云蔽白日"，一时也是难免的。（4）

周扬是党员，而鲁迅不是，在"党"和鲁迅之间，徐懋庸当时虽然还不是党员，但还是选择了"党"，选择了周扬。在"两个口号"和左联解散问题上，徐懋庸自己的是非判断到哪里去了呢？由此看来，鲁迅在徐懋庸心目中的所谓魅力，也是十分有限的。

徐懋庸年轻气盛，他沉不住气。也许也依恃着鲁迅曾经有过的对他的几分厚爱，于是，他打上门，写信"声讨"鲁迅了。在那封著名的被鲁迅收进《答徐懋庸并关于抗日统一战线问题》的信中，他对鲁迅说了以下这些内容的话：

徐懋庸认为，鲁迅"最近半年来的言行，是无意地助长着恶劣的倾向的。以胡风的性情之诈，以黄源的行为之谄，先生都没有细察，永远被他们据为私有，眩惑群众，若偶像然，于是从他们的野心出发的分离运动，遂一发而不可收拾矣。胡风他们的行动，显然是出于私心的，极端的宗派运动，他们的理论，前后矛盾，错误百出。即如'民族革命战争的大众文学'这口号，起初原是胡风提出来用以和'国防文学'对立的，后来说一个是总的，一个是附属的，后来又说一个是左翼文学发展到现阶段的口号，如此摇摇荡荡，即先生亦不能替他们圆其说。对于他们的言行，打击本极易，但徒以有先生作着他们的盾牌，人谁不爱先生，所以在实际解决和文字斗争上都感到绝大的困难"。总之，鲁迅没有察人之明，被胡风他们利用作"极端的宗派活动"，"助长着恶劣的倾向"。在徐懋庸看来，周扬他们是"革命派"，你不服从他们，又另提什么口号，你是注定的"宗派"了。

徐懋庸以他对党的政策的理解来给鲁迅上课，换言之，来开导鲁迅。他说："我要告诉先生，这是先生对于现在的基本的政策没有了解之故。现在的统一战线——中国的和全世界的都一样——固然是以普洛为主体的，但其成为主体，并不由于它的名义，它的特殊地位和历史，而是由于它的把握现实的正确和斗争能力的巨大。所以在客观上，普洛之为主体，是当然的。但在主观上，普洛不应该挂起明显的徽章，不以工作，只以特殊的资格去要求领导权，以至吓跑别的阶层的战友。所以，在目前的时候，到联合战线中提出左翼的口号来，是错误的，是危害联合战线的。所以先生最近所发表的《病中答客问》，既说明'民族革命战争的大众文学'是普洛文学到现在的一发展，又说这应该作为统一战线的总口号，这是不对的。"徐懋庸的话倒是直截了当的：鲁迅不懂党的政策，所以鲁迅你错了。

接着，徐懋庸对一些人谈了他的看法。他认为参加"文艺家协会"的"战友"，未必个个右倾堕落；集合在鲁迅左右的"战友"，自然也未必个个都是好的。他说，"既然包括巴金和黄源之流，难道先生以为凡参加'文艺家协会'的人们，竟个个不如巴金和黄源么？我从报章杂志上，知道法西两国'安那其'之反动，破坏联合战线，无异于托派，中国的'安那其'的行为，则更卑劣。黄源是一个根本没有思想，只靠捧名流为生的东西。从前他奔走于傅郑门下之时，一副谄佞之相，固不异于今日之对先生效忠致敬。先生可与此辈为伍，而不屑与多数人合作，此理我实不解。"徐懋庸的意思是不是这样的：鲁迅被巴金、黄源这一类小人包围了，被利用了？

在这封信中，徐懋庸还帮鲁迅找"错误"的"根由"，认为是"不看事而只看人"，而"看人又看得不准"。

通观全信，措辞之激烈，口气之狂妄，可以说是达到无以复加的程度。鲁迅一生中，我们可以找到第二个如此教训鲁迅的人吗？也许，这时徐懋庸自认为是周扬的代言人，因而也是"党"的代言人了，他是以"党"的名义来教训鲁迅的。若非如此，他怎么会这样神志不清呢？

徐懋庸的叫战，让鲁迅回想起了左联时期的许多痛苦的记忆，于是，鲁迅写了《答徐懋庸并关于抗日统一战线问题》这一著名的公开信。这篇文章题目的一个"并"字是很有余味的，我理解，它的意思是这样的，答徐懋庸，也一并对解散左联及"两个口号"等问题作一了结。这一"并"字，反映了鲁迅的厌烦和厌恶的情绪。

解散左联基本上是幕后的纠纷，端到台面上的，是关于"两个口号"的争论。"国防文学"口号提出后，鲁迅看到"国防文学""这名词里左的不正确的意见"（《答徐懋庸并关于抗日统一战线问题》），经与冯雪峰等商议后，由胡风在1936年6月1日发表《人民大众向文学要求什么？》一文，提出"民族革命战争的大众文学"的口号。但胡风的文章没有说明新口号与已为广大群众所接受了的"国防文学"口号的关系，而"国防文学"的倡导者，从宗派主义立场出发，不能容忍新口号的提出，他们想用一个口号一统文艺界，所以爆发了论战。

因为胡风似乎不够"权威"，他的文章也有"解释得不清楚"的地方，鲁迅先后发表了《论现在我们的文学运动》、

《答徐懋庸并关于抗日统一战线问题》等文，对"民族革命战争的大众文学"做出阐述。鲁迅认为这个口号比"国防文学"的口号"意义更明确，更深刻，更有内容"。同时指出，新口号的提出，"决非停止了历来的反对法西斯主义，反对一切反动者的血的斗争，而是将这斗争更深入，更扩大，更实际，更细微曲折，将斗争具体化到抗日反汉奸的斗争，将一切斗争汇合到抗日反汉奸斗争这总流里去。决非革命文学要放弃它的阶级的领导的责任，而是将它的责任更加重，更放大，重到和大到要使全民族，不分阶级和党派，一致去对外。这个民族的立场，才真是阶级的立场"。鲁迅认为，"国防文学"这一口号"即使曾被不正确的解释，它本身含义上有缺陷，它仍应当存在，因为存在对于抗日运动有利益"，两个口号可以"并存"。

既然可以"并存"，也就没有了争论的必要。到了10月份，鲁迅、郭沫若、茅盾、巴金、谢冰心、周瘦鹃、林语堂等文艺界有代表性的各方人物，联合发表了《文艺界同人为团结御侮与言论自由宣言》，号召文艺界为抗日救国而联合起来，这标志着"两个口号"的争论趋于结束，新形势下建立文艺界统一战线的条件已经成熟。

徐懋庸曾经是鲁迅的"弟子"，"弟子"叫骂上门，鲁迅的心情格外沉痛。在他的几封致友人的信中，可见其心情之一斑。1936年9月15日在致王冶秋的信中说："我的那篇文章（指《答徐懋庸并关于抗日统一战线问题》）中，所举的还不过很少的一点。这里的有一种文学家，其实就是天津之所谓青皮，他们就专用造谣，恫吓，播弄手段张网，以罗致不知底细的文学青年，给自己造地位；作品呢，却并没有。真是惟以嗡嗡营营为能事。如徐懋庸，他横暴到忘其所以，竟用'实际解决'来恐吓我了，则对于别的青年，可想而知。他们自有一伙，狼狈为奸，把持着文学界，弄得乌烟瘴气。我病倘稍愈，还要给以暴露的，那么，中国文艺的前途庶几有救。现在他们在利用'小报'给我损害，可见其没出息。"1936年 10 月 15 日在致台静农的信中说："……继婴大病，槁卧数月，而以前以畏祸隐去之小丑，竟乘风潮，相率出现，乘我危难，大肆攻击，于是倚枕，稍稍报以数鞭，此辈虽猥劣，然实于人心有害……"

不久，鲁迅去世了。

1936 年 10 月 19 日正午，徐懋庸得到鲁迅逝世的噩耗，他在昏昏沉沉中跑来跑去，将这消息转告给许多朋友。跑了半天，回家以后写了一副挽联，上联是："敌乎，友乎？余惟自问。"（按照徐懋庸的解释，这是说："我到底是先生的敌人，还是朋友呢？这我只问自己就是了。"）下联是："知我，罪我，公已无言。"（徐懋庸解释说："先生生前，看到我的好处，坏处，都不吝批评，但现在是'无言'了，在我这面是不能再受教诲了。"）这似乎很能体现徐懋庸当时那种"成分十分复杂的痛苦",正如徐懋庸自己所说的,"我在我和鲁迅先生的私人关系上所感觉到的哀痛,总算是寄托在这十六字之中了。"(5)

其实呢,徐懋庸当年对鲁迅并没有这么温柔敦厚,他对鲁迅的公开信,也是毫不客气地予以反驳的。他在《还答鲁迅先生》一文中就写道:"……这一回鲁迅先生实在是'信口胡说,含血喷人,横暴恣肆,达于极点'。"并说:"倘不辩明几句,倒显得我是'唾面自干'了。所以,终于决定要还答几句。"(6)

《还答鲁迅先生》表达了这样几层意思:

徐懋庸认为,"这信完全是我个人负责,而且是只对鲁迅先生个人负责的一封私信,并不如鲁迅先生所武断那样,是我准备请他发表的'作品',更不是什么'有计划的''他们''向没有加入"文艺家协会"的人们的新的挑战'。鲁迅先生这回完全是'诬枉'。未得发信人的同意,而公布其私信,藉以引起多人的恶感而相威胁,这种'恶劣'的'拳经'的出手,在鲁迅先生好像是第一回。"又说:"这回使我非常惊异的是……鲁迅先生竟有那样的魄力,把许多不应公开发表的言语公开发表出来。因替胡风辩护而把左联里面的人事尽情揭露,同时也证实了我和左联的关系,这种魄力,是唯鲁迅先生所独有的。"徐懋庸认为,他给鲁迅的是私信,私信被发表了,而又没有征求写信人的意见,这当然让徐懋庸有话可说。

一方面，我觉得还是应该肯定徐懋庸的申辩，徐懋庸在私下通信中议论了一些人，却被鲁迅公开了，这应该是鲁迅的因激愤而欠考虑，或是考虑不周全。谁不背后说人家，谁不背后被人说呢？有时候私下随便聊天的事，一俟公开，其性质就大不一样了。徐懋庸提到了《两地书》，他说："上面已经声明过，我写给鲁迅先生的那信只是一封私信，因为是私信，所以拉扯了许多人，信口雌黄了一通，只是等于私人的闲谈。身非阮嗣宗，'口不否臧人物'的美德的确缺如，私下褒贬别人的事，是常有的。即如鲁迅先生在私人谈话和私信中，也常用简单的评语，议论他人一样。鲁迅先生公开他和景宋先生的《两地书》时，曾把其中的许多人名改掉，声明曰：'此无他，或则怕别人见于我们的信里，于他有些不便，或者单为自己，省得又是什么'听候开审'之类的麻烦而已'，这一条例，对于我这样的人似乎并不适用。我的私信中拉扯到胡风、巴金、黄源诸位，经鲁迅先生一公开，使诸位知道我在背后作这样的私议，在我是不免有点惶恐的，但也没有什么大的不安，因为那些本是我心中所有的话，只是本不打算公开告人的而已。不过我在这里承认：'中国的安那其的行为，则更卑劣'一语，实在说得太笼统，这是应该向别的许多并不卑劣的安那其主义者道歉的。"另一方面，徐懋庸既然写了，而且议论的也无非是他对文坛人物的看法，他也应该有勇于正视的勇气。背后有此见解，当面又"今天天气哈哈哈"，这大约也不是作为杂文家的徐懋庸所应有的性格。

徐懋庸讲的第二点是，他写信给鲁迅，鲁迅怎么会扯上别人呢？他说："……鲁迅先生的这回的'糊涂得可观'。'一人做事一人当'，是极通常的情理。是我写的私信，无论'恶劣'到怎样，只是我一个人的事，但是鲁迅先生却要株连、诬及我以外的'他们'。这'他们'是哪些人呢？连我自己也不知道这信该叫什么人来共同负责。"这"他们"有什么不好理解的？无非周扬他们而已。我文章的开头已经说了，徐懋庸是为周扬他们跑腿，又为周扬他们受过。这时，他还不知道问题的性质，还在那里强充好汉，胡扯什么"一人做事一人当"之类。可以说，鲁迅对他们的怨气郁积已久，发作于一时，如此而已。

徐懋庸"所惊异的第三点"，实际上是第二点的补充，他说："鲁迅先生这回'罗织人罪，戏弄威权'的'横暴'之甚。我这回的罪名，本来至多不过是'教训鲁迅罪'，及'攻击鲁迅的朋友巴金，胡风，黄源罪'罢了。但是，鲁迅先生却把田汉、周起应等的行为，《社会日报》的文字，一起拉扯出来，搁在我的头上，一则曰：什么'覆车之鬼''附徐懋庸的肉身而出现'，再则曰：'徐懋庸正是一个喊喊嚓嚓的作者，和小报是有关系了'。好像我和田、周是一系，《社会日报》的文字全是我做的。……鲁迅先生借此来打击我，真是所谓'含血喷人'！还有呢，我不过说到黄源的'谄'，鲁迅先生却诬我是攻击《译文》，我不过说跟胡风他们本来可以在同一原则上，邀集有关系方面，评定双方的倾向的曲直、而'实际解决'文艺界的纠纷，鲁迅先生却诬我是要把胡风他们'充军''杀头'。还有呢，鲁迅先生说我是什么'奴隶总管''倚势'，'骄横'，'横暴恣肆'，'以鸣鞭为惟一业绩'，'抓到一面旗子，就自以为出人头地'……我的那封私信的寥寥千余言，难道竟包含着这许多罪状吗？还有呢，鲁迅先生又怀疑我是'敌人所派遣'——呜呼，在这样的罪状下面，倒是我该先被鲁迅先生这面'充军''杀头'了！"徐懋庸这里所说，都是鲁迅对周扬他们不满的话，这正可以证明鲁迅是针对"四条汉子"而不仅仅是冲着徐懋庸来的。当时，徐懋庸在气头上，情急失态，对问题缺乏判断能力，这也是可以理解的。

自然了，不论是否针对徐懋庸，也不论有多少内容是针对徐懋庸的，徐懋庸和鲁迅的关系，毕竟成了鲁迅研究的一个课题，徐懋庸也将因此而不朽。徐懋庸自己也充分意识到了这一点。他说：

我和鲁迅先生的关系，固然有始，却还没有完结。

在当前，报刊上的文章也好，人们的闲谈也好，一提到鲁迅，常要牵涉到我同鲁迅的关系。不仅如此，鲁迅先生的名字和著作全集，一定是会"流芳百世"的，那末，我的名字，也将夹在他的全集中"遗臭万年"。至于我自己，只要分析到自己的思想，就离不了与鲁迅有关的问题，他所给予我的深刻的影响，以及我对这些影响的也有正确、也有错误的反应。这是要我死的时候才停止的。而且在我死后，不仅我的儿女们，下代的青年们也还会碰到我和鲁迅的关系的问题，而且对于他们会发生某些影响。（7）

这是确定无疑的，我也可算"下代的青年们"，今天作着这篇文章，确实又碰到了鲁迅与徐懋庸这一问题了。

1938年5月23日，毛泽东在延安窑洞与徐懋庸作一长谈，其中，谈到了"两个口号"的争论问题。毛泽东给徐懋庸作了如下的指示：

　　一、关于两个口号的争论的问题，周扬同志他们来延安以后，我们已基本上有所了解。今天听了你们所谈的，有些情况使我们更清楚一些，具体一些。
　　二、我认为，首先应当肯定，这次争论的性质，是革命阵营内部的争论，不是革命与反革命之间的争论。你们这边不是反革命，鲁迅那边也不是的。

三、这个争论，是在政策路线转变关头发生的。从内战到抗日民族统一战线，是一个重大的转变。在这样的转变过程中，由于革命阵营内部理论水平、政策水平的不平衡，认识有分歧，就要发生争论，这是不可避免的。其实，何尝只有你们在争论呢？我们在延安，也争论得激烈。不过你们是动笔的，一争争到报纸上去，就弄得通国皆知。我们是躲在山沟里面争论，所以外面不知道罢了。

四、这个争论不但是不可避免的，也是有益的。争来争去，真理越争越明，大家认识一致了，事情就好办了。

五、但是你们是有错误的，就是对鲁迅不尊重。鲁迅是中国无产阶级革命文艺运动的旗手，你们应该尊重他。但是你们不尊重他，你的那封信，写得很不好。当然，如你所说，在某些具体问题上，鲁迅可能有误会，有些话说得不一定恰当。但是，你今天也说，那是因为他当时处境不自由，不能广泛联系群众的缘故。既然如此，你们为什么不对他谅解呢。

六、错了不要紧，只要知道错了，以后努力学习改正，照正确的道路办事，前途是光明的。（8）

这里，有一个关键性的结论，即，关于"两个口号"的争论，双方都是革命的，都是正确的。毛泽东的这个谈话，与他对萧三所谈，内容有所不同，我在本书关于"四条汉子"一节引用了毛泽东对萧三的谈话。萧三说："我告以解散左联是王明的主张，他两次逼我写信回上海……主席这才知道，并说：'这有点像解散共产党。''反帝而去掉无产阶级立场，那就反帝也不会有了。'又笑说'那就是和右联、中联一道搞了'。"此一时也，彼一时也，我应该相信哪一次谈话呢？好在哪一次内容是准确的，这在今天已经不是那么重要了。重要的是要看事实，看谁是谁非，而不是谁说了什么。

概而言之，周扬他们是"元帅"，徐懋庸不过是一个小兵，一个"元帅"与鲁迅之间的通讯员或"传话人"。徐在很大程度上是在为"元帅"们受过。鲁迅的"打"徐懋庸，既是打徐懋庸，更是"打""四条汉子"。既是"传话人"，当然就代表了捎话者的观点。何满子先生指出："这场声讨由徐懋庸来出头，不管徐懋庸是受了指派，还是如后来'指导家'们矢口否认并坚持是徐懋庸自作主张的个人行为，但是徐懋庸事实上代表了'指导家'一伙的心曲的。"（9）何满子笔下的"指导家"，指的就是"四条汉子"。

注释

（1）《鲁迅全集·且介亭杂文末编》。

（2）（3）（4）（7）（8）《徐懋庸回忆录》，人民文学出版社 1982 年 7 月版。

（5）徐懋庸：《打杂续集·知我，罪我，公已无言》。

（6）《徐懋庸研究资料》，江西人民出版社 1985 年 7 月版。

（9）何满子：《远年的蔷薇·试析鲁迅晚年一篇文献》，湖北人民出版社 2006 年 1 月版。

"托派"即"汉奸"？

——鲁迅与陈仲山

一

陈仲山（1902—1942），本名陈其昌，当时以陈清晨知名于人。著有《人口西迁与中国之前进》、《海南岛与太平洋》，二书皆由亚东图书馆出版，都署名"陈清晨"。此外，他还翻译了杜威的《真理在前进》一书。《且介亭杂文末编》"附集"中《答托洛斯基派的信》一文的"注释"是这么写的："来信的'陈××'，原署名'陈仲山'，本名陈其昌，据一些托派分子的回忆录，当时他是一个托派组织临时中央委员会的委员。"据赵济回忆，赵济和陈仲山曾"撑起""托派临时中央"。

根据北京大学的资料记载，陈仲山 1922 年 8 月进入文预科，1924 年转入哲学系本科。他"在校期间，喜欢听鲁迅的课，对鲁迅怀着长久的敬佩的感情"，但他从不尝试文学，而研究社会学和经济学，对德国古典经济学和马克思主义经济学很有研究。

　　1936 年初，左联解散，接着，围绕"两个口号"，在原左联的作家之间发生了一些矛盾和争论。鲁迅强调共产党的独立性和领导权问题，"在感情上表露出某种'疾恶如仇'的'孤愤'情绪，使鲁迅这时再次陷入'少数派'的境地"。据赵济称，"这种情况感动并且启发了'在百般困苦的环境中，为我们的主张作不懈的斗争'、因而长期以来怀有一种'孤愤'情绪的陈清晨。出于自身情感慰藉的需要和为托派事业打开一条路子这样的双重目的，陈在 6 月初悄悄写成那封致鲁迅的信"。(1)同时，还给鲁迅寄"托派"刊物，企图引为同调。在信中，他不仅攻击斯大林和共产党，还攻击了以毛泽东为代表的中共中央的抗日民族统一战线的政策。

　　陈仲山在致鲁迅的信中阐明的观点，由冯雪峰代笔的"鲁迅文章"是这么归纳的："总括先生来信的意思，大概有两点，一是骂史太林先生们是官僚，再一是斥毛泽东先生们的'各派联合一致抗日'的主张为出卖革命。"我理解，陈仲山的意见是：他反对与民众的刽子手组成"联合战线"；他认为，中共的抗日统一战线是中共听命于斯大林的结果。他的原话

是这样的:

> 他们一反过去的行为，放弃阶级的立场，改换面目，发宣言，派代表交涉，要求与官僚，政客，军阀，甚而与民众的刽子手"联合战线"。藏匿了自己的旗帜，模糊了民众的认识，使民众认为官僚，政客，刽子手，都是民族革命者，都能抗日，其结果必然是把革命民众送交刽子手们，使再遭一次屠杀。史太林党的这种无耻背叛行为，使中国革命者都感到羞耻。

陈仲山在信中表达了对鲁迅的敬意，"先生的学识文章与品格，是我十余年来所景仰的，在许多有思想的人都沉溺到个人主义的坑中时，先生独能本自己的见解奋斗不息！"他之所以向鲁迅阐述观点，给鲁迅寄刊物，无非是想得到鲁迅的同情和支持，"我们的政治意见，如能得到先生的批评，私心将引为光荣"。

此前，鲁迅和陈仲山没有来往，也没有通讯的记录。陈仲山名不见经传。那么，鲁迅对这封信的态度是怎么样的呢？这从鲁迅的文字中查不到，只有冯雪峰1949年后写的回忆录留下了"痕迹"：

> 1936年6月间，最无耻的托派存心不良地写一封信

给他，在信中对斯大林同志和我党中央大施攻击的时候，他对托派的愤怒和憎恶真可谓到了极点了。他那时病在床上，我去看他，他还没有对我说一句话，我也还没有来得及坐下，他就忙着伸手向枕头下面摸出那封信来，沉着脸递给我，愤恨地说："你看！可恶不可恶！"我看了后说："他们自己碰上来，你迎头给他们一棍罢！"他说："等我病好一点的时候，我来写一点。"可是，虽然决定要给打击了，而愤怒仍不稍减，又沉着脸说一句："可恶不可恶！"两天之后，他仍旧在沉重的病中，我就提出一个办法，请他说个大意由我笔录，写几句作公开信回答，他同意了。我主张早日答复，是认为打击托派固然重要，而同时也实在为了他可以早日减轻愤怒以免加重他的病。这封回信在杂志上发表了，他翻着那杂志的时候是高兴的；可是，过几天我去看他时，他笑着说："我们还是便宜了托派！他们的来信没有比我的回信低两格排，这样，我们就把来信和回信平等看待了。"我们当时没有注意，便宜了他们！（2）

虽然没有旁证，但我们也没有理由不相信冯雪峰的回忆。冯雪峰在"文化大革命"中写的材料《有关 1936 年周扬等人的行动以及鲁迅提出"民族革命战争的大众文学"口号的经过》（3）一文，对此有过大同小异的表述，这里就不重复摘引了，有兴趣的读者可找来参阅。

《答托洛斯基派的信》的要害是，信中指斥托洛斯基晚年"使用敌人金钱"，并由此生发开去，问"托派"是不是拿了日本人的钱：

> 你们的"理论"确比毛泽东先生们高超得多，岂但得多，简直一是在天上，一是在地下。但高超固然是可敬佩的，无奈这高超又恰恰为日本侵略者所欢迎，则这高超仍不免要从天上掉下来，掉到地上最不干净的地方去。因为你们高超的理论为日本所欢迎，我看了你们印出的很整齐的刊物，就不禁为你们捏一把汗，在大众面前，倘若有人造一个攻击你们的谣，说日本人出钱叫你们办报，你们能够洗刷得很清楚么？

就在这封信发表不久，1936年10月5日巴黎中文版《救国时报》即发表题为《我们要严防日寇奸细破坏我国人民团结救国运动——请看托陈派甘作日寇奸细的真面目》的文章，此后，连续发表此类文章四十余篇。而这一切，都是以《答托洛斯基派的信》为依据引发出来的。(4)冯雪峰代拟的信确实产生了严重的后果，这就是，在相当长的一段时间里，人们把"托派"与汉奸画等号了。"托派即汉奸"之论遂成铁案，凡是涉及"托派"的，即以汉奸论罪，有冤难伸，王实味之死，即是显例。

陈仲山的信交给鲁迅，希望得到"先生的批评"，但没有想到，他的去信及鲁迅批判性的回信都被公布了。据一些当事人回忆，他感到"非常惊愕和痛苦"，抱着头连连说："怎么会是这样的？"

这封信公开发表后，上海的"托派"组织便以"中国共产主义同盟"的名义，在《火花》上发表了由王凡西草拟的简短声明，声明指出，鲁迅此信称为《答托洛斯基派的信》，其实原信只是陈其昌一个人签名写的，他对之负全责。声明声称，"我们不愿意花费宝贵的时间和精力来同鲁迅作无益的争论"。上海的"托派"组织认为这是陈仲山的个人行为，因为陈仲山被鲁迅抨击，他们似乎要与陈仲山拉开距离。有史料表明，陈独秀也认为陈仲山给鲁迅写信是"愚蠢"的。

陈仲山则没有这样平心静气，他感觉被伤害了，于1936年7月4日写了第二封信给鲁迅。信中，他又提到联合战线问题，他责备鲁迅没有回答他的政治论据，而作无聊的诽谤。让他最为生气的是，"鲁迅"说他拿了日本人的钱办报刊，"你散布了谣言，说日本人给我们的钱，出版我们的报刊"。他写道：

> 你真是太会颠倒是非！布尔什维克——列宁派（即托派）的刊物《斗争》和《火花》得以继续出版，全靠

我们的同志节衣缩食，在狭小的过街楼中，不辞辛苦，流尽汗水，才把报纸印出来。正因为我们没有金钱来源，我们的《斗争》才不能不由原来的周刊改为半月刊，以后还有可能维持不下去而改为月刊。如果布尔什维克——列宁派拿日本人的钱出版报刊，无疑就会同你们一样公开出版杂志，一期接着一期在书店出售，现在我们只能自己印刷，自己传播。

陈仲山又说：

你躲躲藏藏的造谣，说日本人拿钱叫我们办报等等。真亏你会污蔑的这样曲折周到！……假如布列派能从日本人拿钱办报，那它一定要像你们那样，公开的一本本一种种的出书出杂志，并公开摆在四马路出卖，即不然，也仍可以交给日本人书店在玻璃窗内张广告出卖，而就不须这样自印自散了。

陈仲山没有得到鲁迅的回复，此信仍藏在鲁迅的档案内，经过四十多年后，才发表于 1977 年 1 月北京出版的《鲁迅研究资料》第 4 期上。

具有讽刺意味的是，陈仲山不仅不是拿日本人的钱办报办刊的汉奸，而是一个为抗日做过有益工作的人，而且还是一

个惨死于日本侵略者之手的烈士。陈其昌 1926 年入党，1928
年加入陈独秀等人所在的"托派"并成为骨干。（5）"九一八
事变"发生后，在抗日的热潮中，上海出现了各界抗日救国
的民众组织，其中之一是"上海著作者抗日协会"，陈仲山
参加了这个协会，进行过抗日的宣传工作（6）。抗战爆发后，
陈仲山因替重庆搜集情报被日本宪兵逮捕，搜查中发现有"托
派"刊物而被定为"共产党大案"。在狱中，他受尽拷打，
始终不吐一字。"父亲不仅以自己的生命保护了上海挚友们
的安全，临刑之前，还关怀着全国各地亲友们的安全。历史
证明：陈其昌一案只牺牲了陈其昌一个人"。（7）1938 年 9
月，陈仲山被日本宪兵塞入麻袋用刺刀戳死，从吴淞口扔进
大海……

二

为了彻底弄清陈仲山问题，我们应该对中国"托派"问
题进行梳理和评价——现在，已经到了可以做出科学评价的
时候了。

所谓"托派"，实际上是以陈独秀为首的"共产党左派
反对派"，或是独立于毛泽东为首的主流共产党的非主流共
产党。在延安共产党眼里，"托派"是革命的敌人；在当时
的执政者蒋介石眼里，不论毛泽东的共产党，还是陈独秀的

"共产党左派反对派"，本质上都是共产党。"托派"分子中，包括陈独秀在内的很多人坐过国民党的监狱，就是证明。

大革命失败后的中共"八七会议"，临时中央是主张让陈独秀参加的，但共产国际的代表反对。陈独秀受到缺席批判，中央领导人员改组，便自然解除了陈独秀的总书记职务。斯大林认为中国大革命失败，完全是由于中共中央犯了一系列极大的错误，不承认共产国际也有责任。在联共党内，托洛斯基和季诺维也夫一派，反对斯大林和共产国际所执行的国共两党党内合作的政策，主张中共退出国民党。陈独秀是反对共产国际要中共参加国民党的，他主张"中国革命应由中国人自己来领导"。他想不通共产国际为什么不同意他退出国民党的建议，为什么共产国际自己不承担责任，反而过多地追究他个人的责任。（在陈独秀眼里，共产党和国民党的政治信仰不同，怎么能既参加共产党又加入国民党呢？你到底信仰哪一个主义？这是一个问题。陈独秀毕竟是个书呆子，他忘了中国人的德性。从历史上看，中国人是没有什么信仰的，用鲁迅的话说，就叫"无特操"，"无坚守"。信儒教的，也可以同时信道教；信基督教的，不妨碍他同时是一个佛教徒。不论个人，还是一个集团，他们所谓信这个信那个，从根本上看，都是为了某种利益。信仰，在中国人这里，无非是一个好用就用，不好用就扔的工具。）陈独秀既抱怨又委屈，化装去了上海。鲍罗廷要他去莫斯科参加讨论中国问题，他不去，也拒绝去莫斯科参加第六次全国代表大会。

陈独秀因和托洛斯基有不谋而合的相同主张，1929 年 8 月在《关于中国革命问题致中共中央信》中，才可说他是托洛斯基主义者了（托洛斯基早在这年 1 月就被驱逐出苏联了）。1929 年 12 月陈独秀被开除出党后，曾写过《告全党同志书》，那是为自己辩护的。随后又由 81 人签名写过《我们的政治意见书》，这是"托派"集体的意见。后来，中国的"托派"组织，有过四个小团体，政见纷纭，互相争夺领导权，没完没了。也曾统一起来，叫"中国共产党左派反对派"（简称"中国托派"），陈独秀为书记。陈独秀在"托派"期间，脱离了工农革命斗争。1930 年 7 月 1 日发表的《关于所谓"红军"问题》，也骂过共产党为"匪"，"红军"为"寇"。他曾既反对国民党，又反对共产党，国共两党都反对他。

陈独秀是主张抗日并做过一些有益的工作的。1931 年日本帝国主义发动"九一八事变"，陈独秀提出反蒋抗日，要求与共产党并肩战斗，共同挽救民族的危亡。当时掌握中央领导权的是以王明为首的"左倾"冒险主义者。1932 年 1 月 9 日中共中央决议攻打大城市，争取革命在一省与数省首先胜利，指责陈独秀和一切中间势力，是革命"最危险的敌人，应该以主要力量来打击这些妥协的反革命派"。这期间，陈独秀被国民党投入了监狱。接着"一·二八"、"七七事变"发生，陈独秀出狱后，"托派"的人要他回上海重整"托派"

组织。他批评"托派""宗派的做法没有出路"。他去了抗日战争的中心武汉，一去便投入抗战宣传，到处演讲写文章，到年底就写了16篇抗战文章（包括演讲），宣传抗战的伟大意义和主张全民总动员，几和中共抗战纲领相似。

对陈独秀抗战言论的反应，1937年11月20日延安《解放》周刊署名文章说，陈先生恢复自由，大家都为他"庆幸"。说他对抗战的意见，与中国"托派"的主张已大有差别。文章虽对陈仍有指责，但对被开除出党的陈独秀来说，这还是一个友好的表示。王若飞也说："极端希望独秀等几位老朋友，完全以革命的气魄，站在大时代的前面，过去一切的是非都无须再费笔墨口舌去争辩。"这也是良好的愿望。但王明却嗤之以鼻，他自称是共产国际派回来的，是斯大林派他回来的。1937年12月在中央政治局会议上指责中央"过去忽视托派危险"，指出"我们和什么人都可以合作抗日，只有托派例外"，"斯大林正在雷厉风行地反托派，而我们却要联络托派，那还了得；如果斯大林知道了，后果是不堪设想的。对托派不能有仁慈观念，陈独秀即使不是日本间谍也应说成是日本间谍。"康生心领神会，迫不及待地于1938年1月、2月连续在《解放》杂志上发表了1万6000字的长文《铲除日寇侦探民族公敌的托洛斯基匪徒》。说日本侦探机关与"托派"中央谈判结果是：托洛斯基匪徒"不阻碍日本侵略中国"，日本给托匪中央每月300元津贴，待有成效后再增加之。这就是国民党统治区有名的"陈独秀事件"。就这样，积极主张抗日的陈独秀，鲁迅一生对其都有好感的老友陈独秀，在"即使不是日本间谍也应说成是日本间谍"的强盗逻辑面前，成了"托派汉奸"，而将"托派"与汉奸挂钩，却始于冯雪峰代拟的这篇文章。

由冯雪峰代笔的这篇文章，在以后半个世纪中，对"托派"人士是一场深重的灾难！这些人士当中，有五四运动的旗手之一陈独秀，有在中共建党初期主编党刊《向导》的杰出学者郑超麟。后者在新中国成立后又因"托派"问题被囚30年，直到晚年才由邓小平下令释放并安排为上海市政协委员。

1988年8月4日，塔斯社公布《苏共中共政治局重新研究30至40年代和50年代被迫害事件材料委员会公报》，为"托洛斯基—季诺维也夫反苏联合总部"、"托洛斯基平行反苏总部"彻底平反。既然苏联最高法院已宣布撤销上述两案，那么当年共产国际《关于与法西斯主义的奸细——托洛斯基分子作斗争的决议》，以及按照这个决议在中国开展的反对"托派汉奸"的斗争，就都失去了依据。因此，在今天，我们有必要对反对"托派汉奸"的这段历史重新做出评价，即对开展这场斗争的必要性予以否定。历史已经证明，当年被点名为"托派汉奸"的人，没有人充当过汉奸，有些人也不是"托派"。他们之所以被斥为"托派汉奸"，原因是多方面的，但没有客观事实的依据。因此，应该给他们摘掉"托派汉奸"的帽子，予以平反。

1991 年《毛泽东选集》第二版在两条新注中，对所谓"托派"问题也加以澄清：

> 抗日战争时期，托派在宣传上是主张抗日的，但是攻击中国共产党的抗日民族统一战线政策。把托派与汉奸相提并论，是由于当时共产国际流行着托派与日本帝国主义间谍组织有关系的错误论断所造成的。（8）

三

冯雪峰代笔的信，表达的多是冯雪峰的思想，而不完全是鲁迅的真实想法，这封信一定程度上损害了鲁迅，从根本上看，与鲁迅的价值观相违背，与鲁迅的基本见解相对立，不能代表鲁迅的观点。

在"托派"即汉奸的问题上，冯雪峰的表述是与鲁迅的为人品格有悖的。第一，"说日本人出钱叫你们办报，你们能够洗刷得很清楚么"没有事实根据，所以，这种假设属于诬蔑性质。第二，冯雪峰也提到"从前你们中曾有人跟着别人骂过我拿卢布"，鲁迅鄙视"卢布说"，对"拿卢布"之类是极为痛恨的，因而他不可能也用相同的办法来暗示读者。此外，鲁迅在短暂的病情好转期间，即从发表那封信到他逝世（1936年10月19日）这一时期，未再提及陈仲山的信（上面说了，陈仲山后来又给鲁迅写了一封信，这封信在为自己辩护的同时，甚至可以说是痛斥了鲁迅，其态度，要比第一封信激烈许多，但鲁迅未置一词。为什么呢？这还真是意味深长哩），反而在发表答徐懋庸的信中重提"两个口号"的斗争问题，这就使人怀疑，那种恶意诽谤陈仲山的信，不是出于鲁迅本意。鲁迅写道："因为据我的经验，那种表面上扮著'革命'的面孔，而轻易诬陷别人为'内奸'，为'反革命'，为'托派'，以至为'汉奸'者，大半不是正路人。"鲁迅又说："首先应该扫荡的，倒是拉大旗作为虎皮，包著自己，去吓唬别人；小不如意，就倚势（！）定人罪名，而且重得可怕的横暴者。"(9)另外，说鲁迅"拿卢布"并不是"你们中"人，而是梁实秋之类的人，这里硬把陈仲山扯进来，实属不妥。

我们还可以从鲁迅对"托派"人物的评价上看问题。

托洛斯基在鲁迅眼里只是一个文艺评论家，鲁迅多次谈到他，但谈的全是文艺问题。鲁迅对托洛斯基是很尊重的，曾摘译托氏的《文学与革命》，并说："在中国人的心目中，大概还以为托罗兹基是一个喑呜叱咤的革命家和武人，但看他这篇，便知道他也是一个深解文艺的批评者。"（10）1927年托洛斯基被苏共开除出党，鲁迅在次年还说："托罗兹基虽然已经'没落'，但他曾说，不含利害关系的文章，当在将来另一制度的社会里。我以为他这话却还是对的。"（11）

1932 年写的《〈竖琴〉前记》仍然提到托氏，但在 20 世纪 50 年代编印的《鲁迅全集》中被删掉了。

至于陈独秀，上文已多有表述，他更是鲁迅所尊重的老友。1920 年 3 月 11 日，陈独秀在致周作人的信中说："我们很盼望豫才先生为《新青年》创作小说，请先生告诉他。"这一年的 8 月 22 日信中，再次对周作人说："鲁迅兄做的小说，我实在五体投地的佩服。"鲁迅逝世后，陈独秀于 1937 年 11 月 21 日写了一篇文章《我对于鲁迅之认识》，发表在《宇宙风》散文十日刊第 49 期。他说："鲁迅先生和他的弟弟启明先生，都是《新青年》作者之一人，……都有他们自己独立的思想，不是因为附和《新青年》作者中那一个人而参加的，所以他们的作品在《新青年》中特别有价值，这是我个人的私见。"（12）1933 年 3 月 5 日，当陈独秀即将受国民党审判之时，鲁迅还怀着深情写道："这里我必得记念陈独秀先生，他是催促我做小说最着力的一个。"（13）后来他当然知道，陈独秀在法庭上是怎样指斥国民党不抗日的。他怎么会无凭无据诬蔑托洛斯基和陈独秀以匪谍、汉奸之类的罪名呢？

此外，鲁迅和美国"托派"伊罗生保持了友谊。应伊罗生之约，鲁迅和茅盾选编了中国现代作家短篇小说集《草鞋脚》，由伊罗生译成英文。1934 年伊罗生离开上海前夕，鲁迅设宴欢送他。

这一切都表明，鲁迅对托洛斯基和中外"托派"，并无恶感。

冯雪峰的观点不代表鲁迅的观点，所以，在鲁迅眼里，《答托洛斯基派的信》，不是鲁迅的文章。冯雪峰代拟的文章的文末标明，"这信由先生口授，O.V. 笔写"，"O.V." 即冯雪峰。鲁迅病愈后看到了此文。他没有像对待自己的其他文章那样把它收起来准备编入文集，而是不予理睬。（14）这就清楚地表明他对此文的态度，即，他没有把此信当成自己的文章。此文在鲁迅逝世后，由许广平编入《且介亭杂文末编》的"附集"中。

胡风在他的晚年撰写的回忆录《鲁迅先生》（15）一文中，提供了许多过去鲜为人知的重要史料，其中有一处谈到1936年6月鲁迅重病期间冯雪峰代拟《答托洛斯基派的信》和《论现在我们的文学运动》的情况，尤为发人深思。现将其中有关文字摘录如下：

> 口号问题发生后，国防文学派集全力进攻。冯雪峰有些慌了，想把攻势压一压。当时鲁迅在病中，无力起坐，也无力说话，连和他商量一下都不可能。恰好愚蠢的托派相信谣言，竟以为这是可乘之机，就给鲁迅写了一封"拉拢"的信。鲁迅看了很生气，冯雪峰拿去看了后就拟了这封回信。"国防文学"派放出流言，说"民族革命战争的大众文学"是托派的口号，冯雪峰拟的回信就

是为了解消这一栽诬的。他约我一道拿着拟稿去看鲁迅，把拟稿念给他听了。鲁迅闭着眼睛听了，没有说什么，只简单地点了点头，表示了同意。

冯雪峰回去后，觉得对口号问题本身也得提出点理论根据来。于是又拟了《论现在我们的文学运动》，又约我一道去念给鲁迅听了。鲁迅显得比昨晚更衰弱一些，更没有力气说什么，只是点了点头，表示了同意，但略略现出了一点不耐烦的神色。一道出来后，雪峰马上对我说：鲁迅还是不行，不如高尔基；高尔基那些政论，都是党派给他的秘书写的，他只是签一个名。……

……

到病情好转，恢复了常态生活和工作的时候，我提了一句："雪峰模仿周先生的语气倒很像……"鲁迅淡淡地笑了一笑，说："我看一点也不像。"

从中看出，此信是在鲁迅身患重病，无力思考和讨论问题的情况下，完全由冯雪峰根据自己对问题的理解撰写的。我们应考虑到鲁迅当时身在病中，无力思考、无力讨论的因素。冯雪峰代拟的文章，是1936年6月鲁迅病重时发表的。鲁迅长年坚持写日记不辍，那年6月却只记了五天，后面注明："自此以后，日渐委顿，终至艰于起坐，遂不复记。其间一时颇虞奄忽，但竟渐愈，稍能坐立诵读，至今则可略作数十字矣。但日记是否以明日始，则近颇懒散，未能定也。6月 30 下午大热时志。"他在 6 月 19 日写给邵文熔的信中说："上月中又因不慎招凉，终至大病，卧不能兴者匝月，其间数日，颇虞淹忽，直至约十日前始脱险境，今则已能暂时危坐，作百余字矣。"由此可以推知，由"颇虞淹忽"到"始脱险境"，当在冯雪峰拟这封信的 9 日左右。可以想见，鲁迅此时绝无思考、讨论问题的精力。考虑到应尽快回答托派、澄清影响这一大局，加之对冯雪峰的信任，他也就没有仔细思考冯雪峰所写的每一具体内容，而"点了点头，表示了同意"。

胡风的回忆很快引起了中国托派元老们的关注、重视。郑超麟就写了《读胡风〈鲁迅先生〉长文有感》，发表在《鲁迅研究月刊》上；还有王凡西、楼子春等在海外发表了文章，对于这种情况表示理解，同时也恢复对鲁迅的尊敬。郑超麟在《鲁迅研究月刊》1993 年第 10 期上发表文章说："由此可见，在冯雪峰代拟的《答托洛斯基派的信》中，用辱骂代替战斗，用'日圆说'代替'卢布说'，这两方面，鲁迅本人实在不能负责。"事实也是如此，同样是冯雪峰代笔，但是经过鲁迅深思熟虑、精心修改的《答徐懋庸并关于抗日统一战线问题》一文他就负责任地编入到自己的著作集《且介亭杂文末编》里了，而攻讦托派的文章他是没有认可的，所以他自己并没有收入；现在我们看到的是后来地编者作为附录收入的。

近年有人提出，应该把《答托洛斯基派的信》等文从新版《鲁迅全集》中删掉。对此，我还专门打电话给一位参加新版《鲁迅全集》修订工作的老先生，问此文是否保留，回答是肯定的。我认为，无论如何，鲁迅对此文至少点过头，表示过肯定，因此应该留在《鲁迅全集》中，但只能作为附录，还要加适当的注释。

四

最后，我要顺便提到与本文主旨的联系不是非常密切，但却可以帮助读者理解本文的两个问题。一个是有人攻击鲁迅为"托派"问题；另一个是，曾几何时，冯雪峰和陈仲山的观点事实上相一致，并且，还付诸行动，开过"小差"。

先说第一个问题。1934 年 4 月 6 日上海《社会新闻》第7 卷第 2 期发表少离的文章《鲁迅与托派》，文章说："人都以为今天的鲁迅，是个共产党。……然而，我们更深一层的追究下去，鲁迅在共产党内，是属于哪一派呢？……我敢负责的报告读者，鲁迅翁的政治关系，确是共产党左派反对派的一员。"又说，"鲁迅翁加入托派的动机，主要的却是被火一般的领袖欲所驱使着的。"（16）1936 年初，随着日本日益加紧吞并中国的侵略战争，左联领导人根据急剧变化的国内形势和共产国际的精神，在组织上自动解散了左联，筹备成立文艺家协会。同年 6 月 7 日，中国文艺家协会在上海正式成立，发表了《中国文艺家协会宣言》。由于鲁迅对仓促解散左联有保留意见，故拒绝参加中国文艺家协会。于是，社会上沸沸扬扬盛传"鲁迅反对统一战线"的流言蜚语，有的甚至把鲁迅与"托派"相提并论。有人据此推论，鲁迅被人诬蔑为"托派"，因而对"托派"特别切齿，所以冯雪峰代拟的文章可以代表鲁迅的观点。

我认为，这样的推论是站不住脚的。除了冯雪峰代拟的文章外，我们在鲁迅的相关文章和书信、日记中，看不到鲁迅有对"托派"哪怕是不满的言论。有人说鲁迅是"托派"，所以鲁迅特别卖力地反对"托派"；那么，有人说鲁迅是共产党，鲁迅是不是也特别卖力地反对共产党呢？

鲁迅与周扬等人，在口号问题上产生分歧，周扬是正统的共产党，鲁迅反对周扬，所以鲁迅成了反对派，既然是反对派，那自然就是"托派"。这种思维方式有点像"文化大革命"中划分阵营一样的简单化。鲁迅、陈独秀是这样一类人，他们既不是"这一边"，也不是"那一边"，所以，既被"这边"反对，又被"那边"挤压。用鲁迅的话说，就叫"两间余一卒，荷戟独彷徨"。鲁迅就是鲁迅。不过，我从鲁迅坚持统一战线中共产党的领导，强调共产党的独立性和领导权问题，坚持"民族革命战争的大众文学"这一口号等情况看，鲁迅对陈仲山的"他们一反过去的行为，放弃阶级的立场，改换面目，发宣言，派代表交涉，要求与官僚，政客，军阀，甚而与民众的刽子手'联合战线'。藏匿了自己的旗帜，模糊了民众的认识，使民众认为官僚，政客，刽子手，都是民族革命者，都能抗日，其结果必然是把革命民众送交刽子手们，使再遭一次屠杀"这样的观点，不会持激烈反对的态度。鲁迅抨击过"翻来覆去的机会主义者"，认为自己的"有些主张"，"是由许多青年的血换来的，他（笔者按：系指日本人龟井）一看就看出来了，在我们这里面却似乎无人注意，这真不能不'感慨系之'。"（17）共产党和国民党打了十年的仗，鲁迅也见多了青年人的血，一转眼，冤家又成了同一战壕的战友，像冯雪峰和鲁迅这样性情的人，是不容易立即转过弯来的，由此发几句感慨，又算得了什么呢？当然，这只是我的推论。

冯雪峰对抗日统一战线的政策，也曾经是不理解，甚至是有抵触的。《夏衍谈左联后期》（18）一文，转引了胡愈之《我所知道的冯雪峰》一文中提到的一件往事，"七七事变"前后，冯雪峰曾找过胡愈之：

有一天晚上雪峰突然到我家来。我高兴地问他："好久不见了，你到哪里去了？"

他气色很不好，赌气似的说：

"我到南京（也可能是杭州）去了，现在不去了，他们要投降，我不投降。我再也不干了，我要回家乡去。"

原来他随中央代表团（雪峰不是代表）同国民党谈判第二次国共合作的问题，与博古吵翻了，气得跑回来的。那时为联蒋抗日，共产党要的条件是很低的，如取消苏维埃政权，改编红军等等，这对于这个农民的儿子，血气方刚的雪峰也确实不容易接受。

第二天我找到潘汉年，问究竟怎么回事？潘说："雪峰这样子不对，谈判还未成功，怎么就说是投降呢？这是中央的事情，他是共产党员，怎能自己说跑就跑掉？组织纪律呢？他说他再也不干了，他不干什么？不干共产党吗？"

但是雪峰脾气倔，总是坚持自己认为对的。后来，他真的跑回义乌老家"隐居"去了。

对此，夏衍根据自己的生活阅历发表了一通很有倾向性的高见：

他（雪峰）一个长征干部，又是江苏省委宣传部长。他就是因为这件事情，他开过"小差"。他被关进上饶集中营，是宦乡把他保出来的。保出来后，他到重庆。总理在重庆找他谈话，我在，还有徐冰，冯乃超也在。总理批评他，我有笔记。总理批评他几点：一是他不应该擅自离开上海（他当时是十八集团军驻上海办事处副主任，主任是潘汉年），无组织无纪律吧。第二件事情是他从延安出来，少奇同志曾托他找一个什么人，他没有找，结果这人失去了联系。第三件事情是他删改了方志敏的《可爱的中国》。

他只要想想，他参加过长征，过去当过江苏省宣传部长，为什么解放后才当个出版社社长？

冯雪峰自己也反对与蒋介石联合，还脱离革命，开小差，回乡写小说。他的行动与陈仲山的观点相吻合（"他们一反过去的行为，放弃阶级的立场，改换面目，发宣言，派代表交涉，要求与官僚，政客，军阀，甚而与民众的刽子手'联合战线'。藏匿了自己的旗帜，模糊了民众的认识，使民众认为官僚，政客，刽子手，都是民族革命者，都能抗日，其结果必然是把革命民众送交刽子手们，使再遭一次屠杀"）。也许因为他自己在这方面跌了跤，所以在这方面表现得反而特别极端，因而对陈仲山的观点特别痛恨。就像冯雪峰的红颜知己丁玲，自己深受"极左"势力的迫害，为了表白自己是革命家，平反以后，也给自己带上"左"的面具。人的行为，与他的经历有关。经历一般会沉淀为潜意识，不管自己承认不承认，必将影响着人的某些行为，甚至一生的行为。

注释

(1) 周绍强：《赵济先生忆陈仲山及其他》，《鲁迅研究月刊》1992 年第 12 期。

(2) 冯雪峰：《党给鲁迅以力量》，《文艺报》1951 年第 4 卷第 5 期。

(3) 见《新文学史料》第二辑，人民文学出版社 1979 年 2 月出版。

(4) 王观泉：《诬陷陈独秀为汉奸问题的深究》，《鲁迅研究月刊》1998 年第 7 期。

(5) 1937 年 11 月，陈独秀在《给陈其昌等的信》中说："我对昌（即陈其昌）俊还有点幻想，并不是他们关于最近局势的见解和我接近，而是他俩的工作精神比较积极。如果能在群众中积极工作的话，终会抓住现实。"转引自陈道同：《陈其昌之死》，《鲁迅研究月刊》2001 年第 4 期。

(6) 史明：《陈其昌其人其事》，《新文学史料》1985 年第 3 期。

(7) 陈道同：《陈其昌之死》，《鲁迅研究月刊》2001 年第 4 期。

(8)《毛泽东选集》第 2 卷，第 516 页。

(9)《且介亭杂文末编·答徐懋庸并关于抗日统一战线问题》，《鲁迅全集》第 6 卷，第 529 页。

(10)《集外集拾遗·〈十二个〉后记》，《鲁迅全集》

第 7 卷，第 301 页。

（11）《三闲集·我的态度气量和年纪》，《鲁迅全集》第 4 卷，第 112 页。

（12）（17）《陈独秀文章选编（下）》，第 564 页，生活·读书·新知三联书店 1984 年 6 月版。

（13）《南腔北调集·我怎么做起小说来》，《鲁迅全集》第 4 卷，第 512 页。

（14）对这一问题有兴趣的读者，可参看张永泉：《关于鲁迅与〈答托洛斯基派的信〉的关系的疑问》，《鲁迅研究月刊》1999 年第 3 期。

（15）见《新文学史料》1993 年第 1 期。

（16）转引自《恩怨录·鲁迅和他的论敌文选》，今日中国出版社 1996 年 11 月版。

（18）《350912 致胡风》，《鲁迅全集》第 13 卷，第 211 页。

（19）陈漱渝主编：《谁挑战鲁迅》，四川文艺出版社 2002 年 5 月版。

"对他人的体质上的残废加以快意的轻薄嘲弄"

——鲁迅与魏建功

一

　　魏建功（1901—1980），江苏省海安县人。笔名天行、文里（狸）、山鬼。语言文字学家。北京大学中文系教授，先后兼任中文系主任、北京大学副校长。第三、四届全国人大代表。1955 年被聘为中国科学院哲学社会科学学部委员。九三学社第三、四、五届中央常委。有五卷本的《魏建功文集》等行世。

　　1919 年魏建功考入北京大学预科，靠江苏同乡会每季 40 元的经济补贴，半工半读维持学业。在预科学习期间，他已有志于民间歌谣和方言的研究。1921 年考进北京大学，边工作边学习。在钱玄同、沈兼士、马裕藻、沈尹默等名家指导下，熟悉了文字、音韵、训诂等专业知识，打下了厚实的底子。

魏建功在音韵学方面造诣很深，成就也最大，1935年发表代表作《古音系研究》，此书除了音韵学上的价值之外，对研究方言学和文字训诂学也是不可或缺的参考书，博得国内外学者高度评价和赞赏。

这期间，魏建功先后开设了声韵学概论、方言研究、民间文艺讲话、声韵学史、古音乐研究等八门课程。20世纪30年代北大中文系有"三大概要"的说法，就是指胡适的《中国文学史概要》、沈兼士的《文字学概要》、魏建功的《声韵学概要》。

在研究韵书系统方面，魏建功是继王国维后有成就的人之一。他先后发表了一系列研究中古韵书的论文。如根据《切韵》与六朝韵书点系来研究《切韵》性质的《陆法言〈切韵〉以前的几种韵书》，根据唐宋两系韵书的差异说明《广韵》与《切韵》关系的《唐宋两系韵书体制之演变》等，补充、发展了前人的学说。

魏建功一生多有曲折，磕磕碰碰，不免让人叹息，因为年青时代开罪于鲁迅，又曾与陈独秀切磋语言文字音韵连带沾染"托派"嫌疑，于是百口莫辩。然而讵料既遭批判的"反动学术权威"，忽然被召唤起用，为"中央首长"注解"批孔"之用的《论语》，竟随了北大另一哲学家悉被"请"入"梁效"

的大批判组。"忽如一夜春风来", "反动学术权威"于是翻作人所不齿的"御用文人"而再遭批判。

二

　　魏建功和鲁迅只有过一次冲突,那还是在他的学生时代。1922年,北大举行"二十五周年成立纪念",有"北大戏剧实验社"演出了托尔斯泰的《黑暗之势力》。当时在北京的俄国盲诗人爱罗先珂曾在他们表演时坐在幕后"看"了这一次表演,之后写了一篇《观北京大学学生演剧和燕京女校学生演剧的记》,(1)他"很老实,不知道恭维"(鲁迅语),相反,对中国戏剧中不能男女同台演出的现象进行了尖锐的批评,并为连大学生也不能免此陋俗而感到"寂寞"、"悲伤"。当时魏建功是"躬与其事的演者",对爱氏的批评很不以为然,写了《不敢盲从!》(2)一文进行反批评。魏文语多轻薄,甚至在"看"、"观"、"盲从"这类字眼上作人身攻击式的暗示,对爱罗先珂的生理缺陷进行了嘲讽。此文引起了鲁迅的强烈反感,写了《看了魏建功君的〈不敢盲从〉以后的几句声明》(3)一文,对魏利用人体质上的缺陷来嘲讽别人作了严厉的批评。认为这种做法"可怜,可羞,可惨",并且说到,"我敢将唾沫吐在生长在旧的道德和新的不道德里,借了新艺术的名而发挥其本来的旧的不道德的少年的脸上！"由此可见鲁迅当时对此事的愤怒。

我们可以想象，大学生演出托尔斯泰的剧作，应是满怀着激情，渴望得到一片赞扬的。然而，他们的热情却被爱罗先珂当头浇了一盆冷水。魏建功说，"我们读了爱罗先珂先生第一段的文字，总该有沉重的压迫精神的印象，以至于下泪"，他感到非常委屈。为什么呢？年轻的魏建功是这样表白的：

　　寂寞到十二万分的国度，像今日的中国，简直可以说"没有戏剧"！那谈得到"好戏剧"？那更谈得著"男女合演的戏剧"？我们以前的国度黑暗，还要厉害于今日呢！前两年真是一个为艺术尽心的团体可说没有；假使爱罗先珂先生那时到中国，那又够多么寂寞而难受呵！我们真可怜可惨，虽然不准子弟登台的父兄很多，而一向情愿为艺术尽心，来做先锋的并没有畏缩；这才辟开"爱美的(4)为艺术的戏剧事业"的新纪元，所谓"艺术戏剧根苗"始苗芽在沙漠的大地上。所以中国的戏剧现在才渐渐有了，而且旧的戏剧却正在残灯的"复明时代"，和我们搏斗，接着那文明式的新剧也要和我们决斗呢！我们那敢怠慢？

　　但我们从"没有戏剧"引向"有戏剧"这面来，这点不能不算今日的国度是较昔日的国度光明了些微！从前的学生不演剧，轻视戏剧；而现在极力的提倡，尽心于艺术的戏剧；而演剧，这又不能不算是中国青年学生们对旧日的"优伶"的一个宣战，和他们对艺术忠心的表示！

　　魏建功觉得，他们是中国"艺术的戏剧"的开拓者，他们开创了一个"新纪元"，他们的演出是在沙漠一样的国度中绽出了新芽。他们这种可贵的努力，不仅没有得到肯定，反而遭此非议，他能不生气吗？他当然很生气。

　　爱罗先珂主要对没有男女同台演出感到奇怪，进而提出了"学优伶"的问题。对于前者，魏建功辩解说："到现在，将戏剧当作艺术，肯为艺术尽心而与男子合演的女子，虽爱罗先珂先生叫断嗓子，总难请得！"当时的女性不愿意和男性同台演戏，他们只能徒唤奈何。他又说："在如此的现在中国黑暗艺术国度之下，没有人肯与我们'男子'合演，而我们将何以尽力于有'女子'的戏剧？"我想，当时中国，男女刚刚同校不久，女生特别少，还没有愿意上台和男生一起演出的女生，这是大有可能的，这应是实情。所以，魏建功认为，"我们现在只好求'才有戏剧'的国度，再光明些到'有好的艺术'的国度；那末，'男女合演的，真的，好的中国艺术'才可望产出。"爱罗先珂在俄国，见惯了男女同台演出，看了中国男女如此授受不亲，发一些感叹，也是不足为奇的。今天看来，魏建功似乎不必如此在意。

最让魏建功不能容忍的是，爱罗先珂把他们标新立异的开拓性的作为与中国的旧戏剧画等号，说他们"竭力学优伶"。他说："对我们演剧的人'艺术幼稚'可以说，'表现能力不足'可以说……我们相信既尽心于艺术，脑子里丝毫'优伶'的影子就没有，——现在'优伶'还是我们的仇敌呢！"魏建功把"优伶"、把旧戏剧当作自己的"仇敌"，爱罗先珂却说他"学优伶"，这不就等于说他向他的"仇敌"学习，他和他的"仇敌"是一回事吗？这怎么能让年轻气盛的魏建功不生气呢？他反驳道：

> 这种揣度和判断，未免太危险，太"看"轻了我们是一点戏剧眼光都没有的了！我相信他是"以耳代目"的看戏；而他竟以"耳"断我们"似乎以为只要在舞台上，见得像优伶，动得像优伶，用了优伶似的声音，来讲优伶似的话，这便是真的艺术的理想"，我却以为似乎并不如他所理想，而至于此！

又说：

> 爱罗先珂先生说我们"学优伶"，未免太不清楚我们黑暗的国度之下的情形，而且把我们"看"得比"优伶"

还不如了！"优伶的模样"如何？爱罗先珂先生能以"耳"辨出吗？即使如他所说，他能以"耳"辨出我们"学优伶"吗？……爱罗先珂先生说我们"竭力的"，"鞠躬尽瘁的"，"学优伶"，以一位世界文学家批评我们幼稚的艺术实验者，应该不应该用其揣度，而出此态度？我们很佩服他的人和言，但他对我们的这种批评，这种态度，却实在料不到，真是为他抱憾！

文章的末尾，魏建功气呼呼地说："而我们为我们的人格上保障，也永不敢盲从爱罗先珂先生所说的'学优伶'一句话！"

我们知道，人在生气的时候是很难有健全的理性的，所以，魏建功说了一些不该说的过头话。但是，我们理性地看，爱罗先珂之所以说他们"学优伶"，是由没有男女同台演出或"男扮女装"而引出的话题。他也许是无意间伤害了年轻人？

鲁迅对魏建功的辩解，没有用太多的笔墨，我以为，这倒不是说魏建功的辩解无理到不需批驳的程度，可能某种程度上鲁迅认为他说的也不无道理。鲁迅的愤怒不在于他的辩解，而在于他对残疾人的伤害。鲁迅指出魏建功有一颗"轻薄的心"：

若说对于魏君的言论态度的本身，则幸而我眼睛还没有瞎，敢说这实在比"学优伶"更"可怜，可羞，可惨"；优伶如小丑，也还不至于专对他人的体质上的残废加以快意的轻薄嘲弄，如魏建功君。尤其"可怜，可羞，可惨"的是自己还以为尽心于艺术。从这样轻薄的心里挤出来的艺术，如何能及得优伶，倒不如没有的干净，因为优伶在尚不显露他那旧的腐烂的根性之前，技术虽拙，人格是并没有损失的。

在鲁迅看来，如此不尊重残疾人的"轻薄"的人，是"人格"有"损失"的比"优伶"还不如的人。这种人的艺术作为，能好到哪里去呢？魏建功"以为中国已经光明了些，青年的学生们对着旧日的优伶宣战了"，鲁迅认为，"这诚然是一个进步"，但青年学生"则又何以如此奚落爱罗先珂君失明的不幸呢？'可怜，可羞，可惨'的中国的新光明"。这样的"新光明"，鲁迅认为"倒不如没有的干净"。

当时，不仅鲁迅对魏建功的文章强烈不满，周作人等人也指出了这是不道德的。周作人以人文主义的人道立场，同情于爱氏失明的不幸，虽然是幼年即失明了的，"但在他是盲于目而不盲于心的，但虽然眼睛看不见，却同人家一样的读书做文，思想谈话。我们平常同他闲谈，倒不免有多少忌讳，譬如关于绘画、色彩、光线、风景、美人、影戏这些题目，我们觉得不能不有所顾忌，故意的回避一点"，于是自然反感于魏的轻佻。周作人表示："我不愿意，因了这一点事便牵涉到作文者的人格上去，但我可以宣言这篇文章的'文格'确已完全没有了"，但他仍以温煦蔼然的态度"希望大家对于爱罗君一方面不要崇拜他为超人的英雄，一方面也不要加以人身的攻击，即使当作敌人也未始不可，但必须把他当作人看，而且不可失了人间对待残疾的人的礼仪"。就连发表魏建功文章的《晨报副刊》编者也特地在魏建功的文章后面加了这样几句说明："题目中有一个字，和文中有几个字上的引号，颇表出了不大好的态度，编者为尊重原作起见，不敢妄改，特此道歉。"看来，这是明眼人的共识。时至今日，也没有人要为魏建功热情受挫后的失态言论"翻案"。

三

此后，魏建功与鲁迅仍有往来。那时魏建功正在听鲁迅的"中国小说史"。新中国成立初期，魏建功在《忆鲁迅先生》（5）一文中说："鲁迅先生对我的严厉申斥，情绪总不免有些波动，但对先生的敬仰并没有改变，只有抱着一向对先生私淑的心怀虔诚地继续听讲来回答先生。"风波过后，他仍然坚持每星期二下午去听鲁迅的课，并没有为他们之间的笔仗去作辩解。鲁迅在孙伏园的指点下，终于从课堂的座位上认识了这个"虔诚地听讲的"青年，感到了过去的事是"暂时的误解"。鲁迅在编选自己的杂文集时没有收录这篇"声明"。鲁迅先生在《集外集》的序言里曾说："也有故意删掉的：……或者因为本不过开些玩笑，或是出于暂时的误解，几天之后，便无意义，不必留存了。"当时魏鲁的争论影响很大，"哄动古城"。但后来鲁迅不收此文，可见绝不是一时的遗忘，而确是"故意删掉的"。鲁迅的这篇文章，一直到 1946 年 10 月，由唐弢编《全集补遗》时才收录了。也就是说，当年，鲁迅原谅了自己年轻的学生。

"五卅"运动后，魏建功等人创办了黎明中学，请鲁迅代课。"先生没有丝毫游移，满口应允"。事实上，那时鲁迅不仅身体不好，而且还正在与无理罢免他的章士钊进行诉讼。尽管如此，他还是尽自己最大的努力支持帮助魏建功等青年。他在给许广平的信中写道："晚上来了两个人，一个是忙于翻检电码之静农，一个是帮我校过《唐宋传奇集》之建功，同吃晚饭，谈得很为畅快，和上午之纵谈于西山，都是近来快事。"（6）可见，鲁迅先生在原谅了自己的学生后，由于共同的追求，仍然保持了非常好的合作。

魏建功在《忆鲁迅先生》中，认为自己《不敢盲从！》一文，"犯了人身攻击的错误，对一个残疾诗人失去应有的同情，把辩解的真实话弄成尖刻失态的言语。"他对鲁迅心存感激，满怀深情地写道：鲁迅"不但讲课，还要照常写作、翻译、替青年审校稿子和编辑报刊，往往夜以继日地工作。先生为着青年们累病了！他一面严重地病着，一面严肃地工作，先生的这种精神，事隔三十年后的今天想起来，实在有无限的伤痛，无限的感激！"

注释

（1）发表在 1923 年 1 月 6 日《晨报副刊》；另见《恩怨录·鲁迅和他的论敌文选》，今日中国出版社 1996 年 11 月版。

（2）发表在 1923 年 1 月 13 日《晨报副刊》；另见《恩怨录·鲁迅和他的论敌文选》，今日中国出版社 1996 年 11 月版。本文所引魏建功言论，除另有标明外，皆出此文。

（3）鲁迅：《集外集拾遗补编》。本文所引鲁迅文字，除另有说明外，皆出自此文。

（4）英语 amateur 的音译，意思是业余的。

（5）发表在《鲁迅研究月刊》1994 年第 11 期。

（6）鲁迅《两地书·一二五》。

"废名"就是名
——鲁迅与废名

废名（1901—1967），小说家，散文家。原名冯文炳，字蕴仲，笔名还有病火等。湖北黄梅人。北京大学学生，后任北京大学讲师、教授。著有短篇小说集《竹林的故事》，长篇小说《桥》、《莫须有先生传》等。新中国成立后，写了一本《跟青年谈鲁迅》，1956 年中国青年出版社出版。1952 年后任东北人民大学中文系教授、中文系主任。1963 年起任吉林省文联副主席。

20 世纪 20 年代，废名与鲁迅有多次往来，鲁迅日记中，1925 年提到了四次，1926 年两次，1929 年一次。这些日记，除一次记有废名送书给鲁迅外，其余多是这么几个字："废名来。"来干什么？鲁迅没说，我想，无非谈谈读书作文之类的吧。鲁迅在几封信中也提到了废名。1926 年 8 月 8 日在致韦素园的信中，鲁迅说："《关于鲁迅……》须送废名君二本（内有他的文字），希即令人送去。"鲁迅说的这本书即《关于鲁迅及其著作》，书中收有废名的论文《〈呐喊〉》。早期的废名对鲁迅的小说是爱读的，也有所研究。

废名是一个诗人气质很重的性情中人。比如他和湖北同乡熊十力的关系就很能见其为学为人的卓尔不群。他们是好朋友，学术上又是论敌。周作人在《怀废名》中谈过一则趣事："有余君与熊翁（指熊十力）同住在二道桥，曾告诉我说，一日废名与熊翁论僧肇，大声争论，忽而静止，则二人已扭打在一处，旋见废名气哄哄的走出，但至次日，乃见废名又来，与熊翁在讨论别的问题矣。"说到废名的个性，北大教授、也是废名学生的汤一介有这样一段回忆："废名先生教我们大一国文。第一堂课讲鲁迅的《狂人日记》，废名先生一开头就说：'我对鲁迅的《狂人日记》的理解比鲁迅自己深刻得多。'这话使我大吃一惊，于是不得不仔细听他讲了。"废名是周作人的学生和知己。1934 年 8 月，周作人访日期间，接见日本记者井上红梅时，谈及自己"在文坛上露头角的得意门生""只有三个"，其中提到的就有"用废名这笔名的冯文炳"。周作人在《药堂杂文·怀废名》一文中认为废名"实在是知道我的意思之一人"。

废名对鲁迅曾经极表推崇。比如，在《从牙齿念到胡须》(1)一文中说:"鲁迅先生近来时常讲些'不干净'的话,我们看见的当然是他干净的心,(这自然是依照蔼理斯的意见,不过我自己另外有一点,就是,我们的不干净也是干净,否则世上那里去找干净呢?)甚至于看见他的苦闷。"在《给陈通伯先生的一封信》(2)中更说:"说到鲁迅先生,我要提出一个较大的问题,就是个性的表现。……鲁迅先生一年来的杂感,我以为都能表现他自己,是他'转辗而生活于风沙中的瘢痕'。"在《骆驼草》第2期以"丁武"的笔名发表的《闲话》中,废名虽然对鲁迅多有非议,但也说:"我时常同朋友们谈,鲁迅的《呐喊》同《彷徨》我们是应该爱惜的,因为我认为这两个短篇小说集是足以代表辛亥革命这个时代的,只可惜著者现在听了我的话恐怕不高兴了,倘若如此,我以为错在他,不在我。我以为我的这句评语是衷心的赞美,不胜恭敬,著者也足以受之而无愧了,可慰他多年的寂寞与沉默。与著者同时代的,除了这两本书没有别的书。"废名称鲁迅为"那时的一位孤独者"。废名在北京大学讲解新诗,所编讲义即后来行世之《谈新诗》一书,其中有《鲁迅的新诗》一章,推崇1919年所作《他》"好像是新诗里的魏晋古风"。他说:"这首诗对于我的印象颇深,我总由这一首《他》联想到鲁迅先生《写在〈坟〉后面》那篇文章,那时鲁迅先生在厦门,我在《语丝》上读到他这篇《坟》的后记,不禁想着他很是一位诗人。这个诗人的感情,自然还是以较早的这一首新诗表现得最美好，我们读之也最感苍凉。"

1929年，周作人与原骆驼社成员和其他一些青年作家商议，决定出版《骆驼草》周刊。周刊的主持人是周作人，实际的编辑、校对、发行工作由废名、冯至办理。《骆驼草》发刊词中声称不谈国事，不为无益之事，讲闲话，玩古董，颇有颓然消沉之气。

不过，令人遗憾的是，正是"不谈国事"、"不为无益之事"的《骆驼草》创刊号上就发表了一篇丁武的《"中国自由运动大同盟宣言"》，说胡适、鲁迅、郁达夫等都列名其上的这篇宣言，"真是不图诸位之丧心病狂一至于此"，说发表这篇宣言的目的是要引起当局对自己的重视，以便"文士立功"。第2期上又发表了丁武的《闲话》，说他在创刊号上的那篇文章是"刺了鲁迅先生一下"，并讽刺鲁迅是"丢掉了自己"。鲁迅在上海看到了《骆驼草》，读到了丁武的文章，他在1930年5月24日给章廷谦的信中说："《骆驼草》已见过，丁武当系丙文无疑，但那一篇短评，实在晦涩不过。以全体而论，也没有《语丝》开始时候那么活泼。"丙文，即冯文炳，即废名。

应该说，对废名的叫战，鲁迅并不回应，态度是温和的。鲁迅为何持温和的态度呢？我想，主要是考虑到《骆驼草》乃周作人主持。我们知道，与周作人分手后，总体上说，鲁迅是持沉默态度的。当然，《骆驼草》以后，鲁迅对废名也不是一直没有表明态度。1932 年 11 月 20 日，在致许广平的信中说："周启明颇昏，不知外事，废名是他荐为大学讲师的，所以无怪乎攻击我，狗能不为其主人吠乎？"从末一句看，鲁迅显然对废名很生气。至于狗不狗的，系私下通信，讲一点气头话，也不足为怪。

1934 年，鲁迅写了一篇没有发表的文章：《势所必至，理有固然》。后人根据原稿，将其编入《集外集拾遗补编》。这篇文章主要是针对废名的。

文章一开头，鲁迅便写道："有时发表一些顾影自怜的吞吞吐吐文章的废名先生，这回在《人间世》上宣传他的文学观了：文学不是宣传。"鲁迅说的这篇文章，是指废名1934 年 10 月发表的《知堂先生》，文中说："古今一切的艺术，无论高能的低能的，总而言之都是道德的，因此也就是宣传的……当下我很有点闷窒，大有呼吸新鲜空气之必要。这个新鲜空气，大约就是科学的。"我们知道，鲁迅有一个著名的观点，即：一切的宣传未必都是文艺，而一切的文艺都是宣传。所以，鲁迅认为废名的"文学不是宣传"的观点，是"已经听得耳膜起茧了的议论"。接着，鲁迅从废名的笔名"废名"入手，分析道："写文章自以为对于社会毫无影响，正好称'废名'而自以为真的废了名字一样。'废名'就是名。要于社会毫无影响，必须连任何文字也不立，要真的废名，必须连'废名'这笔名也不署。"鲁迅认为文学是有用的，"假如文字真的毫无什么力，那文人真是废物一枚，寄生虫一条了"。即使是废物和寄生虫吧，也还有文学观，"他的文学观，就是废物或寄生虫的文学观"。接着，鲁迅还批评了周作人的"为文学而文学"的观点，以及无奈中说出的"弃文就武"的高论。这是题外话，就不说它了。

鲁迅写好了为什么又不发表呢？我以为，一是顾及周作人；一是觉得"文学不是宣传"的观点很陈旧，再去说它，也觉无聊。

鲁迅对废名的评价是比较公正的，尽管有以上所叙的小不愉快，然而他1935年3月在《〈中国新文学大系〉小说二集序》中，对废名的小说还是作了客观评价：

> 后来以"废名"出名的废名，也是在《浅草》中略见一斑的作者，但并未显出他的特长来。在1925年出版的《竹林的故事》里，才见以冲淡为衣，而如著者所说，仍能"从他们当中理出我的哀愁"的作品。可惜的是大约作者过于珍惜他有限的"哀愁"，不久就更加不欲像先前一般的闪露，于是从率直的读者看来，就只见其有意低徊，顾影自怜之态了。（3）

在这里，鲁迅给废名的创作大致分了两个阶段，肯定了他的早期创作，指出了他后一阶段所关心的范围变得更狭小了，由社会人生退回到自我，在艺术表现上也失去了真率、自然。有褒有贬，虽是一家之言，读者不难看出，鲁迅是理性和克制的，其中，也自有真知灼见在。

注释

（1）发表于 1925 年 12 月 14 日《京报副刊》，《1913—1983 鲁迅研究学术论著资料汇编》转载，中国文联出版公司 1985 年 10 月版。

（2）发表于 1926 年 2 月 2 日《京报副刊》，《1913—1983 鲁迅研究学术论著资料汇编》转载，中国文联出版公司 1985 年 10 月版。

（3）《鲁迅全集·且介亭杂文二集》。

幽默问题、躲避红军及"人杰"之"戾气"
——鲁迅与吴组缃

　　吴组缃（1908—1994），原名吴祖襄，笔名寄谷、野松等。安徽泾县人。1929 年入北平清华大学经济系，后转中文系，毕业后在清华研究院学习。1932 年参加反帝大同盟、社会科学研究会等团体。1935 年到泰山任冯玉祥的国文教师和秘书。1942 年至中央大学国文系任教，并任重庆文艺界抗敌协会理事。1947 年任南京金陵女子文理学院教授。新中国成立后任清华大学、北京大学教授，中国作协书记处书记，《人民文学》编委等职，主要从事古典小说研究。

　　鲁迅与吴组缃并无正面冲突，但在私下通信中却对吴组缃有所批评。

　　当年鲁迅推荐他的作品时，他还是清华大学中文系学生。

吴组缃1930年开始发表短篇小说。早年作品通过个人的悲欢离合，反映封建保守势力对新事物的摧残。此后笔锋转向急剧破产的皖南农村，真实地写出了发生在农村的各种纷繁的现实纠葛。短篇小说《一千八百担》，暴露地主豪绅宋姓家族争夺宗祠一千八百担积谷的丑态，笔致细腻，刻画深刻，得到鲁迅的肯定。

1934年，曾任上海《大美晚报》记者、《中国论坛》主编的美国人伊罗生，为了译介中国现代作品，曾约请鲁迅、茅盾选编短篇小说集《草鞋脚》。初时，鲁迅推荐了《一千八百担》，后因为太长抽下，"换一篇较短的"。此外，日本作家增田涉多次翻译吴组缃的作品，发表在日本的《改造》和《文学案内》等杂志上，也多系鲁迅推荐介绍的。不过，吴组缃本人并不知道这些情况，直到新中国成立后，"经王瑶先生提示，读了《鲁迅书简补遗》，才知道鲁迅先生生前一直很关心我"。（1）

经鲁迅推荐后，增田涉也喜欢上了吴组缃。他在读了一些具有代表性的文学杂志上发表的作品后，认为一般水平是低下的，"其中只有吴组缃的作品例外"，他的小说"真挚、凝重"。此后，增田涉与吴组缃有了书信往来。

当年吴组缃并不知道增田涉与鲁迅的关系，因而对增田涉亦有不满之处，这主要是在东三省沦陷的时代背景下，一个中国人对日本人的不满。吴组缃把增田涉的信发表在上海的《太白》纪念特辑上，并就幽默问题，对增田涉进行批驳。

关于幽默问题的缘由，增田涉曾说："因为是真正的作家（按：指吴组缃），我对他怀有好感，但是他过于死心眼的一面也使我感到困惑，稍微有一点疏忽或开两句玩笑，立刻就会遭到他的反驳，而且采取责备的态度。我也就回击一下他过于性急，过于简单的思考方式，当然这样做多少有点离题了，但是万没有想到，玩笑的结果，也就是离题的部分，被吴君在上海杂志（《太白》纪念特辑）上引用发表了，而且从'增田涉先生的中文是日本式的，我不能完全读明白……'这句话可以看出，他有些厌烦了。"（2）

吴组缃对增田涉"幽默是必要的"主张不满，根据《斯文》上增田涉的文章，他写道：

我欠少幽默，就因为我是个乡下人的缘故。幽默是现代都市里人的脾气，都市里的人大般是现世享乐的，他不肯正面去认识严肃的人生，凡事以一个笑话了之。然而乡下人不是这样的，乡下人万事认真，规规矩矩的做人，好好的找饭吃……他的实际生活不许他躲避这些严肃的事，因此他幽默不起来。我也曾在都市中生活过十多年，但这十多年我看见的、听见的，全是我们民族我们社会最最严肃的事。对于这种种大事，我仍是以一个乡下人的认真态度去体味去了解的。——我决不能当成一件滑稽可笑的事情去告诉人家的。当我满腹忿怒、满腔血泪的时候，你要我说笑话，恕我说不出来，我没有那种涵养的功夫！这是乡下人的一种傻气。

幽默的背后是悲观，是消极。你们贵国的文学往往有点轻微的幽默。你们贵国是最喜欢自己剖肚子，自己投海自杀的民族。俄国人干出光明人道的世界来。——契诃夫有点幽默，契诃夫是死灰色的。

这时候的中国人要严肃，应当正面迎上去，认识他的境遇。——你们也不应当躲避，不应当以幽默了之。

从这一段表述可以看出，吴组缃和许多乡下人一样，为生活所累，累得沉重，无法放松，所以笑不出来，更谈不上幽默了。为生活所累的乡下人，或者成为麻木的华老栓辈，或者成为严肃的吴组缃辈。当然，也有例外的，那就是鲁迅说的农民式的幽默了。增田涉把吴组缃的信寄给鲁迅，鲁迅在 1935 年 2 月 6 日致增田涉的信中谈了自己的看法：

我对吴君不大熟悉，但从他的回信所发的议论看来，我以为此人是颇不足道的。第一，我不赞成"幽默是城市的"的说法，中国农民之间使用幽默的时候比城市的小市民还要多。第二，把日本的切腹、投水等看做幽默，不知是何道理？严肃地观察或描写一种事物，当然是非常好的。但将眼光放在狭窄的范围内，那就不好了。第三，俄国文学没有幽默，这与事实相反。即在目前也有幽默作家。吴君好像是自满的，如果那样，就停留在一个小资产阶级作家的地位了。依我看，同他通信也不会有什么好结果。

　　但最近，红军进入此君的故乡（安徽），据说他家的人逃到上海来了。

　　幽默是不分城乡的，是人的个性素质使然，一个自称农民的人的感受，不等于所有的农民都是这样了；切腹之类当然说不上是幽默，这是一个有爱国心的中国青年在当时的历史背景下在挖苦日本人，是题外话，不知鲁迅是否读出了他题外的愤恨？至于俄国文学有没有幽默，这要看怎么立论了，说有，可以作一篇天衣无缝的大文章；说没有，也可以作一篇洋洋洒洒的大文章。这些都是见仁见智的事情，无关宏旨。

　　但是，鲁迅关于红军的"据说"——他非常慎重地加上了"据说"这两个字——却是与事实不符的。鲁迅到底从什么地方得悉这一"据说"的？目前尚不清楚。事实是，红军进入吴组缃的家乡后，他的家人并没有逃到上海去。让鲁迅始料不及的是，他在私人信札中提到的这个"据说"，却给吴组缃带来了长期的麻烦和困扰。因为，在一个历史时期内，对待红军的态度，是"阶级立场和阶级感情问题"。关于这一问题，陈漱渝曾分析说："……常常有意无意间把鲁迅的每句话、每个论断都放在毋庸置疑的地位，这种现象在大陆的历次政治运动中表现得尤其充分。如利用鲁迅的只言片语来批判武训、胡适、'四条汉子'，利用鲁迅的只言片语来'评法批儒'，评《水浒》、《红楼梦》……凡被鲁迅批评过的人，似乎都被钉在了历史的耻辱柱上。他们难于为自己辩护，人们在一个时期内似乎忘了全面评估他们的历史功过。"（3）鲁迅被利用了，成了阴谋家打人的棍子，这是鲁迅的不幸。不过，这和鲁迅又有什么相干呢？吴组缃的情况，是颇具典型性的，他代表了一批被鲁迅"随便说说"的人在 1949 年以后的共同命运。

鲁迅为什么要特意告诉增田涉这件事呢？大约是想让他明白，吴组缃的家庭在社会上所处的经济地位，以及由此可见他的政治态度吧。也可能什么都不"为"，也许鲁迅在什么报看到或什么人那里听到这一消息，增田涉说到吴组缃，也顺便提了一笔而已。我相信，鲁迅绝无先见之明，留下这条"罪状"，让后人来整吴组缃。相反，躲红军的现象，在当时是不足为奇的，是为社会所接受的，因为红军是"匪"。鲁迅是没有恶意的。

1940 年 12 月，吴组缃在重庆的《抗战文艺》第 6 卷第 4 期上发表了《副官及其他 —— 为纪念鲁迅先生而想起的片段》（4）一文，这篇文章很少议论，有的只是形象，有小说氛围，是散文笔调。文章的副题是"为纪念鲁迅先生……"。从全文看，似乎作者并没有诋毁鲁迅的意思。但是，这篇文章的第二节却引起了我的兴趣。

这一节，他写了一位"七十多岁的老先生"，据称，他是一位"博学多闻之士"，曾在教会学校当过近二十年的学监，曾在几所教会大学当过多年国文教师。孔孟经书读得"滚瓜烂熟"，耶稣的全套博爱救世的道理，"他成天满口的宣扬着"。这说明，他是学贯中西的。"我是个老青年，"他常说，"你们别以为我年纪大，我的脑筋可是挺新的。"这是他的夫子自道。这一天，他对包括吴组缃在内的几个年轻人发表了他对鲁迅的"高见"：

> 他慢慢地把手里的一函书拔下牙签，摊开在膝头。防空洞口有太阳光射进来，我们看见那是最近出版的许广平先生编的影印《鲁迅书简》。
>
> "不是听见你们都作兴这个姓鲁的吗？"他得意地说，"我弄来这部他的书简。是昨天孟委员请我吃饭，是他赠我的。这诚然是部好书。写的好，做的好，称得起'写作俱佳'四个字。你们可以好好的研究他一番。这鲁迅诚然是个人杰，的确是个人杰。"

说到这，他谈了一大堆历史上的"人杰"，接着吴组缃写道：

他说，"这鲁迅，即如唐之李太白，清之郑板桥，是民国的一代人杰。你看他这一笔字，（他指着膝上的书简）完全夐夐乎独造。既不宗王，也不宗颜，不是魏碑，不是章草。什么也不是。可是才气横溢，一点不俗气。文也是好的，全然出于自然。爱说什么，就说什么，独往独来，丝毫不受拘检。……你们常常鲁迅鲁迅，报上也鲁迅鲁迅，真是风靡一时。可是有一点你们未必知道。就是他的满腹郁结忧默之气……"

"什么之气？"朋友很好奇的插问道。

"你们不是常常说的忧默么？鲁迅的文里正就有忧默之气，也就是郁结之气。这可千万要当心！（朋友们半懂不懂，但都不禁嘻嘻的笑了）诚然，国事至于今日，忧也伤时，也是志士仁人所当有，不足为怪的。可是形之于文，传之于后，影响可太大了。怀才不遇，牢骚发乎中，也是人情之所不免，但因此而郁结为戾气，不能遣解，则不但自苦，亦且害世。少年人受害尤其不浅。……鲁迅的诗文，没有一篇不是诋毁人的。哈哈，吾知之矣！骂人是多么容易的事，那个骂人也可以骂的痛快淋漓！少年人缺少阅历，惑于他的辞令，大家就竞竞尚之。如此风靡一时，造成风气，后去真是岂堪设想！我告诉你们一句话，你们牢记着：人生处世，贵乎快乐和平，这是属于阳性的。若整天忧默郁结，患得患失，那就入于阴性一流。你们想想，一天到晚和和平平，坦坦荡荡，快快乐乐，那有多么好！何苦牢骚满腹，以诋毁詈骂为快，以讽嘲诽谤为能？我告诉你们，这样的人，社会国家纵能容之，亦必不能自永其寿！不会活得长久的！屈原就是一个先例！屈原当初纵然不跳江，也必定郁结而死，决不能活个七十八十！何况屈原只为爱国，一片忠心，并不是成天乱发牢骚，也有其一种浑厚磅礴之气，和戾气又截然不同。你们看，呐，这里，（他翻开折了角的一页）这里他自己说的：‘我的灵魂里有毒气和鬼气，我极憎恶他’。毒气鬼气全都是戾气。钟于灵气，发为戾气，这是末世之象，也怪不得他本人，可是我们少年人定要当心！我再告诉你，凡正气之所钟，如孔，孟，耶稣，那是我们可以效法，而应当效法的。凡灵气所钟的人杰，先不管他的戾气不戾气，你就连学也没有法学的到。你们一片热心，趁早收起来！我告诉你们，著书立言，是我们的职志，且吾人也亦有此志。但总须温柔敦厚。你们留心温柔敦厚四个字！我今天说了半天，这四个字最重要！……”

反复拜读了这段文字，不得不承认，很难读出吴组缃的态度来。他写的几乎是一篇散文了。在老先生发完怪论之后，吴组缃说："老先生的鲁迅论戛然中止，在我是觉得很可惜的。但即此已可以看出一个梗概：我相信他这番讲论，佩服的必定不止孟委员一个人。"他是因为欣赏怪论而"可惜"呢，还是因为没有听完全这种诬蔑鲁迅的言论而"可惜"？或者说得明白一点，他是把老先生的话当作正面的还是反面的？我真的不得而知。本来，在一篇作品中是可以捕捉到作者的倾向的，但我还是觉得无须把"老先生"和吴组缃扯在一起。吴组缃的另一句话让我产生了兴趣，即："我相信他这番讲论，佩服的必定不止孟委员一个人"，就是说，无论吴组缃的倾向怎样，但客观上"老先生"所言，让不少人信服，代表了一批人的观点，这也正是我要批驳"老先生"的缘由——他是真人还是吴组缃塑造的人，这并不重要。

这里不说吴组缃也罢，我们单表这位"老先生"。应该说，"老先生"的话，其战术是陈旧的，表达的语言却有一点古色古香，因而也有一点迷惑力。说他战术陈旧，是因为他所采用的无非是先扬后抑的办法；说他的语言表达有点儿与众不同，那是因为他确实读了一些古文，因而有了一点玄乎的歪理，所谓"人杰"、"灵气"之类。尽管他把鲁迅捧为"人杰"，但他仍按捺不住要对鲁迅进行一番诬蔑和攻击。

"鲁迅的诗文，没有一篇不是诋毁人的"吗？以诗而言，鲁迅的"寄意寒星荃不察，我以我血荐轩辕"诋毁谁了？"躲进小楼成一统，管他冬夏与春秋"又诋毁谁了？惹不起，还躲不起？躲也不行，躲进小楼了，还是难成一统。以文而论，《故乡》诋毁谁了？《论雷峰塔的倒掉》又诋毁谁了？便是"老先生"手上的《鲁迅书简》吧，鲁迅又是如何诋毁人的呢？其实，鲁迅点名道姓的所谓"骂人"文章，在他一生文字中，所占还不到百之一二。"老先生"假装很懂鲁迅，实际上他并不怎么读鲁迅的。若是读了，空口白牙，怎么会得出这样的结论呢？"老先生"不过是听多了一些人攻击鲁迅的言论，他也认同了这种言论而已。

忧国忧民，是一身正气，还是满腹"戾气"？"老先生"说："人生处世，贵乎快乐和平，这是属于阳性的。"可是，民不聊生，国将不国，如何快乐，怎么"和平"？他的话，让我想起"商女不知亡国恨，隔江犹唱《后庭花》"的句子。他所讲的"快乐"，与"商女"的快乐不知有多大的区别。"老先生"对让人"忧默郁结"、"牢骚满腹"的社会不闻不问，倒也"和平"；对正人君子者流对鲁迅的诬蔑、诋毁颇是温柔敦厚，倒也"和平"，却故作高深地说鲁迅的忧时愤世"社会国家纵能容之，亦不能自永其寿"。这真是庸人的哲学了，这真是自私自利者的哲学了。从屈原到鲁迅，在中华民族的历史上，有多少的仁人志士，他们何日何时顾及"自永其寿"？鲁迅知道自己余日无多，宋庆龄等敦促其出国就医，先生断然婉拒，他首先想到的是"赶快做"。这一切，岂是"老先生"

所可理解? 有的人固然"自永其寿",但他活着的时候就已经死了;有的人虽是未享天年,却是"留取丹心照汗青"。

"老先生"还提到了屈原。他把屈原和鲁迅联系在一起,只有这一点还可以证明他是有学问的。是的,鲁迅和屈原一样,都是人民的作家。可是,他对屈原的死却很有点"聪明人"的看法,他说:"屈原当初纵然不跳江,也必定郁结而死,决不能活个七十八十!"(他的话不能不让我想起王蒙之论嵇康,王蒙也是不论司马氏集团的凶残,却怪嵇康如何与山巨源绝交,从而引来了杀身之祸)——是的,一个让爱国者郁结而死的社会,是怎样黑暗的社会!是怎样不人道的社会!我们乍看,似乎"老先生"人格颇健全,可是,他不责怪黑暗和不人道的社会,却责怪屈原一类人的激愤自苦,这种无是非、无良心的所谓"健全",不是极大的不健全吗?

"老先生"虽是把鲁迅与屈原并说,但他同时又认为,鲁迅与屈原是不可比的,在他的眼里,屈原"一片忠心",是一个有"浑厚磅礴之气"的人,而鲁迅,有的只是"戾气"。他的证据是,鲁迅自己也说过,"我的灵魂里有毒气和鬼气"。难道鲁迅也应该像屈原那样,对当代的国王也"一片忠心",才算有"磅礴之气"?他把鲁迅的自我忏悔、把鲁迅对现实的绝望都当作"戾气"了。发现自己灵魂的毒气和鬼气,正说明鲁迅严于解剖自己,是一个有无畏的忏悔精神的、在中国特别难得的卢梭一类人物;对当局的绝望,也不足以证明他便不爱这个国家了——历朝历代的当权者，总是把自己说成是国家的化身，党国党国，党即国嘛。可是，国民党偏安台岛，国却依然，所谓流水的朝廷，铁打的江山。

总而言之，"老先生"就是要年轻人"闭了眼看"，任你山河破碎、群魔乱舞，我自依然"温柔敦厚"——他说了半天，最后的结论是这四字最重要。

文末，我要提鲁迅逝世时，吴组缃在《中流》杂志发表的《闻鲁迅先生死耗》(5)悼文。其中写道：

> 我和鲁迅先生没有见过一次面，也没有通过一次信，私人方面是半点关系都不曾有过。但是我读过他的书。他教导我、鼓励我，把刚强的正义感传授给我。他把一切乔装了的喝人血、吃人肉的魔鬼们的狰狞丑恶血淋腥臭的嘴脸剥露出来，叫我们认识；他把我们祖上遗留下来的卑怯愚昧种种的奴隶相一一指说出来，叫我们认识。他永远站在被凌辱被损害的这一边，永远与强暴者搏斗。他教我们奋振起来，一同抗战。他原谅我们的幼稚，叫我们不要顾忌自己的缺点（我从一位朋友跟前听到他告诉的这句话，我得到极大的鼓舞）。我的一点聪明、智慧（假如有的话），一点做人的态度（假如对的话），要仔细推溯，大半都是他启发扶助起来的。我时时刻刻都在他跟前，他的呼吸我感觉得到，他的脉搏跳动，血

的沸热我感觉得到。他的愤怒眼睛我看得见，他的慈爱的脸庞我看得见。一个新鲜活跳的人是无时无刻不在我的眼前。

鲁迅先生是一切被压迫者的代言人，真理与正义的战士。他给我们大众与青年留下一个永远不朽的典范。

吴组缃对鲁迅怀着多么深沉的情感与敬意啊！新中国成立后，虽然"躲避红军"给吴组缃带来不少可想而知的麻烦，但也没有因为"据说"而怨恨鲁迅，他在1981年第10期的《文艺报》上写了《感谢与怀念》一文，表示对鲁迅永远心存感激。

注释

（1）陆晓燕：《＜鲁迅修改的增田涉致吴组缃书简原稿解说＞译后记》，《鲁迅研究月刊》1987年第6期。

（2）《斯文》杂志17卷7号，1935年7月。

（3）陈漱渝：《关于评价鲁迅的若干问题》，《鲁迅研究月刊》1993年第6期。

（4）《1913—1983鲁迅研究学术论著资料汇编》第3卷，中国文联出版公司1987年3月版。

（5）转引自李正西：《鲁迅与安徽现代作家》，《安徽统一战线》2002年第5期。

不仅是断句的差错问题

——鲁迅与刘大杰

刘大杰（1904—1977），笔名修士、湘君，湖南岳阳人。文学史家、小说家、翻译家。20 世纪 20 年代末至 1937 年在上海、安徽等地任大东书局编辑，安徽大学、暨南大学教授。与郁达夫等人过往甚密，写有小说《支那女儿》、《昨日之花》、《三儿苦学记》，剧本《她病了》、《十年后》等，并翻译了托尔斯泰的《高加索的囚人》、《迷途》，屠格涅夫的《两朋友》、《一个无可救药的人》，显克维支的《苦恋》以及《雪莱诗选》等。1937 年后历任四川大学中文系教授、系主任，大夏大学、圣约翰大学中文系讲师，上海临时大学文法科主任，暨南大学文学院院长等职。侧重文学史教学与研究。其主要文学史著作《中国文学发展史》分别于 1941 年和 1949 年出版。此外还写有《托尔斯泰研究》、《易卜生研究》等外国文学研究论著。新中国成立后历任复旦大学中文系教授、代理系主任,全国文联常务委员,中国作协理事,作协上海分会副主席等职。出版《中国文学发展史》的修改本,并发表中国古典文学研究论文多篇。

早在 1928 年 5 月,刘大杰写了《〈呐喊〉与〈彷徨〉与〈野草〉》(1)一文,其中说:"鲁迅的发表《野草》,看去似乎是到了创作的老年了。作者若不想法变换变换生活,以后恐怕再难有较大的作品罢。我诚恳地希望作者,放下呆板的生活,(不要开书店,也不要作教授)提起皮包,走上国外的旅途去,好在自己的生活史上,留下几页空白的地方。"刘大杰认识不到《野草》的意义和价值,出言不逊,淋漓尽致地表现了年轻人的狂妄。在他眼里,仿佛鲁迅已经江郎才尽,再难有什么成就了。因而,他希望鲁迅深入生活,并为鲁迅安排了一个去处,去国外。深入生活固然是不错的,又为什么要深入到国外去呢?"放下呆板的生活",应该是填补某种生活的空白呀,又怎么"留下几页空白的地方"呢?刘大杰这里有点不知所云,我给搞糊涂了。但,有一点我是清楚的,他当年颇像当代的某匹"黑马",指手画脚,要作家们这样而不要那样。

鲁迅的理解却有所不同,他说:"……刘大杰先生的文章……我却很感激的读毕了,这或者就因为正如作者所说,和我素不相知，并无私人恩怨，夹杂其间的缘故。然而尤使我觉得有益的，是作者替我设法，以为在这样四面围剿之中，不如放下刀笔，暂且出洋；并且给我忠告，说是在一个人的生活史上留下几张白纸，也并无什么紧要。"（2）我理解，这里鲁迅也并没有把刘大杰的话太当回事，不过随便调侃一下，如此而已。而且写这篇文章时，已是1932年4月26日，距刘大杰发表文章已过四年。鲁迅的这篇文章既不是专门针对刘大杰的，也不曾在报刊上发表，而是直接收入《二心集》。鲁迅是不计较的。

以上所提刘大杰的批评鲁迅，与鲁迅的批评刘大杰，我以为并没有因果联系。不过，有一点是明显的，此后鲁迅对刘大杰并无好感。1934年后，鲁迅几次批评刘大杰，但都没有点出他的尊姓大名。"项庄舞剑，意在沛公"，鲁迅抓住刘大杰技术性知识性差错不放，实际上是在嘲讽施蛰存主编的《中国文学珍本丛书》，是在挖苦林语堂，甚至经过他校阅的《袁中郎全集》，竟然还有那么多的错误——毕竟刘大杰当年还年轻，也不是什么举足轻重的人物。

当年，由刘大杰标点、林语堂校阅的《袁中郎全集》，刘大杰校点的张岱《琅嬛文集》，被列入《中国文学珍本丛书》。出书后，有不少断句、标点错误。比如，《广庄·齐物论》中的一段，正确的标点应为："色借日月，借烛，借青黄，借眼；色无常。声借钟鼓，借枯竹窍，借……"而刘大杰则错点为："色借，日月借，烛借，青黄借，眼色无常。声借，钟鼓借，枯竹窍借……"诸如此类。曹聚仁在 1934 年11 月 13 日《中华日报·动向》上发表了《标点之不朽》一文，指出了刘大杰标点本的错误。

1934 年 10 月 2 日，鲁迅在《花边文学·点句的难》一文中就提到了刘大杰的差错。1934 年 11 月 19 日，鲁迅在后来也收入《花边文学》的《骂杀与捧杀》一文中，把袁中郎作为被"捧杀"的例子，说："人古而事近的，就是袁中郎。这一班明末的作家，在文学史上，是自有他们的价值和地位的。而不幸被一群学者们捧了出来，颂扬，标点，印刷……借得他一榻胡涂，正如在中郎脸上，画上花脸，却指给大家看，啧啧赞叹道：'看那，这多么性灵呀！'对于中郎的本质，自然是并无关系的，但在未经别人将花脸洗清之前，这'中郎'总不免招人好笑，大触其霉头。"这段话里，"借得他一榻胡涂"的前面，鲁迅引的就是曹聚仁指出的、我们上面提到的刘大杰错点的句子。如此"一榻胡涂"，袁中郎当然是"大触其霉头"了。

无论如何，刘大杰的差错，算不上什么大错——这既不是政治问题，也不是人生问题，而只是技术性和知识性问题，对于当年只有 30 岁的刘大杰来说，似乎只要点到就行了。然而，鲁迅在其他的文章中还不时提到这件事。1934 年 11 月14 日，鲁迅在《答〈戏〉周刊编者信》一文中写道："据我所留心观察，凡有自以为深通绍兴话的外县人，他大抵是像目前标点明人小品的名人一样，并不怎么懂得的，"（3）捎带挖苦了一下刘大杰。1934年12月9日，鲁迅在《关于新文字》一文中写道："最近，宣传古文的好处的教授，竟将古文的句子也点错了……"（4）指的是刘大杰。1935年4月2日，鲁迅在《人生识字胡涂始》一文中写道："自以为通，别人也以为通了，但一看底细，还是并不怎么通，连明人小品都点不断的，又何尝少有？"（5）指的是刘大杰。1935年12月18日，在《"题未定"草（六）》中又说："我买的'珍本'之中，有一本是张岱的《琅嬛文集》……但照标点看下去，却并不十分'康庄'。"（6）针对的还是刘大杰。

鲁迅对刘大杰这样揪住不放，确实是不讲恕道。但我又想，倘若纯粹是刘大杰的断句问题，倘不是和施蛰存的"珍本"以及林语堂的校阅纠缠在一起，对于此事，鲁迅可能一句也不会提了——当时出版界，诸如此类的事甚多。我觉得，鲁迅挖苦刘大杰，很大程度上是挖苦林语堂、施蛰存他们"弄烂古文"，折腾所谓"性灵"小品。

关于施蛰存和林语堂，已有专门介绍，这里就略去不谈了。

1992年10月10日，陈四益先生以"东耳"为笔名，在《文汇读书周报》发表文章《〈袁中郎全集〉与〈双峰记〉》，文中说："刘大杰先生曾说过，标点是阿英搞。他那时从事革命工作，经济上比较拮据，需要找点事换点稿费。但他不好公开露面，所以名字用的是刘大杰。至于标点的疏漏，可能是因为革命工作繁忙，无法静下心来的缘故罢。解放后，此事已成过去，刘先生从不愿谈及此事，只对几位非常熟悉的朋友谈过内情。"如果刘大杰说的是事实，那刘大杰是在替阿英受骂。

针对这一观点，倪墨炎先生写了《刘大杰与〈袁中郎全集〉的标点》（7）一文，他参加过这件事的调查，而且调查的是当事人，结论具有权威性。倪墨炎在文章中说，"文革"末期，新的《鲁迅全集》注释工作开始，鲁迅批评《袁中郎全集》标点错误的《点句的难》和《骂杀与捧杀》是收在《花边文学》中的，该集由华中师范学院中文系的几位教师为主进行注释。

他们把征求意见本寄给了刘大杰先生。刘先生正式向注释组提出："标点是阿英搞的。"并说："阿英那时从事革命工作，需要钱用，又不便公开露面，所以用我的名义标点。他忙于革命工作，难免标点疏漏。"等等。接到刘先生的意见后，注释组的同志走访了阿英先生。当时阿英已重病在身，但病情有了好转，不但头脑清楚，还能扶着在室内走动。他听了刘大杰的意见后，淡淡一笑说："这是大杰记错的。当时他是三十上下的青年。他在文坛上虽已露头角，但名气还不大，所以他标点后，还要挂上'林语堂校阅'的牌子。如果是我标点的，我名气比他大，要借用他的名义作什么。至于反动派追捕我，那是 1935 年的事，这书是 1934 年出版的，那时我还在文坛上公开活动，也没有必要借用他的名义。"

注释组和出版社编辑室的同志希望把阿英的说法告诉刘大杰，并当面向刘大杰核实。当时倪墨炎被借调在人民文学出版社参加《鲁迅全集》的注释工作，他家在上海，于是注释组和编辑室的同志就托他和两位去上海的大学教师一起了解一下此事。

1977 年春节后不久，倪墨炎等人就去了上海万航渡路刘大杰寓所。由于事先约好的，握手寒暄后，刘"开门见山就重说了一遍他向注释组提出的'标点是阿英搞的'那些话"。待他说完后，他们转述了阿英的话，并且告诉刘，"我们查阅了当年的《袁中郎全集》，第五册的序是阿英署名写的，说明阿英那时的确可以公开活动。如果阿英标点不便公开署名出版而要借用刘先生的大名，那这篇序却何以由阿英署名呢？"刘先生听了我们转述的阿英的话，和我们查阅的结果，沉思片刻，说："我和阿英是老朋友，过去一直是互相帮助的。他既然这样说，我没有什么好说的了。你们看着办吧。"倪墨炎等坚持问道："朋友之间，也要实事求是地弄清历史面貌。刘先生是否可以提供别的证据？"刘说："我没有别的什么证据。你们回京去时，见着了他，替我问好。"

倪墨炎先生在文章中还引用了当年《袁中郎全集》第三册刘大杰的序中的一段话："校刊一个古人的集子，实在是一件不容易的事。你至少得了解这一个人的生活思想和他的种种环境，要这样，才可整理了解他的作品。像我这样一个人，做这种事，才力是不够的。然而自己又实在愿意做这件事，没有法，只好勉强地做下去。幸而有林语堂、郁达夫、阿英几位先生，尽量地帮助我，现在总算把它弄成功了。这几位先生，有的替本书作序，有的供给我一些难得的关于中郎的书籍，特别是林先生，还担任最后一次的校阅，我是应当在这里表示深深的谢意的。最后，我还要感谢曹漱逸、胡云翼两位先生，他们也给了我一些有益的帮助。"倪墨炎写道："从这段话可见，标点确是刘大杰做的，阿英写序在第五册，此时他做的大概是提供袁中郎的一些版本吧。至于刘大杰是否另有助手，我们就不便妄猜了。"倪墨炎继续写道，"根据访问和查考的结果，事情的真相应该说是明白的……此事不久，阿英先生和刘大杰先生先后作古，要是当年刘大杰没有正式向注释组提出他的说法，阿英也无从作出证明，可能真会以讹传讹，在'几位非常熟悉的朋友'中逐渐传播开来，一面却又打出'刘先生从不愿谈及此事'的旗号，使人更感到可信。但即使是这样，事情的真相最终还是弄得清楚的，因为这部《袁中郎全集》本身就是铁证。"

倪墨炎先生的这篇文章写于 1992 年 11 月 21 日，在收入

《现代文坛内外》时又加了个"附记",其中说道:"我们当初去拜访阿英时,阿英正由当时的女婿吴泰昌扶着在室内散步。他与我们谈到最后,还说了句:'大杰以为我已是植物人了,所以把这件事推在我身上。'我没有把这句话写入文章。刘大杰先生和阿英先生都是我所尊敬的大作家大学者。我都曾为他们的著作写过书话一类的小文章……"

我所认识的刘大杰,是书本中的刘大杰,对他在日常生活中的处世为人并不了解。他是不是一个诚实的人,不好妄断。所以,对以上史实,也不好妄加评论。

还要写一笔的是,"文革"期间,刘大杰秉承"时代的要求",以批儒评法为主线,改写《中国文学发展史》,当年,与杨国荣的《简明中国哲学史》一样,刘大杰的书大为走红。刘大杰、杨国荣成了学术配合宣传、配合政治的成功典范。粉碎"四人帮"以后,刘大杰是受到了一定的政治压力的。

注释

(1)《恩怨录·鲁迅和他的论敌文选》,今日中国出版社1996年11月版。

(2)《鲁迅全集·二心集》。

(3)(4)《鲁迅全集·且介亭杂文》。

(5)(6)《鲁迅全集·且介亭杂文二集》。

(7)倪墨炎:《现代文坛内外》汉语大词典出版社1998年12月版。

"阿Q的运命"及其他

——关于郑振铎

鲁迅与郑振铎交往的时间较长，往来也较频繁。1933年初开始郑振铎与鲁迅合编《北平笺谱》，以后又重印《十竹斋笺谱》。一般说来，他们的关系一直是比较平和的。

1926年郑振铎在《文学周报》第251期发表《"呐喊"》一文，对《阿Q正传》的"大团圆"一幕，以及阿Q做了革命党，"不以为然"，认为阿Q"至少在人格上似乎是两个"。对此，鲁迅写了《〈阿Q正传〉的成因》一文，予以批评。鲁迅说："据我的意思，中国倘不革命，阿Q便不做，既然革命，就会做的。我的阿Q的运命，也只能如此，人格也恐怕并不是两个。"

到了晚年，鲁迅在一些通信中，明显地表现了对郑振铎的不满。1935 年 12 月 3 日致台静农的信中说："《死魂灵》出单行本时，《世界文库》上亦正登毕，但不更为译第二部，因《译文》之夭，郑君有下石之嫌疑也。"郑君即郑振铎。1935 年 12 月 19 日致曹靖华信中说："谛君之事，报载未始无因，《译文》之停刊，颇有人疑他从中作怪，而生活书店貌作左倾，一面压迫我辈，故我退开。但《死魂灵》第一部，实已登毕。"谛君亦即郑振铎。1936 年 4 月 1 日致曹靖华信中说："谛君曾经'不可一世'，但他的阵图，近来崩溃了，许多青年作家，都不满意于他的权术，远而避之。他现在正在从新摆阵图，不知结果怎样。"所谓"从新摆阵图"，大约是指成立了"作家协会"。1936 年 5 月 3 日致曹靖华的信中说："此间莲姊家已散，化为傅、郑所主持的大家族……旧人颇有往者，对我大肆攻击，以为意在破坏。但他们形势亦不佳。"《鲁迅全集》的注释称，"莲姊家"指左联，"大家族"指作家协会，傅、郑指傅东华、郑振铎。

狼是怎样变成狗的

——关于向培良

　　向培良是狂飙社主要成员之一。1924 年在北京中国大学读书时开始接近鲁迅，1925 年 4 月鲁迅创办《莽原》周刊，他也参加了筹备工作。1926 年鲁迅曾为他选编小说集《飘缈的梦及其他》，并介绍到北新书局出版。鲁迅南下前在女师大作讲演，由他记录整理，题作《记鲁迅先生的谈话》，发表于《语丝》周刊。

　　鲁迅在北京时，他一直很尊重鲁迅。在鲁迅离开北京南下后不久，他们的关系便趋于断绝。以后他投靠国民党，到南京主编《青春月刊》，鼓吹"人类的艺术"、"民族主义文学"，受到鲁迅的批判。鲁迅认为向培良是属于"翻着筋斗的小资产阶级"一类，他在《二心集》里的《上海文艺之一瞥》一文中说："类似的例，还可以举出向培良先生来。在革命渐渐高扬的时候，他是很革命的；他在先前，还曾经说，青年人不但嗥叫，还要露出狼牙来。这自然也不坏，但也应该小心，因为狼是狗的祖宗，一到被人驯服的时候，是就要变而为狗的。向培良先生现在在提倡人类的艺术了，他反对有阶级的艺术的存在，而在人类中分出好人和坏人来，这艺术是'好坏斗争'的武器。狗也是将人类分为两种的，豢养它的主人之类是好人，别的穷人和乞丐在它的眼里就是坏人，不是叫，便是咬。然而这也还不算坏，因为究竟还有一点野性，如果再一变而为吧儿狗，好像不管闲事，而事实在给主人尽职，那就正如现在的自称不问俗事的为艺术而艺术的名人们一样，只好去点缀大家教室了。"鲁迅对向培良的抨击是够辛辣的了，活生生地勾勒出了一条狗的形象。这几乎是一段寓言了。

向培良在1927年1月30日上海《狂飙》（周刊）第17期发表《"为什么同鲁迅闹得这样凶？"》一文，文中说："我尚在北京的时候，一个朋友从厦门来，对我说鲁迅跟一班人都合不大来，很生硬的（我说这话，大概鲁迅又要以为我替他登反广告了，哎！）我回答他，'大概是这样。'其实，一个人是不应该孤独起来，尤其不应该把自己的灵魂从时代引开。孤独起来，只足证明自己没有踏进新时代的勇气。现在，在我们面前，已经呈现一个新时代的远景了，而这却不是孤独者所能够走得到的。一孤独起来，便会渐渐不认识人家，不认识自己，而且会把不认识自己的人当作认识自己，认识自己的人反当作仇敌的。我们，并不是鲁迅的仇敌，也不是任何人的仇敌；不愿意同鲁迅闹，也不愿意同任何人闹。我们愿意拿青年的同情，作所有人的朋友，大方家联合起来，到新的时代去。……"他似乎要表示自己的大度，同时以自己的大度反衬鲁迅的褊狭。鲁迅去世后，向培良还写了一些文章，骂鲁迅"褊狭"，比较出名的是1940年12月11日发表在桂林《扫荡报·文艺周刊》上的《狂飙周刊题记》一文，说鲁迅"性情猖急，睚眦不忘……成了辛辣的讽刺者和四面挥戈的，不能自已的斗士……鲁迅先生全部的精力消耗于攻击和防御中，琐屑争斗，猜疑自苦，胸襟日益褊狭，与青年日愈远离，卒至于凄伤消铄以死"。聂绀弩在《鲁迅的褊狭与向培良的大度》（原载桂林《野草》月刊1941年第5期）一文中，以无可辩驳的事例说明了鲁迅的"不褊狭"之后，写道：和鲁迅对于别人的不"褊狭"相反，向培良对于鲁迅却常常是"褊狭"的，"据我所知，他是像伍子胥鞭打楚平王的尸骸一样鞭打过两次了。我不知道和'褊狭'对立的，是不是就是大度，也不知道说别人'褊狭'，是不是因为自己大度，如果是，向培良先生一次两次地鞭尸，莫非倒是大度的真正表现吗？"聂绀弩采用以子之矛攻子之盾的方法，有力地回击了向培良对鲁迅的攻击。

抗战胜利后,国共内战,向培良写了剧本《彪炳千秋》(1947年《文艺先锋》),吹捧蒋介石。新中国成立后, 在中学教书。1954 年, 郭沫若托田汉写信给他, 请他赴北京共事, 他婉言谢绝, 决心"以有生之年为家乡的教育事业尽微薄之力"。1958 年被错划为"右派", 后又因写过《彪炳千秋》剧本, 被定为"历史反革命"而入狱。1959 年病逝于劳改农场。

"他们竟以为可欺"

——关于尚钺

尚钺当时是北京大学英文系学生，狂飙社成员。1925年后与鲁迅往来较多，得到过鲁迅许多帮助。鲁迅离京后因受人挑拨，与鲁迅产生隔阂，其后关系遂断。在《两地书·九五》中，鲁迅说："狂飙中人一面骂我，一面又要用我……尚钺要将小说编入《乌合丛书》去，并谓前系误骂，后当停止，附寄未发表的骂我之文稿，请看毕烧掉云。我想，我先前的种种不客气，大抵施之于同年辈或地位相同者，而对于青年，则必退让，或默然甘受损失。不料他们竟以为可欺，或纠缠，或奴役，或责骂，或诬蔑，得步进步，闹个不完。我常叹中国无好事之徒，所以什么也没有人管，现在看来，做'好事之徒'实在也大不容易，我略管闲事，就弄得这么麻烦。现在是方针要改变了，地方也不寻，丛书也不编，文稿也不看，也不烧，回信也不写，关门大吉，自己看书，吸烟，睡觉。"这里，鲁迅半是真话半是气话，对青年，他仍然是厚爱的。

"老头子的确不行"

——关于潘梓年

潘梓年乃潘汉年之兄。1928 年在《战线》第 1 期上发表《谈现在中国的文学界》（署名弱水）一文，将"子弹""瞄准"鲁迅，说鲁迅"他和西滢战，继和长虹战，我们一方面觉得正直是在他这面，一方面又觉得辞锋太有点尖酸刻薄，现在又和创造社战，辞锋仍是尖酸，正直却不一定落在他这面……他那种态度，虽然在他自己亦许觉得骂得痛快，但那种口吻，适足表现出'老头子'的确不行吧了……我们不禁想起了五四时的林琴南先生了"。对此，鲁迅在《三闲集·我的态度气量和年纪》中说："这一段话虽然并不涉及是非，只在态度，量气，口吻上，断定这'老头子的确不行'……粗粗一看，却很像第三者从旁的批评。"接着，鲁迅指出了潘梓年并非"公正"："所以我和西滢长虹战，他虽然看见正直，却一声不响，今和创造社战，便只看见尖酸，忽然显战士身而出现了。其实所断定的先两回的我的'正直'，也还是死了已经两千多年了的老头子老聃先师的'将欲取之必先与之'的战略，我并不感服这类的公评。陈西滢也知道这种战法的，他因为要打倒我的短评，便称赞我的小说，以见他之公正。"此后，鲁迅似乎对潘梓年并没有好印象了。1929 年 8 月 17 日在致章廷谦的信中说："用种种方法骂我的潘梓年，也是北新的股东，你想可气不可气。"

"隐遁主义"
——关于冯乃超

冯乃超是后期创造社成员。1928年1月，他在《文化批判》创刊号上发表的《艺术与社会生活》一文，对鲁迅有过形象化的攻击："鲁迅这位老生——若许我用文学的表现——是常从幽暗的酒家的楼头，醉眼陶然地眺望窗外的人生。世人称许他的好处，只是圆熟的手法一点，然而，他不常追怀过去的昔日，追悼没落的封建情绪，结局他反映的只是社会变革期中的落伍者的悲哀，无聊赖地跟他弟弟说几句人道主义的美丽的说话。隐遁主义！"与此同时，石厚生（成仿吾）、李初梨、彭康、钱杏邨等纷纷撰文响应，形成了一个批判鲁迅的小小的高潮。鲁迅当然不会接受这种错误的批判，他先后写了《"醉眼"中的朦胧》、《文艺与革命》、《我的态度气量和年纪》等文（均收入《三闲集》）予以反驳，这就是中国现代文学史上著名的"革命文学"论战。鲁迅在《"醉眼"中的朦胧》一文中，把冯乃超和成仿吾等人捆在一起批驳，这我在有关成仿吾一文已有介绍，此不重复。

冯乃超等先后加入中共，在党组织的帮助下，他们主动向鲁迅道歉，并与鲁迅一道，筹备成立"中国左翼作家联盟"。

1929 年冬，在柔石陪同下，冯乃超去景云里鲁迅住所第一次拜访鲁迅，三人畅谈翻译问题。次年初春，冯乃超与冯雪峰、柔石、潘汉年、李初梨等一起第二次去景云里拜访鲁迅，商议左联成立事宜。2 月 16 日，与鲁迅、冯雪峰、柔石、夏衍、郑伯奇、蒋光慈等 12 人在上海北四川路一咖啡店召开座谈会，决定成立"左联"筹委会，冯乃超被推举为《理论纲领》的起草人。2 月 24 日，在《理论纲领》草成后，冯乃超第三次到景云里拜访鲁迅，征求他对《理论纲领》的意见。鲁迅看后说："就这样吧。这种文章我写不出。"3 月 2 日，左联成立大会召开，通过了《理论纲领》，成立了常务委员会，鲁迅、冯乃超皆被选为常务委员，鲁迅并发表了题为《对于左翼作家联盟的意见》的重要讲话。会后，鲁迅成为中国左翼作家联盟的盟主，冯乃超则担任左联第一任党团书记兼宣传部长。

梁实秋诬蔑左翼作家拿苏联卢布，做苏联走狗。冯乃超在文章中即指斥梁实秋为"资本家的走狗"。梁先生答辩中说："是哪一个资本家的，还是所有的资本家？我还不知道我的主子是谁……"鲁迅看后对冯雪峰说："有趣！还没有怎样打中了他的命脉便这样叫了起来，可见是一只没有什么用的走狗！……乃超这人真是忠厚人……我来写它一点。"于是写了《"丧家的""资本家的乏走狗"》(收入《二心集》)一文，狠狠揭露了梁实秋。文章发表后，鲁迅又对冯雪峰说："你看，比起乃超来，我真要'刻薄'得多了。……可是，对付梁实秋这类人，就得这样。……我帮乃超一手，以助他之不足。"

1930年9月，冯乃超和冯雪峰、柔石等同志一起，代表左联为鲁迅举办了50寿辰纪念会，茅盾、田汉、叶绍钧、傅东华等进步文化人士30余人参加，美国友人史沫特莱女士则为会议的安全尽了很大的努力。这次纪念会，不仅表彰了鲁迅对中国文学事业、革命事业的贡献，对广大革命文艺工作者也是一个鞭策和鼓舞。

鲁迅是"第几阶级的人"

——关于李初梨

　　李初梨是后期创造社成员。他在《怎样地建设革命文学》一文中，反对甘人的"鲁迅……是我们时代的作者"的观点，他说："我要问甘人君，鲁迅究竟是第几阶级的人，他写的又是第几阶级的文学？他所曾诚实地发表过的，又是第几阶级的人民痛苦？'我们的时代'，又是第几阶级的时代？甘人君对于'中国新文艺的将来与其自己'简直毫不认识。"（1928 年 2 月 15 日《文化批判》第 2 号）对此，鲁迅在《"醉眼"中的朦胧》一文中将其和成仿吾、冯乃超等捆在一起批驳，鲁迅带着讽刺的口吻说："我的阶级已由成仿吾判定：'他们所矜持的是'闲暇，闲暇，第三个闲暇'；他们是代表着有闲的资产阶级，或者睡在鼓里的小资产阶级……"也许鲁迅以为李初梨的文章过于浅薄和无聊吧，他亦未用过多的文字去计较。

据周海婴在《鲁迅与我七十年》一书第 294 页记载：中国文联第三届全委会扩大会议近代组的会议上，"前辈李初梨说：'鲁迅算什么！郭沫若提出革命文学的时候，他还在喊虚无主义呢！'"并诬蔑许广平"和王关戚关系密切，王关戚一揪出来，就吓死了"云云。周海婴只在书中为母亲辩诬，而对李初梨的训斥只能忍着听。何满子先生评论说："倘他不是鲁迅的儿子，换了别人，听了这种放肆的'鞭尸'咆哮，就可以反唇相稽：'先生，您懂得什么叫'虚无主义'么？您还不如重复当年郭沫若的老调，说鲁迅是'封建余孽'更到位呢！'"

可见，李初梨们骨子里并没有改变对鲁迅的"阶级"认识，试想，倘没有毛泽东的"三个伟大"在，他们还真的要把鲁迅当作"封建余孽"来对待的。

右执"新月"，左执"太阳"
——关于钱杏邨

　　钱杏邨即阿英，太阳社的主要成员。他在鲁迅的印象里是与右的对立的"左"的代表。在《"硬译"与"文学的阶级性"》一文中，鲁迅有一生动的比喻："就拿文艺批评界来比方罢……向南面摆两把虎皮交椅，请梁实秋钱杏邨两位先生并排坐下，一个右执'新月'，一个左执'太阳'，那情形可真是'劳资'媲美了。"（《二心集》）

　　在 20 世纪 20 年代末的革命文学论争中，钱杏邨与创造社采取了同一步调，也对鲁迅发动了攻击，连续发表了《死去的阿 Q 时代》以及《死去的鲁迅》等。钱杏邨认为鲁迅的小说没有反映五四时代的思潮，里边所写辛亥革命前后的城乡生活，不过是"天宝宫女，在追述着当年皇朝的盛事而已"。

又说："他的创作时代背景，时代地位，把他和李伯元、刘铁云并论，则是相宜的。"此外，鲁迅的《匾》（收入《三闲集》）发表后，又遭到钱杏邨的攻击，他在《"朦胧"以后——三论鲁迅》中说："'在文艺批评上比眼力'（按：系鲁迅的话），鲁迅不把他笔尖的血洒向青年，洒向下等人，这就是他的革命。呜呼！现代社会并不如鲁老先生所说的这样单纯。所谓革命，也并不如鲁老先生所说的这样的幼稚。他始终没有认清什么是'革命'，而况是'革命精神'！"鲁迅反驳创造社和太阳社最著名的文章是《"醉眼"中的朦胧》，这我在关于鲁迅与成仿吾、鲁迅与郭沫若等文中已有介绍，此不重复。鲁迅在《〈奔流〉编校后记（一）》中说："今年一说起'近视眼看匾'来，似乎很有几个自命批评家郁郁不乐，又来大做其他的批评……这故事原是一种民间传说……倘若其中仍有冒犯了批评家的处所，那实在是老百姓的眼睛也很亮，能看出共通的暗病的缘故，怪不得传述者的。"这也算是对钱杏邨攻击《匾》的平心静气的答复吧！此外，鲁迅对于钱杏邨《拓荒者》上引用卢那卡尔斯基的话，以为他推重大众能理解的文学，"足见用口号标语之未可厚非"。鲁迅认为，如此为"革命文学"辩护，"是有意的或无意的曲解"。显然，鲁迅认为标语口号是不能和文艺画等号的。

"蒋光 X"
——关于蒋光慈

  蒋光慈曾名蒋光赤,大革命失败后改"赤"为"慈"。太阳社主要成员之一。蒋光慈的改名,备受鲁迅的奚落。在《三闲集·文坛的掌故》一文中,鲁迅称之为"蒋光 X(恕我还不知道现在已经改了那一字)……"在《集外集·〈奔流〉编校后记》一文中,称之为"蒋光 Y"。两个未知数都用上了。鲁迅对蒋光慈的不满,主要是由于太阳社和创造社联合攻击鲁迅引起的。在这场有组织的对鲁迅的联合批判中,蒋光慈也在 1928 年《太阳》月刊 2 月号上发表了《关于革命文学》,以鄙夷不屑的口吻,说"中国现代文坛上几个著名的作家","只是幼稚,幼稚,幼稚而已!"岂止"幼稚"而已,鲁迅等人还成了"虚无主义作家",其作品则是"虚无主义作品"。

我们今天看蒋光慈们的腔调，才真正感觉到了他们当年除了幼稚，别无他物。在《伪自由书·后记》中，鲁迅说："事情是早已过去，恐怕有四五年了，当蒋光慈先生组织太阳社，和创造社联盟，率领'小将'来围剿我的时候，他曾经做过一篇文章，其中有几句，大意是说，鲁迅向来未曾受人攻击，自以为不可一世，现在要给他知道知道了。"鲁迅认为，"其实这是错误的，我自作评论以来，即无时不受攻击。"应该说，鲁迅批评蒋光慈，还是比较温和的。另外，鲁迅对蒋光慈的中篇小说《短裤党》不太满意，认为："写得并不好，他是将当时的革命人物歪曲了的……"

有时人发表文章称"皖籍著名左联作家蒋光慈，在 20 世纪 20 年代的革命和文学活动中，与很多同志和朋友结下了深厚的友谊，如瞿秋白、郭沫若、钱杏邨、郁达夫、汪孟邹等。原本很尊重鲁迅先生的蒋光慈，却在 20 年代末期与鲁迅先生打了一场笔战。回顾这场笔战，可以让我们从一个侧面了解当年发生在左翼作家内部的那场文学论争，了解蒋光慈在这场论争中的思想、心态和地位，以及他何以成为鲁迅先生的一位'论敌'而致头上笼罩着几乎难以消散的阴影……"除了太阳社和创造社合伙咬鲁迅以外，鲁迅就说了"蒋光 X"几字，何曾与蒋光慈打过什么笔战？查《鲁迅全集》，鲁迅专门回敬蒋光慈的文章一篇也没有，又何言"而致头上笼罩着几乎难以消散的阴影"？既是"原本很尊重鲁迅先生"，又如何乱咬？蒋光慈有那么多朋友，是不是为了证明鲁迅成不了他的朋友也错在鲁迅呢？鲁迅有理也是没理，当下冒出的这些莫名其妙的"学者"，做的怎么老是这样莫名其妙的"学问"？

"商业化"与拖欠版税
——关于李小峰

　　李小峰，1923 年北京大学哲学系毕业。学习期间曾听过鲁迅讲授中国小说史。他是北大新潮社成员，曾与孙伏园经手办理鲁迅的《呐喊》、《中国小说史略》、《桃色的云》、《苦闷的象征》等著译的出版事务。

　　由于鲁迅和其他几位作家的帮助，他在 1925 年 3 月创设北新书局，出版新文学书籍。鲁迅当时除将自己大部分著译交其出版外，又为之编选、校阅书稿，介绍作品，编辑丛书。李小峰所著的《两条腿》就曾经鲁迅精细修改。鲁迅写给《语丝》的稿件，也多由李小峰转交编辑者。

　　1927 年 10 月以后，鲁迅在上海先后为北新书局编辑《语丝》和《奔流》两种刊物，又给《北新》半月刊译稿。但此时李小峰主持的北新书局已"大为商业化"了，在《语丝》上乱登商业广告，大多稿件不经鲁迅审阅就自行刊出，这使鲁迅深感"自己编着的《语丝》，实乃无权"，于是在1928年11月辞去《语丝》编辑职务。李小峰对《奔流》稿费，也拖延不肯付给作者，这使鲁迅大为不满，1929年底出至第2卷第5期停编。北新书局还长期拖欠鲁迅的巨额版税，写信去催，他也不予理睬，故鲁迅拟用法律方式解决。李小峰自知理亏，请郁达夫等人出面调解，答应分期付还所欠版税。

以后，鲁迅与李小峰仍有交往，他的新作《三闲集》、《两地书》、《伪自由书》等，也仍交李小峰出版。

"落伍"与"浮起"
——关于郑伯奇

郑伯奇是创造社的主要成员，鲁迅对成仿吾等人的批评一定程度上也包括了对郑伯奇的批评。在《"硬译"与"文学的阶级性"》一文中，鲁迅谈到了他："郑伯奇先生现在是开书铺……那时他还是革命文学家，便在所编的《文艺生活》上，笑我的翻译这书（按指《文艺政策》），是不甘没落，而可惜被别人着了先鞭。翻一本书便会浮起，做革命文学家真太容易了，我并不这样想。"在《〈文艺政策〉后记》一文中，鲁迅把以上这段话移植过来，又一次批评了郑伯奇。在《集外集·〈奔流〉编校后记（九）》一文中，又谈到了所谓不甘"落伍"问题。鲁迅说："其实我译这书，倒并非救'落'，也不在争先，倘若译一部书便免于'落伍'，那么，先驱倒也是轻松的玩意。我的翻译这书不过是使大家看看各种议论，可以和中国的新的批评家的批评和主张相比较。"

"牛奶路"
——关于赵景深

　　1931 年 3 月《读书月刊》第 1 卷第 6 期发表赵景深《论翻译》一文，提出"宁达而不信"的观点，为误译辩解。他说："我以为译书应为读者打算；换一句话说，首先我们应该注重于读者方面。译得错不错是第二个问题，最要紧的是译得顺不顺。倘若译得一点也不错，而文字格里格达，吉里吉八，拖拖拉拉一长串，要折断人家的嗓子，其害处甚于误译……所以严重的'信''达''雅'三个条件，我以为其次序应该是'达''信''雅'。"对此，鲁迅在《二心集》里《几条"顺"的翻译》一文中，把赵景深和梁实秋联系起来，说："在这一个多年之中，拚死命攻击'硬译'的名人，已经有了三代：首先是祖师梁实秋教授，其次是徒弟赵景深教授，最近就来了徒孙杨晋豪大学生。但这三代之中，却要算赵教授的主张最为明白而且彻底了，那精义是——'与其信而不顺，不如顺而不信。'"鲁迅的观点是相反的，他认为："译得'信而不顺'的至多不过看不懂，想一想也许能懂，译得'顺而不信'的却令人迷误，怎样想也不会懂，如果好像已经懂得，那么你正是入了迷途了。"接着，鲁迅针对赵景深曾将契诃夫小说《万卡》中的"天河"（Milky Way）误译为"牛奶路"，又将德国作家塞意斯的小说《半人半马怪》误译为《半人半牛怪》，批评赵景深是"遇马发昏，爱牛成性"，乃"牛头不对马嘴"的乱译了。并说，这叫作"乱译万岁"。（《二心集·风马牛》）1932 年 12 月，鲁迅在《教授杂咏四首》中的第二首挖苦了赵景深："可怜织女星，化为马郎妇。乌鹊疑不来，迢迢牛奶路。"（《集外集拾遗》）

没有圈子正是圈子

——关于张天翼

鲁迅对张天翼的批评，一是针对他的小说，一是关于文艺批评的圈子问题。关于小说，鲁迅是在 1933 年 2 月 1 日致张天翼的信中直接批评的。鲁迅说："你的作品有时失之油滑……有时伤于冗长。"鲁迅希望张天翼的作品结集时"再细细的看一看，将无之亦毫无损害于全局的节，句，字删去一些，一定可以更有精采"。

1933 年 11 月，杜衡即苏汶在《现代》月刊第 4 卷第 1 期发表《新的公式主义》一文，其中转引了张天翼的观点："友人张天翼君在他的短篇集《蜜蜂》的'自题'里，对于近来的一些批评家，曾经说了几句很有趣的话，他说：'他（指一位批评者——汶注）是不知从什么地方拿来了一个圈子，就拿这去套一切的文章。小了不合式，大了套不进：不行。恰恰套住：行。'"鲁迅在《花边文学》里的《批评家的批评家》一文中批评了这种没有圈子的观点。鲁迅认为，号称没圈子，而其实这正是圈子。具体内容，我在关于鲁迅与杜衡一文中已有介绍，此不重复。

名人选小说
——关于谢六逸

　　谢六逸曾经是上海商务印书馆的编辑、复旦大学的教授。他曾编选过一本《模范小说选》，选录鲁迅、茅盾、叶绍钧、冰心、郁达夫的作品，于 1933 年 3 月由上海黎明书局出版。他在序言中说："翻开坊间出版的中国作家辞典一看，我国的作家快要凑足五百罗汉之数了。但我在这本书里只选了五个作家的作品，我早已硬起头皮，准备别的作家来打我骂我。而且骂我的第一句话，我也猜着了。这句骂我的话不是别的，就是'你是近视眼啊'，其实我的眼睛何尝近视，我也曾用过千里镜在沙漠地带，向各方面眺望了一下。国内的作家无论如何不止这五个，这是千真万确的事实。不过在我所做的是'匠人'的工作，匠人选择材料时，必须顾到能不能上得自己的'墨线'，我选择的结果，这五位作者的作品可以上我的'墨线'，所以我要'唐突'他们的作品一下了。"谢六逸顾虑五人之外的人有意见，岂能料到，五人之内的鲁迅也是不满意的，他在《教授杂咏四首》中的"其四"，挖苦了谢六逸："名人选小说，入线云有限。虽有望远镜，无奈近视眼。"可见，搞选本之类的，往往吃力不讨好。

谢六逸任《立报》副刊编辑时，曾向鲁迅约稿，1935年10月4日鲁迅复信，说了几句客气话，婉言谢绝。鲁迅去世后，谢作五律《挽鲁迅先生》：

鲁鸡啼甫旦，

迅尔溘然逝！

先路千千言，

生年五五岁。（周岁）

精心何洁白，

神志特坚锐；

不料乍西归，

死哀人尽涕！

这是一首"藏头诗"，每句第一字排下来，合成一句"鲁迅先生精神不死"。

"他的亲戚也和我一样了呀"

——关于魏金枝

1933 年 4 月,魏金枝在《再说"卖文"》一文中说,在一次宴会上,茅盾"问我为什么到教会学校去教书。语意之间,似乎颇为不屑","但日子过得不多……茅盾的一个亲戚,想到我在教书的教会学校里来找事做了"。对此,鲁迅是很不以为然的。茅盾认为魏金枝去教会学校教书似有不妥,也许是对他的才华的爱护;介绍亲戚去,这是另外一个问题,可能茅盾的亲戚没有魏金枝这样的才华,找工作只是为了谋生,也未可知。所以鲁迅在《"文人相轻"》一文中附带提及"魏金枝先生式的'他的亲戚也和我一样了呀'之类"的"文人相轻"法,给魏金枝以善意的批评。至于鲁迅的《再论"文人相轻"》,原是并不涉及魏金枝的,说的无非是不能以"文人相轻"这四个字抹杀了文坛是非。但魏金枝因不满于鲁迅在《"文人相轻"》一文中对他的批评,发表了《分明的是非和热烈的好恶》一文,说:"除了是非之外,还有'似是而非'的'是'和'非中有是'之'非'。"对鲁迅的文章提出质疑。鲁迅又写了《三论"文人相轻"》、《四论"文人相轻"》两篇杂文,批驳了魏金枝的观点。魏金枝的文章,作为附录,被鲁迅收入《且介亭杂文二集》。

"第三种文学"

——关于韩侍桁

　　鲁迅早期与韩侍桁的交情不浅。1929 年，韩还在日本留学时，鲁迅曾请马幼渔等为他在北京谋职。1929 年 5 月 23 日，鲁迅致许广平信中有"为士衡的饭碗去设法"。1929 年 7 月 31 日致李霁野信中"荐了一个人，也各处被挤"，即指此事。韩侍桁曾参加左联，后转向"第三种人"。正当左联在困苦战斗时，韩侍桁却退出了队伍，并从旁讥讽、谩骂。当杨邨人发表《离开政党生活的战壕》和《揭起小资产阶级革命文学之旗》后，他在《读书杂志》第 3 卷第 6 期（1933 年 6 月）发表《文艺时评·揭起小资产阶级革命文学之旗》，其中说杨邨人是"一个忠实者，一个不欺骗自己，不欺骗团体的忠实者"；他的言论是"纯粹求真理的智识者的文学上的讲话"。

鲁迅因此挖苦说："时代的巨轮，真是能够这么冷酷地将人们辗碎的。但也幸而有这一辗，因为韩侍桁先生倒因此从这位小将的腔子里看见了'良心'了。"（《伪自由书·后记》）在《答徐懋庸并关于抗日统一战线问题》一文中，鲁迅把杜衡、韩侍桁、杨邨人捆在一起，认为他们搞的是"第三种文学"。

此外，韩侍桁在《谈说谎》一文里，以为说谎的原因之一是由于弱，由于女人是弱者，所以女人讲谎话"比男人来得多"。对此，鲁迅写了一篇《女人未必多说谎》予以批驳。鲁迅认为"女人的替自己和男人伏罪，真是太长远了"。此文收入《花边文学》。

韩侍桁在《忆恩师鲁迅》一文中说："在我一生中对我影响最大的是鲁迅和雪峰。鲁迅是恩师，雪峰是畏友。"（《鲁迅研究动态》1987 年第 7 期）文中，他还谈了他陪魏金枝去拜访鲁迅的事，"到了那里，鲁迅根本不睬我，好像没有我这个人在场似的，看都不看。""从此我就不到鲁迅家去了。"

"非近于胖，就近于瘦"
——关于戴望舒

鲁迅对戴望舒的批评集中在《南腔北调集》中的《又论"第三种人"》一文。1933 年 6 月，戴望舒在《现代》第 3 卷第 2 期发表《法国通讯——关于文艺界反法西斯蒂运动》一文，他在报告事实的同时，"一并指明了中国左翼作家的'愚蒙'和像军阀一般的横暴"。他还认为，"在法国文坛中，我们可以说纪德是'第三种人'……"鲁迅的文章对戴望舒的观点逐一加以批驳。最后，对"第三种人"的含义进一步加以明确："所谓'第三种人'，原意只是说：站在甲乙对立或相斗之外的人。但在实际上，是不能有的。人体有胖和瘦，在理论上，是该能有不胖不瘦的第三种人的，然而事实上却并没有，一加比较，非近于胖，就近于瘦。文艺上的'第三种人'也一样，即使好像不偏不倚罢，其实是总有些偏向的，平时有意的或无意地遮掩起来，而一遇切要的事故，它便会分明的显现。"鲁迅非胖即瘦的判断，是与他一贯反对中庸，反对骑墙，反对正人君子的"公正"的思想和情感上鲜明的爱憎相一致的。

"归于一丘"
——关于老舍

    1934 年 6 月 18 日，鲁迅在致台静农的信中说："文坛，则刊物杂出，大都属于'小品'。此为林公语堂所提倡，盖骤见宋人语录，明人小品，所未前闻，遂以为宝，而其作品，则已远不如前矣。如此下去，恐将与老舍半农，归于一丘，其实，则真所谓'是亦不可以已乎'者也。"如何与老舍等"归于一丘"呢？不得而知，然语气中可见鲁迅对老舍有所不满。

土话、白话和拉丁化

——关于胡绳

    1934 年 8 月 23 日《中华日报·动向》发表了胡绳《走上实践的路去——读了三篇用土话写的文章后》一文，认为用土话写作不如用白话，土话比白话难。8 月 25 日，鲁迅也在同一报纸发表《汉字和拉丁化》一文，认为"只要下一番功夫，是无论用什么土话写，都可以懂得的"。鲁迅认为中国语言的出路"只还有'书法拉丁化'的一条路"，而要拉丁化，和土语即大众语文是"分不开的"。鲁迅说："不错，汉字是古代传下来的宝贝，但我们的祖先，比汉字还要古，所以我们更是古代传下来的宝贝。为汉字而牺牲我们，还是为我们而牺牲汉字呢？这是只要还没有丧心病狂的人，都能够马上回答的。"（《花边文学》）鲁迅和钱玄同一样，曾有一段时间主张废除汉字、实行汉字的拉丁化。不过，这几十年已经没有人、至少没有人大张旗鼓地再提"拉丁化"这件事了。

"理想人物"及其他
——关于杨振声

杨振声主张"用人工来制造理想的人物"。鲁迅认为，这别无妙法，"唯一的方法是'说假话'"，然而，用"说假话"的方法塑造出来的所谓"理想人物"，"不过是一个傀儡，她的降生也就是死亡"。（《且介亭杂文二集·〈中国新文学大系〉小说二集序》）鲁迅对杨振声的小说是持不以为然的态度的。

鲁迅对杨振声似乎有一点成见，对他的态度是不屑的。1929 年 7 月 21 日致章廷谦的信中说："青岛大学已开。文科主任杨振声，此君近来似已联络周启明之流矣。此后各派分合，当颇改观。语丝派当消灭也。陈源亦已往青岛大学，还有赵景深沈从文易家钺之流云。"杨振声与陈源他们搞在一起，鲁迅当然是不会有好感的。

不喜欢 "身边琐事"

——关于叶圣陶

鲁迅对叶圣陶的童话创作曾给予较高评价,在《表》的"译者的话"中,鲁迅说:"十来年前,叶绍钧先生的《稻草人》是给中国的童话开了一条自己创作的路的。"但鲁迅对叶圣陶的小说创作,似乎持不以为然的态度。1936年2月3日他在致增田涉的信中说:"叶的小说,有许多是所谓'身边琐事'那样东西,我不喜欢。"鲁迅的批评,固然有对的一方面,也有不够全面的地方,叶圣陶的《倪焕之》、《多收了三五斗》等等,不完全是"身边琐事"。

叶圣陶的公子叶至善在《鲁迅研究月刊》2005年第9期发表文章《叶圣陶与鲁迅先生二三事》,对鲁迅的"身边琐事"说进行分析,不无道理:

鲁迅先生不喜欢"所谓'身边琐事'那样的东西"，在《小说二集》的《序》中已经有所表示了。我父亲拘泥于写自己熟悉的事物，把身边的小事作为小说的材料，是不可避免的。但是小事不一定就是"琐事"，鲁迅先生自己，不也常常把身边的小事作为小说的材料吗？我看"小事"与"琐事"是有区别的，区别大概在于有没有普遍的社会意义，所以大家并不把鲁迅先生的《一件小事》看作"身边琐事"。鲁迅先生不喜欢的"身边琐事"到底指哪一些，倒是个值得研究的问题。对我父亲的小说，鲁迅先生虽然没作更多的评论，有他自己的译著在，有他对别人的作品的评论在，这个问题想来是不难弄清楚的。

　　有人觉得有点儿奇怪，在《小说二集》的《序》中，鲁迅先生才说过"叶绍钧有更远大的发展"，过了十个来月，怎么又不喜欢"叶的小说"了呢？有人说，鲁迅先生不喜欢的是"所谓'身边琐事'那样的东西"，"叶的小说"虽然"有许多"，并非全部都是。也有人说这两句话说的是两码事，有没有发展是客观事实，喜欢不喜欢是个人爱好；意思是不能用后一句来否定前一句。两种解释都有替我父亲辩护的倾向，我当然也十分感激。

"毛姑似亦在内"

——关于茅盾

鲁迅与茅盾一生友谊甚厚，然鲁迅对他亦小有不满。

"两个口号"论争，鲁迅与茅盾的意见就大不一致。据冯雪峰说："鲁迅不支持'国防文学'主张。"鲁迅还曾对冯雪峰说过："'国防文学'不过是一块讨好敌人的招牌罢了，真正抗日救国的作品是不会有的。"后来由于冯雪峰做了工作，鲁迅才勉强转变看法，认为"两个口号"可以并存。而茅盾一开初是明确支持"国防文学"的，他说"国防文学"是当时文学的中心点，是真正的民族文学。（茅盾《需要一个中心点》）而对"民族革命战争的大众文学"他本来是不同意的，后来是冯雪峰告诉他这一口号是鲁迅提的，他才表示同意。他的儿子说："文革"后不久，当茅盾知道这一口号是胡风、冯雪峰提的，"这使爸爸有一种受欺骗、受侮辱的感觉"。这就是说，茅盾不是看这一口号的正确与否，而是看是谁提出来的：是鲁迅提的，他便同意；是胡风提的，他便反对。看来鲁迅、茅盾对"两个口号"的真正态度是截然相反的。

1936 年 4 月，冯雪峰从陕北来到上海鲁迅身边，鲁迅曾对冯雪峰说："近年来，茅盾对我也疏远起来了。他没有搬家前，我们同住一里弄，有的事当面一谈就可以解决，可就不当面商量。"（《新文学史料》第 2 辑第 250 页）对此，茅盾在《需要澄清一些事实》一文里是这样"澄清"的："我直到看见冯雪峰 1966 年所写的材料中说，'鲁迅几次提到，近年来，茅盾对我也疏远起来了'，这才想起'疏远'的根源是在 1935 年下半年我也对鲁迅说过胡风形踪可疑，与国民党有关系，而且告诉鲁迅，这消息是从陈望道、郑振铎方面来的，他们又是从他们在南京的熟人方面听来的。但是鲁迅当时听了我的话，脸色一变，就顾左右而言他。从此以后，我就无法与鲁迅深谈了，即鲁迅所谓对他'疏远'了。我真不理解，胡风何以有这样的魅力，竟使鲁迅听不进一句讲胡风可疑的话。"（《新文学史料》第 2 辑）这些文字，茅盾写于 1978 年 6 月至 8 月间。茅盾在文末更进一步写道："即使事情牵涉到鲁迅的知人之明，我们也应该实事求是，这并不有损于鲁迅之为 30 年代左翼文艺运动的旗手。"言外之意，鲁迅是没有知人之明的，胡风后来成了反革命分子，便是证明。但是，仅仅以"形踪可疑"和"南京来的"传闻，就对同一营垒中的同志的政治身份，如此这般地说一通，则未免轻率。鲁迅的态度是："证据薄弱之极，我不相信！"（《答徐懋庸并关于抗日统一战线问题》）当年，胡风冤案尚未平反，再往胡风头上扣一盆屎，也未必只有姚文元一类政治骗子才做得出。特别指明冯雪峰的材料写于 1966 年，是不是暗示人们，那年代的材料是没有可信度的？

"《译文》事件"与茅盾也有干系。《译文》杂志是鲁迅创议，郑振铎、茅盾等支持，由生活书店出版的。茅盾将黄源介绍给鲁迅在《译文》当编辑，《译文》销路不错，黄源开始有名气了。这时郑振铎出于某种考虑想撤掉黄源，这事是征得茅盾同意的。于是他们约鲁迅吃饭，想在席上和鲁迅商议此事。鲁迅到后，他们马上提出撤黄源问题。鲁迅听了，脸一沉，筷子一放便走了。鲁迅后来说，这是用"吃讲条"要挟他。鲁迅深知茅盾与郑振铎关系不错，鲁迅这次离宴也是对茅盾的一种不满，黄源是茅盾介绍的，可关键时候茅盾却骑墙。在撤黄源问题上，茅盾并未与鲁迅站在一边。这里，鲁迅对茅盾疏远乃至不满是显而易见的。

1936 年 5 月 3 日，鲁迅在致曹靖华信中说："此间莲姊家已散，化为傅、郑所主持的大家族，实则借此支持《文学》而已，毛姑似亦在内。旧人颇有往者，对我大肆攻击，以为

意在破坏。但他们形势亦不佳。"这里，"莲姊家"指左联，
"大家族"指作家协会，"毛姑"指茅盾。

20 世纪 70 年代末，茅盾还提出所谓神化鲁迅问题，李
何林等人曾予以反驳。

总后记

　　我的主业是出版，从事出版工作三十多年。20年来，我经常在所谓的"鲁研界"行走，据说也是什么"鲁迅研究专家"，这让我诚惶诚恐。研究鲁迅，只是出于对鲁迅的喜爱，我至多是鲁迅研究的"票友"。每次参加关于鲁迅的研讨会，我总是诚恳地表白，我是搞出版的，之所以参会，是为了看看有没有好的选题。

　　因为我是"票友"，是非专业的鲁迅研究者，我的文章看上去浅显，是属于通俗读物一类。在开始鲁迅研究之前，我喜爱写杂文和随笔。因此，我的这些文章不可避免带有杂文和随笔的色彩。最近，我重读其中的一些文章，感到有的文章的局部，就是一篇杂文或随笔。比如，关于王蒙的《相对于"褊狭"的宽容》，其中有一段是谈嵇康的，我曾经将其独立抽出，当作读书随笔在《中华读书报》发了。这样的例子很多。

　　杂文化随笔化的写作有些什么特点呢？一是为了解决问题而写作，甚至因为愤怒而写作。收在丛书中的《鲁迅门下走狗》一文说道，我年轻时，并不是很喜欢鲁迅，更没有打算研究鲁迅。我觉得鲁迅的作品太难懂，有一股苦味，还有一股涩味，读起来累人。鲁迅就像一枚我当时并不爱吃的青橄榄。后来，让我下决心研究起鲁迅并对鲁迅产生了深深情愫的，是因了一些无知妄人的妄语。一些场面上的人轻飘飘地说：鲁迅，无非就是骂人。而且，在文坛上，轻薄鲁迅，几乎成了带周期性的感冒。这让我生气！于是，我带着问题开始研究鲁迅，我要搞清楚鲁迅的所谓"骂人"问题。因为对"鲁迅无非就是骂人"这种不无市场的论调心生怀疑，因为对否定鲁迅的"周期性感冒"心有不满，我开始了对鲁迅的研究。以鲁迅的"骂人"为研究的突破口，并非我苦思冥想后的选择。或者说，不是像高校研究者那样，因为要研究鲁迅才选择了鲁迅的"骂人"这一"课题"，而是对鲁迅的"骂人"现象的歪曲和诋毁，迫使我投身于对鲁迅的研究。二是杂文化随笔化的写作，使文章相对更多一些可读性。有的学者是把简单的问题复杂化，我有没有做到把复杂的问题简单化？平心而论，我是非常注意读者的接受问题的。行文要通俗易懂，文章的标题要好。看看这些标题吧：《"过河拆桥"与"落井下石"》、《"左右开弓"的"自由人"》、《"托派"即"汉奸"？》、《"褒贬"自有春秋》、《萧伯纳身边的鲁迅》，这些杂文化随笔化的的文章，有不少文坛恩怨、笔墨官司，有我的评说与见解，应该比论什么什么，什么什么研究，似乎要更夺人眼球？

在我的若干出版经验里，有一条自以为'宝贵'的经验：书名要有新鲜感，要能吸引读者的眼光。发行商告诉我，一般读者在一本书的眼光停留，也就是十来秒的时间。你能不能在这么短的时间内吸引读者的关注？这是一个问题。这里，我还想谈谈书名的变更问题。

书名是可以变更的。先前的《石头记》，变成了现在的《红楼梦》；赛珍珠把《水浒传》译成《四海之内皆兄弟也》；我印象深刻的还一本书，原名叫《叶卡婕琳娜传》，新版改成《风流女皇——叶卡婕琳娜传》……《红楼梦》应该要比《石头记》好一些吧？至于赛译书名，鲁迅是不以为然的，因为《水浒》里的人物并不都是兄弟。赛珍珠的着眼点是让西方人看得懂，如果译成"水边"一类，估计会让人费解。至于"风流女皇"，多了一点脂粉味，有点媚俗，但是不是有了一个卖点呢？对于书名，似乎不宜只从作文的角度，只看对不对题，更多的要从市场接受的角度，看看怎么把最吸引人的亮点提炼出来。

我第一本关于鲁迅的书，1996年出版时取名为《鲁迅与他"骂"过的人》。之所以叫这个书名，是出于在鲁迅"批评过"与"批判过"的两种类型的人之间犹疑。取《鲁迅批评过的人》，相对于鲁迅对某些人的切实批判，显然是言轻了；取《鲁迅批判过的人》，鲁迅又确实持批评的态度诚恳地批评过某些人。于是，我选择了模糊，用了"骂"字。这个书名的好处是"骂"字着眼，比较通俗，也有卖点。在出书的当年，为本书作序的何满子先生就在来信中说过大意如此的话：用了"骂"字，似乎淡化了鲁迅论战的严肃性，多少有取宠于市场的考虑？《鲁迅与他"骂"过的人》多次重印，印数不少，应该说为读者所接受。尽管这样，10年后，在增加了一倍字数的情况下，我还是决计将其更名为：《鲁迅与他的论敌》。虽然书中仍然有不切题的文章，有的人并未与鲁迅形成真正的论战，只是一方面的批评或抨击，有的甚至只是私下通信时的随意而谈，但从总体上看，这样一个书名，是要比旧书名多了庄重，也多了超越具体的形而上的意义。但是，一本将近60万字的书，不好卖，也不好读。这次出上海交通大学版，我决计将其一分为二。一本是关于鲁迅与左翼文人的，一本是关于鲁迅与右翼文人的。提交选题报告时，从鲁迅的言论中提取书名，分别是：《"横站"——鲁迅与左翼文人》、《"横眉"——鲁迅与右翼文人》。应该说，"横站"和"横眉"是颇符合鲁迅的精神气质的。但是，"横站"二字，熟读鲁迅的人知道，一般读者不易看懂。"横眉"有金刚怒目状，现在的读者似也不好接受。两本书，既"横站"又"横眉"，让人觉得鲁迅确实有点"横"。

于是，我再做推敲，想把书名设计得更加接近读者一点。鲁迅在《"硬译"与"文学的阶级性"》中有这么一段话："就拿文艺批评界来比方罢……向南面摆两把虎皮交椅，请梁实秋钱杏邨两位先生并排坐下，一个右执'新月'，一个左执'太阳'，那情形可真是'劳资'媲美了。""新月"，指的是"新月社"，一般是右翼文人的代表；"太阳"，指的是"太阳社"，一般是左翼文人的代表。鲁迅这段话是很有幽默感的，还暗含讥讽，画面感也强。据此，《"横站"》改名为《新月边的鲁迅——鲁迅与右翼文人》；《"横眉"》改名为《太阳下的鲁迅——鲁迅与左翼文人》。如此，有了《海边的卡夫卡》的味道，应该是多了新鲜感，更能夺人眼球？

《孤岛过客——鲁迅在厦门的 135 天》，原版书名太过孤寂，与正在恋爱的鲁迅的心境比，多了一点寒凉，应该有点暖意才是。于是，改书名为《恋爱中的鲁迅——鲁迅在厦门的 135 天》。

《鲁迅：最受诬蔑的人》，改为《被诬蔑被损害的鲁迅——鲁迅去世后对他的种种非议》。是非自有公论，如此是不是多了一点弹性和客观？

其中，《鲁迅这座山——关于鲁迅的随想与杂感》是新出版的一本书。

王彬彬先生在为我的一本读书随笔《山楂集》作序时，把我的这类文章统称为"学院之外的学术"，王彬彬说："房向东这样的学院外的鲁迅研究者，是有着区别于学院研究者的鲜明特色的。他们做学问的心态，他们做学问的目的和方式，都往往很不同于学院研究者，因此，他们也自有着学院研究者无法替代的价值。换句话说，即便学院的研究再全面再深入、即便学院研究的成果再丰富再辉煌，也无法取代学院外学者的研究，就像一种花再芬芳再艳丽也无法取代另一种花。对房向东的一些具体观点，当然不妨有保留。但我想再说一遍：他作为一个学院外思考和研究者的价值，是不可替代的。"王彬彬的夸奖，多有客气的成分在，但他道出了一个事实，虽然势单力薄，确实是有学院之外的学术的，而且，这种"学院之外的学术"确实与高校与社科院学者的研究，有许多不同之处。我们在吃多了山珍海味之后，是不是也可以吃一些野菜野果？

我与责任编辑金龙先生至今还未谋面。他在青岛出版社工作时，为我做过《醉眼看人》等书。我对他印象是，敬业，眼光好，出手快，与作者保持着良好的沟通。从电话的声音判断，似乎还是一个憨人哈。

2014年下半年吧，他到上海交通大学出版社工作，希望我能做一些选题。我心想，现在有什么选题可做呢？什么书也不好卖啊！我忙于工作，只是出于礼貌地说一些客气话。不多久，他让我把我已经出版的关于鲁迅的著作寄给他，我照办了。又过没多久，他打电话对我说，他们打算做我的关于鲁迅的文集。作为出版社社长的我，对他的提议不以为然。我对他说，我还不配做文集，且现在的图书市场形势严峻，如果一定要做了，似乎要亏本。他说了一些他的道理。因为在我眼里，这几乎是不可能的事，这事还是扔到一边了。又过了七八天吧，金龙对我说，他已经与社领导汇报过了，社领导很感兴趣，表示会予以支持，他让我务必写一选题报告，供选题论证用。如此，这事似乎有点真实起来了。我想，哪怕选题不被通过，冲着金龙兄的这股热情，这份热心，我也应该有所配合。于是，我写了一份简单的选题报告。选题很快得以通过，上海交通大学出版社一口气要出版我的 6 本鲁迅研究著作。金龙初拟的丛书名是"房向东鲁迅研究文集"，我觉得这太招眼，认为取一丛书名会不会好一些？我建议取"鲁海泛舟文丛"，虽然与我的书也不一定完全吻合，但至少没有了卖弄"房向东"的骚包？我还有一种观点，也不要什么"房向东鲁迅研究文集"，也不要什么"鲁海泛舟文丛"，把 6 本书封面风格设计成一样的，一起推出，也就行了。当然，最后怎么做，要听金龙他们的。作为出版人，我知道出版人的艰难困苦，所以我对金龙说，书稿该怎么删便怎么删，该怎么处理就怎么处理，我持平常心。

上海交通大学大出版社给了我一次总结的机会，一次集中展示的机会，真是一件喜出望外的大好事。作为一个著作者，我对上海交通大学出版社，对金龙兄，怀有难以名状的感激之情，毕竟，每一本书都凝聚着我的心血，凝聚着我的生命年华。作为出版同人，我对他们表示真诚的敬意。我认为，他们要比我有大得多的勇气，我也经常碰到好的选题，但在"野蛮的物质主义时代"，在经济的压力之下，我常常是一声叹息，与好书失之交臂。

改定这篇"后记"，是 2015 年 8 月 5 日，农历六月廿一，巧了，正好是老汉 55 岁生日，也算纪念。

作者于钓雪斋